projeto Querino

FÓSFORO

TIAGO ROGERO

projeto Querino

Um olhar afrocentrado sobre a história do Brasil

1ª reimpressão

Para os que lutaram para que estivéssemos aqui.

Existe uma história do negro sem o Brasil. O que não existe é uma história do Brasil sem o negro.

Januário Garcia

Meu papel tem sido contar a história do escravizado. Para a história do senhor [de escravizados] *nunca faltaram narradores.*

Frederick Douglass

11 INTRODUÇÃO
24 CRÉDITOS

27 A GRANDE APOSTA
75 O PECADO ORIGINAL
119 CHOVE CHUVA
161 O COLONO PRETO
195 OS PIORES PATRÕES
237 A COR DOS FARAÓS
273 SALVE-SE QUEM PUDER
309 DEMOCRACIA

348 AGRADECIMENTOS
350 NOTAS
385 CRÉDITOS DAS IMAGENS
386 ÍNDICE REMISSIVO

Introdução

Em 17 de março de 2023, a historiadora e jornalista Ana Flávia Magalhães Pinto tomou posse como diretora-geral do Arquivo Nacional, uma das mais importantes instituições para pesquisa e preservação historiográfica do país. O auditório do Arquivo, no Rio de Janeiro, estava lotado: historiadores, antropólogos, sociólogos, políticos, servidores, jornalistas e representantes de diferentes movimentos sociais — uma plateia majoritariamente negra e feminina. Era um momento histórico: pela primeira vez, uma mulher negra ocuparia o principal cargo da instituição, fundada em 1838.

Todos tomaram seus lugares e o mestre de cerimônias, o ator e diretor Hilton Cobra, anunciou a execução do Hino Nacional. Todos de pé. Um tempinho passou e, por alguma razão, o arquivo de mídia não começava a tocar. "Vamos cantar, então?", sugeriu Cobra à plateia. As pessoas atenderam ao chamado e o auditório todo cantou, à capela. Aquilo mexeu comigo.

Confesso que, depois de tudo o que vivemos nos últimos anos, eu imaginaria algo assim num encontro de supremacistas brancos ou algo do tipo — afinal, a extrema direita sequestrou para si símbolos nacionais como a bandeira do Brasil, por exemplo. Mas aquelas pessoas no auditório do Arquivo Nacional eram o extremo oposto: uma plateia progressista e diversa, cantando em uníssono cada palavra — e você sabe que o nosso Hino não é curto e nem fácil de memorizar —, do começo ao fim. Imediatamente me lembrei de algo que Jurema Werneck, ativista e diretora-executiva da Anistia Internacional Brasil, disse durante a gravação das entrevistas para o *projeto Querino*, e que acabou saindo no sétimo episódio do podcast, "Salve-se quem puder": "Desde que entendemos que vamos ficar aqui, então esse lugar tem de ser nosso e imprimir as nossas marcas".

Por cerca de 350 anos, o Brasil explorou africanos e afrodescendentes. Milhões foram separados de suas famílias e culturas; escravizados, torturados e assassinados. Depois que nossos ancestrais derrubaram a escravidão, o plano do Estado brasileiro era eliminar a parcela negra da população — e não é um exagero escrever isso, como você lerá neste livro. Pelo plano, já não deveria existir mais nenhuma pessoa negra aqui no começo dos anos 2000.

Mas nossos ancestrais não aceitaram o plano. Somos a maioria da população, ainda que majoritariamente continuemos privados de toda a riqueza que criamos. Apesar de tudo, fizemos deste o nosso país. E um país que busca ser melhor. É por isso que todas aquelas pessoas cantaram o Hino com altivez na posse de Ana Flávia: este país é nosso. Não é "só" nosso porque o povo negro nunca quis segregar — ao contrário de quem, até hoje, tenta impedir que crianças negras frequentem escolas de elite, por exemplo —, mas é nosso.

Como dizia o ativista e fotógrafo Januário Garcia, "existe uma história do negro sem o Brasil. O que não existe é uma história do Brasil sem o negro".[1] Essa ideia guiou a pesquisa e o podcast do *projeto Querino*, e agora está na epígrafe e guiará o que você está prestes a ler.

Se você já ouviu o podcast, aqui encontrará novas entrevistas, informações, dados e um mergulho ainda mais profundo em vários assuntos e acontecimentos. Este livro é o resultado de mais de um ano de novas pesquisas, escrita e minuciosa edição e checagem, entre 2023 e 2024. Por outro lado, se você nunca ouviu o podcast, fique tranquilo: não precisará — embora eu ache que possa ser interessante, mas sou suspeito para falar.

Uma vez que o podcast inspirou diretamente estas páginas, optamos por manter a estrutura — os capítulos seguem a ordem e os temas dos episódios. Também decidimos manter a linguagem coloquial, direta e simples dos roteiros, especialmente na minha parte, de "narrador". Já as citações dos entrevistados receberam discretas adaptações para a norma escrita — sem jamais mudar o sentido das frases, claro —, somente para torná-las mais objetivas e evitar algumas repetições características da língua falada.

E quero aproveitar para, de antemão, pedir "desculpas" aos acadêmicos. Toda citação está naturalmente em seu devido lugar e as referências bibliográficas, feitas; mas o texto não carrega a — importantíssima, registre-se — rigidez de uma dissertação de mestrado ou tese de doutorado. E o motivo principal é que, bem, eu não sou acadêmico, mas jornalista. Admiro profundamente o trabalho dos acadêmicos, e o *projeto Querino* não existiria se não fosse por eles. Também não existiria se os movimentos negros não tivessem lutado por ações afirmativas na educação — as leis de cotas — que hoje beneficiam pessoas de todas as cores e raças, e as pessoas com deficiência.

Ainda que o rigor historiográfico tenha sido uma base fundamental do projeto — graças principalmente à historiadora Ynaê

Lopes dos Santos, que foi a consultora em história da pesquisa e do podcast —, este é, acima de tudo, um livro jornalístico. Ou, como chamamos na prática jornalística, um "livro-reportagem". E uma das missões do jornalismo é tentar explicar e, por vezes, até mesmo simplificar conceitos, ideias e estudos complexos — sem, contudo, tirar deles seus significados. Há o risco de que algumas explicações ou contextualizações pareçam simplistas, mas foi uma escolha que fizemos para tentar difundir ao máximo estas histórias. O nosso sonho é que este seja um livro "popular".

Naturalmente, ele não tem a menor intenção de "esgotar" o assunto. É tão somente, como o subtítulo indica, "um" olhar afrocentrado sobre a história do Brasil. Há muitos outros.

Se este é seu primeiro contato com o *projeto Querino*, explico: é um projeto jornalístico brasileiro lançado em 6 de agosto de 2022, fruto de dois anos e sete meses de trabalho, como um podcast narrativo produzido pela Rádio Novelo e uma série de publicações na revista *piauí*. O podcast venceu o prêmio Vladimir Herzog como melhor Produção Jornalística em Áudio do Brasil em 2023 e foi nomeado um dos dez melhores trabalhos jornalísticos em áudio pelo prêmio Gabo, que engloba a América Latina. O projeto é inspirado no *1619 Project*,[2] criado pela jornalista estadunidense Nikole Hannah-Jones e lançado em agosto de 2019 pelo *The New York Times*.

O *projeto Querino* lança um olhar afrocentrado sobre a história do Brasil: mostra alguns dos principais momentos — como a Independência, em 1822, ou a Abolição, em 1888 — sob a ótica de africanos e afrodescendentes. Foi idealizado e coordenado por mim e teve apoio do Instituto Ibirapitanga; consultoria em história de Ynaê Lopes dos Santos e consultoria narrativa de Paula Scarpin e Flora Thomson-DeVeaux, da Rádio Novelo.

O nome do projeto é uma homenagem ao intelectual baiano Manuel Raimundo Querino (1851-1923), jornalista, professor e abolicionista que, em 1918, publicou *O colono preto como fator da civilização brasileira*, obra que trata do protagonismo dos africanos e dos afrodescendentes para a formação do Brasil. Ao todo, mais de quarenta profissionais — uma equipe majoritariamente negra e feminina — trabalharam no projeto até o lançamento, em 2022. Embora muita pesquisa adicional tenha sido feita desde então, este livro é o resultado direto do trabalho desses profissionais, e você pode encontrar todos os nomes na seção "Créditos". Cada um deles tem minha gratidão eterna.

A história deste livro, e do próprio projeto, começou em 20 de maio de 2018. Em um domingo à noite, durante um evento literário no Centro do Rio de Janeiro, a grande escritora Conceição Evaristo foi entrevistada por Flávia Oliveira, uma de minhas principais referências profissionais. Próximo ao fim da conversa, Conceição disse: "Ensinam a Revolução Farroupilha nas escolas, mas não a Revolta dos Malês". E minha cabeça explodiu.

Eu era um jovem adulto, já tinha feito alguma leitura — só um pouquinho, àquela altura — sobre negritude e a "história negra" do Brasil. Sabia alguma coisa sobre a Revolução Farroupilha, no Rio Grande do Sul — já havia visto até uma série da TV Globo a respeito, *A casa das sete mulheres* (2003) —, mas quase nada sobre a Revolta dos Malês, na Bahia.

À época, eu trabalhava como repórter da coluna de Ancelmo Gois, no jornal *O Globo*, e há algum tempo vinha pensando em fazer um podcast. Quando ouvi aquela frase de Conceição, alguma coisa estalou dentro de mim: "Que outras histórias sobre nossa herança africana também me foram negadas? Será que há outras que nem sequer chegaram a ser contadas?". E foi quando comecei a fazer, no meu tempo livre, o *Negra Voz*, podcast em cinco episódios sobre feitos de negras e negros brasileiros, do passado e do presente. Lançado em setembro de 2019 pelo *O Globo*, o podcast venceu o prêmio Vladimir Herzog (2020) em Áudio. Conceição foi uma das entrevistadas e conta sua história no segundo episódio.[3]

Ainda em 2019, em outubro e novembro, participei de um programa do International Center for Journalists, nos Estados Unidos, por seis semanas — quatro delas na capital, Washington, onde visitei o Museu Nacional de História e Cultura Afro-Americana. Foi uma experiência tão impactante que, em poucos dias, voltei ao museu outras três vezes. Eu geralmente caminhava até lá ouvindo o podcast do *1619 Project*.[4]

Voltei para o Rio de Janeiro e, em 1º de dezembro, fui a um "aquilombamento" — uma roda de conversa entre pessoas negras de diferentes profissões e regiões. Entre tanta gente incrível estava o antropólogo Thales Vieira, que já tinha ouvido o *Negra Voz* e me perguntou: "Você já ouviu falar no Instituto Ibirapitanga?". "Não", respondi. Thales me contou sobre o trabalho deles e o apoio a iniciativas voltadas à promoção da equidade racial.

Na semana seguinte, conheci Paula Scarpin, Flora Thomson-DeVeaux, Branca Vianna e Guilherme Alpendre, que tinham acabado de fundar uma produtora de podcasts, a Rádio Novelo. Durante a conversa, Branca disse: "Acho que deveríamos fazer um *1619 Project* brasileiro", ideia que estava na minha mente desde a viagem para os Estados Unidos. Marcamos uma reunião com o Ibirapitanga para apresentar a ideia.

Naqueles dias, Lauren Silverman, uma produtora que conheci nos Estados Unidos, escreveu um e-mail me apresentando ao chefe do Spotify na América Latina. Foi o ponto de partida de uma longa conversa que resultou no *Vidas Negras*, um podcast Original Spotify produzido pela Novelo e lançado em outubro de 2020. Em seus trinta episódios, a série perfila afro-brasileiros proeminentes das mais diversas áreas de conhecimento. Uma equipe majoritariamente negra e feminina me ajudou a contar as histórias de nomes do passado como Carolina Maria de Jesus, Milton Santos, Tia Ciata, Grande Otelo e outros; e do presente, como Sueli Carneiro, Djamila Ribeiro, Lázaro Ramos e Eliana Alves Cruz.[5]

Na época, já estávamos fazendo o *projeto Querino*, cujo trabalho começou no primeiro semestre de 2020, com seis meses de planejamento e pesquisa para fortalecer o projeto e conseguir o apoio financeiro do Ibirapitanga. Andre Degenszajn, Iara Rolnik e Thales Vieira foram tão exigentes quanto ternos nesse processo. Toda a ajuda da Novelo foi determinante, assim como a de outras pessoas incríveis que doaram tempo e voluntariamente participaram de reuniões de brainstorming, como Ynaê, Flávia Oliveira, a ativista Lúcia Xavier, o ator e diretor Rodrigo França e o historiador Rafael Domingos Oliveira.

Aprovado o financiamento, o trabalho da equipe começou com dez meses de pesquisa bibliográfica e audiovisual conduzida pelos jornalistas Yasmin Santos (por um mês) e Gilberto Porcidonio (nos demais nove meses), e por Rafael Domingos Oliveira. A cada dois meses, fazíamos reuniões em que Ynaê orientava a pesquisa, com contribuições de Paula e Flora.

Paralelamente, o *Vidas Negras* era tocado por outra equipe. O lançamento do último episódio — em agosto de 2021 — coincidiu com o fim da fase de pesquisa do *Querino*, quando passei a me dedicar integralmente ao projeto. Ao longo de dois meses li os relatórios produzidos pelos pesquisadores, complementando a pesquisa e transformando os textos (que tinham, naturalmente, diferentes "vozes" e estilos de escrita) em "relatórios consolidados", numa narrativa unificada que virou uma espécie de "bíblia" — não no sentido religioso, claro, mas no que é comumente usado no audiovisual — do projeto. E começamos a próxima fase: a partir da leitura dos relatórios, fizemos reuniões semanais com a nossa consultora em roteiro, a diretora e roteirista Mariana Jaspe; a nossa produtora e pesquisadora, a jornalista Angélica Paulo; além de Paula e Flora. Nessas conversas, decidimos quem entrevistaríamos para o podcast: no fim, foram mais de cinquenta entrevistas, 42 horas de gravação e 14 mil quilômetros percorridos em viagens pelo país.

A terceira e última fase antes do lançamento aconteceu no primeiro semestre de 2022: roteirização, edição, sonorização e mixagem dos episódios, e toda a estratégia de divulgação meticulosamente desenhada pela jornalista Bia Ribeiro, da Novelo. Foi também nessa fase que apresentamos o projeto a André

Tiago Rogero entrevista Vânia Guerra na praia do Sino, na ilha da Marambaia

Petry, diretor de redação da *piauí*, e compartilhamos com a revista os relatórios consolidados de pesquisa, que, por sua vez, serviram de inspiração às reportagens, ensaios fotográficos e uma história em quadrinhos publicados entre agosto e novembro de 2022.

Os oito episódios iniciais do podcast foram ao ar simultaneamente no dia do lançamento, em agosto de 2022. Um episódio extra, em que entrevisto Nikole Hannah-Jones, foi publicado em 8 de novembro. No ano seguinte, em 22 de junho de 2023, foram postados vídeos com legendas e interpretações em Língua Brasileira de Sinais (Libras) de cada episódio. Em 27 de outubro, foram disponibilizadas traduções em inglês e espanhol das transcrições de todos os episódios.[6]

Embora *Negra Voz*, *Vidas Negras* e *projeto Querino* tenham sido feitos por muitas mãos e mentes diferentes, gosto de pensar neles como uma trilogia em áudio. Essa ideia vem, acho, do meu amor pela cultura pop, especialmente as franquias de cinema. Para mim, os três podcasts se complementam.

Fora a óbvia conexão que se dá pela temática, há um outro aspecto bem importante que conecta os projetos: todos foram realizados num dos períodos mais desoladores da nossa história, os quatro anos de Jair Bolsonaro como presidente, que tiveram um impacto enorme sobre as três produções. Foi um período em que tivemos na presidência um homem conhecido por posicionamentos racistas,[7] cujos funcionários próximos e familiares têm conexões com organizações supremacistas brancas.[8] Outros racistas por todo o país sentiram-se empoderados a rastejar para fora do esgoto onde se escondiam.

Negra Voz, *Vidas Negras* e *projeto Querino* não são uma resposta a Bolsonaro — pensar assim seria dar importância demais a ele. Acredito que os três projetos existiriam mesmo se ele não tivesse vencido a eleição de 2018. Mas a forma irresponsável, desrespeitosa e destrutiva com que o ex-presidente conduziu o mandato fez com que trabalhássemos ainda mais duro. A raiva e o desespero que sentimos durante aqueles quatro anos — especialmente depois de março de 2020, quando a pandemia de covid-19 chegou ao Brasil — nos deram ainda mais força.

E isso se refletiu também na audiência: acredito que parte do sucesso que o *Querino* alcançou tem a ver com a eleição de 2022. As pessoas estavam ávidas por ferramentas que as ajudassem a enfrentar tanto ódio, estupidez e desinformação. Por tudo isso, escolhemos manter a maioria das citações a Bolsonaro que fizemos no podcast, tanto como uma "fotografia" daquele momento quanto por uma verdade inconveniente: a extrema direita não sairá de cena tão cedo, e o risco de voltarmos àquele cenário de destruição segue iminente.

Um dos aspectos que mais nos inspirou no *1619 Project* foi a forma destemida e sem papas na língua com que Nikole Hannah-Jones e equipe disseram o que precisava ser dito, por mais duro que fosse.[9] No *projeto Querino*, algumas frases podem soar como "frases de efeito" — "o Brasil nasceu da escravidão" ou "Na 'empresa' Brasil, o trabalho é negro e o lucro, branco" —, mas nunca era o caso. Tentamos sempre explicar o porquê de cada uma, e com fatos e dados.

Uma das vantagens do tempo que tivemos para trabalhar — dois anos e sete meses para executar um projeto jornalístico é um privilégio, mas também uma responsabilidade — foi a possibilidade de refletirmos com calma sobre o sentido de cada palavra. Lembrando, por exemplo, que um "traficante de escravizados" era acima de tudo um comerciante de seres humanos.

Um sujeito — geralmente branco — que enriquecia graças ao sequestro e o comércio de pessoas; de crianças, adolescentes e adultos que tinham sonhos, sentiam dor e fome; que amavam e sofreram ao serem separados dos seus. Esses ricos homens brancos não eram reles comerciantes ou empreendedores; eram traficantes de gente, e isso tem um peso que não pode ser trivializado.

Nosso foco foi sempre tentar contar o que aconteceu com a devida crueza dos fatos. E a história do Brasil é, afinal, muito dura e cruel — especialmente com indígenas, africanos e afrodescendentes. Aliás, outra ponderação é que há importantes menções aos povos originários, mas não na mesma proporção que aos afrodescendentes. A história dos povos indígenas, os primeiros a ocupar este território, merece um ou vários projetos inteiros dedicados exclusivamente a ela, e que serão muito melhor executados por equipes majoritariamente indígenas, o que não era o nosso caso. Também não usamos isso como desculpa para ignorar essa história, como você verá em alguns pontos.

Um outro comentário importante: este não é um livro sobre dor — embora saibamos que a dor faz parte da experiência de cada pessoa negra que nasceu ou vive no Brasil. Aqui não tem "pornô de violência". Este é um livro sobre vitórias. Sobre alegrias, realizações, lutas e resistências. Sobre como o povo negro criou o que de melhor o Brasil tem a oferecer para os seus cidadãos e para o mundo. E não somente aquela visão estereotipada de "samba, futebol e feijoada", que foi a única contada por tanto tempo. "Faltavam capítulos na história que nos foi ensinada na escola", escreveu o historiador britânico-nigeriano David Olusoga.[10]

Mas agora faltam menos, graças sobretudo à revolução intelectual e cultural promovida pelas leis de cotas. O *projeto Querino* não é e não foi — nem de longe — a primeira iniciativa a contar esse "outro lado". Intelectuais negros têm feito isso há séculos — e um exemplo disso é o próprio Manuel Querino, que homenageamos com o nome do projeto. Mas, mesmo antes dele, e mesmo antes que palavras começassem a ser impressas em folhas, contar histórias já era algo intrínseco ao DNA africano.

A filósofa e antropóloga Lélia Gonzalez (1935-1994) escreveu que

> estamos cansados de saber que nem na escola, nem nos livros onde mandam a gente estudar, não se fala da efetiva contribuição das classes populares, da mulher, do negro, do índio na nossa formação histórica e cultural. Na verdade, o que se faz é folclorizar todos eles. E o que é que fica? A impressão de que só homens, os homens brancos, social e economicamente privilegiados, foram os únicos a construir este país. A essa mentira tripla dá-se o nome de sexismo, racismo e elitismo. E como ainda existe muita mulher que se sente inferiorizada diante do homem, muito negro diante do branco e muito pobre diante do rico, a gente tem mais é que mostrar que não é assim, né?[11]

O *projeto Querino* também é sobre responsabilização. Há uma passagem no livro da psicóloga e ativista Cida Bento que costumo reler. Ela conta a história do dia em que o filho Daniel, então com dez anos, chegou chateado da escola dizendo que não queria mais voltar e que não participaria de nenhuma outra aula de história sobre escravidão. Isso porque, depois da aula, um dos colegas — um menino branco — tinha apontado para garotos negros que limpavam para-brisas num semáforo e dito ao Daniel: "Aqueles meninos também são descendentes de escravos! É uma vergonha, né?". A intelectual conta como ela lidou com a situação:

Daniel não poderia acreditar naquilo. Por isso, no dia seguinte decidimos fazer uma lista, incluindo os feitos tanto dos escravocratas quanto dos escravizados pelo nosso país. O lado dos escravocratas incluía expropriação de trabalho, violência física e psicológica, estupros, invasões, exploração de recursos naturais e tantas outras barbaridades. Já o lado dos escravizados era curto: vieram à força a um país desconhecido para trabalhar, sem renumeração, produzindo riquezas para o colonizador em troca da própria vida. Não havia por que se envergonhar por ter antepassados escravizados, ao contrário, apenas ter orgulho do que construíram, apesar das adversidades.[12]

Até hoje, descendentes de senhores e sinhás desfrutam de heranças que só foram possíveis graças a exploração, violência e sofrimento. "Fala-se muito na herança da escravidão e nos seus impactos negativos para as populações negras, mas quase nunca se fala na herança escravocrata e nos seus impactos positivos para as pessoas brancas", escreveu Cida Bento.[13]

Por fim, quero destacar que este livro também não é somente sobre a escravidão, tanto sob um ponto de vista cronológico — a narrativa vai e volta no tempo, do continente africano ao Brasil atual — quanto "quantitativamente", já que muitas histórias contadas aqui são de anos recentes. É inegável que a escravidão teve um impacto monstruoso e decisivo no país, que se manifesta ainda no presente. Mas queremos também pensar no futuro e esperamos que você embarque conosco nessa jornada.

No Brasil sonhado pelo povo negro, ninguém fica de fora.

Créditos

Este livro é o resultado de mais de um ano de novas pesquisas, escrita e minuciosa edição e checagem, entre 2023 e 2024. Mas só se tornou possível porque, antes disso, mais de quarenta profissionais — uma equipe majoritariamente negra e feminina — trabalharam entre 2020 e 2022 para lançar o que entendemos como a etapa inaugural do *projeto Querino*: o site, o podcast produzido pela Rádio Novelo e as reportagens e ensaios publicados na revista *piauí*. Por isso, nada mais justo do que trazer aqui — não como *agradecimentos*, mas *créditos* — o nome de todos os profissionais que trabalharam no projeto até seu lançamento, em agosto de 2022.

EQUIPE DO PODCAST PRODUZIDO PELA RÁDIO NOVELO:

Idealização, reportagem, roteiro, apresentação e coordenação: Tiago Rogero
Apoio: Instituto Ibirapitanga
Consultoria em história: Ynaê Lopes dos Santos

Consultoria em roteiro: Mariana Jaspe, Paula Scarpin e Flora Thomson-DeVeaux
Estratégias de promoção, distribuição e conteúdo digital: Bia Ribeiro
Produção: Angélica Paulo
Produção executiva: Guilherme Alpendre
Pesquisa: Gilberto Porcidonio, Rafael Domingos Oliveira, Angélica Paulo e Yasmin Santos
Música original: Victor Rodrigues Dias
Revisão de roteiro: Natália Silva
Direção de locução: Flora Thomson-DeVeaux e Natália Silva
Checagem: Gilberto Porcidonio
Edição: Lucca Mendes
Sonorização: Júlia Matos
Finalização: Pipoca Sound
Identidade visual: Draco Imagem
Design gráfico: Mateus Coutinho
Redes sociais: Eduardo Wolff
Transcritores: Guilherme Póvoas e Rodolfo Vianna
Gravação em estúdio: Pipoca Sound, com trabalhos técnicos de João Muniz, Luís Rodrigues e João Jabace
Execução financeira: Instituto Sincronicidade para a Interação Social (ISPIS)
Site: Maria Rita Casagrande
Tradução dos roteiros para inglês: Flora Thomson-DeVeaux
Tradução dos roteiros para espanhol: Rolando Barreto Fortón
Tradução em Libras: Visual Libras
Intérprete em Libras: Gabriela Alves Inácio
Edição do vídeo em Libras: Lucas Grigio da Silva
Consultor surdo: Carlos Eduardo Franzini da Silva

**EQUIPE DA REVISTA *PIAUÍ* ENVOLVIDA
NO *PROJETO QUERINO*:**

Diretor de redação: André Petry
Edição: Armando Antenore e Alcino Leite Neto
Diretora de arte: Maria Cecilia Marra
Editora de arte: Paula Cardoso
Editor de redes sociais: Fabio Brisolla
Subeditora de redes sociais: Emily Almeida
Coordenadora de estratégias: Mari Faria
Produtora executiva: Raquel Freire Zangrandi
Reportagens: Tiago Coelho, Emily Almeida e Felipe Botelho Corrêa
Ensaios fotográficos: Taba Benedicto, Tércio Teixeira, Rodrigo Zaim, Walter Firmo e Janaina Damaceno Gomes
História em quadrinhos: Bennê Oliveira e Jeferson de Sousa

A grande aposta

Parte 1

Não é de hoje que chefes de Estado trocam mimos entre si. Em 1811, já morando no Rio de Janeiro, o então príncipe regente, d. João (1767-1826), recebeu uma leva de presentes de um rei, parceiro de negócios de Portugal: anéis, chapéus, sandálias, um trono esculpido em madeira e uma bandeira com as representações de 73 cabeças decapitadas e quinze corpos ainda inteiros, mas com as mãos acorrentadas. Todos na cor preta, bordados sobre um tecido branco de algodão. Também compunham a lista de agrados seis seres humanos: quatro "moleconas" e dois "molecões", nas palavras do rei parceiro. "As fêmeas, para espanarem o seu quarto; os machos, para limparem os seus sapatos", escreveu. "Mando pequenos para se criarem." Ou seja, eram crianças.[1]

O remetente da carta e dos *presentes* era o rei Adandozan, que governou o Daomé (onde hoje fica o Benim) entre 1797 e 1818. Um rei africano. Adandozan queria receber de d. João o monopólio da operação de fornecimento de pessoas escravizadas na região da Costa da Mina, onde hoje estão Gana, Togo, Benim e Nigéria.[2]

O rei do Daomé estava preocupado. Um ano antes, em 1810, d. João tinha assinado um tratado com o Reino Unido em que dizia estar "plenamente convencido da injustiça e má política do comércio de escravos" e, por isso, iria "cooperar com Sua Majestade Britânica na causa da humanidade e justiça, adotando os mais eficazes meios para conseguir em toda a extensão dos seus domínios uma gradual abolição do comércio de escravos".[3]

Pelo acordo, d. João e companhia só teriam de interromper o tráfico nos portos que não pertencessem a Portugal, o que não era o caso do Daomé, embora houvesse lá uma ocupação portuguesa desde 1720, no porto de Ajudá (ou Uidá ou Ouidah).

Ainda que não estivesse sendo prejudicado pelo tratado, o rei Adandozan já devia estar percebendo os ares de mudança. Afinal, o Reino Unido — depois de tanto já ter lucrado com a escravidão — tinha abolido o tráfico para os seus territórios em 1807. E, desde então, fazia pressão para que outros países fizessem o mesmo.

O cerco se fechava, mas o tráfico continuava, e Adandozan ganhou concorrência vizinha. Na mesma época, d. João foi procurado por um outro líder da Costa da Mina: Ajohan, o rei de Ardra, uma outra parte do atual Benim.

O reino de Ardra contava com um novo porto — chamado pelos portugueses de Porto Novo, que até hoje dá nome à capital do Benim — para o embarque de africanos trazidos do interior. Também numa carta a d. João,[4] Ajohan escreveu que sua "oferta" de escravizados era a maior da região e a de "melhor qualidade". E mais: diferentemente do vizinho do Daomé, que queria o monopólio, o rei de Ardra propunha livre-comércio, uma vez que Portugal poderia continuar a fazer negócios com outros portos da região. Ajohan só queria uma parte para chamar de sua no lucrativo negócio do comércio de seres humanos pelo mar.

E talvez neste ponto você esteja pensando: *Então é verdade que "português nem pisava na África, que eram os próprios negros que entregavam os escravos"?* Afinal, você acabou de ler sobre

dois reis africanos disputando para ver quem conseguiria vender mais escravizados para Portugal.
Calma. Respira.

Até onde se sabe, a primeira viagem de tráfico de escravizados foi em 1441, quando um português, a mando da Coroa, foi até a região do Rio do Ouro, no continente africano, para comprar azeite e pele de leão-marinho. Ele achou o.k. sequestrar seres humanos e levou doze africanos aprisionados para Portugal. Três anos depois, já houve o primeiro leilão de escravizados na Terrinha, fruto de uma outra viagem que sequestrou mais de duzentas pessoas; entre elas, crianças.[5]

Mas não foi nesse momento que a escravidão começou. Ela já existia, e há muito tempo. Tinha escravizado na Grécia Antiga, por exemplo. A própria palavra "escravo" — e fica mais fácil quando pensamos nela em inglês, *slave* — vem do latim *slavus*, que é uma referência aos eslavos que, por muito tempo, foram escravizados. E o povo eslavo é branco.

Havia muitos motivos para se escravizar uma pessoa: entre eles, o resultado de uma guerra ou o não pagamento de uma dívida — mas, ao fim do pagamento da obrigação, a pessoa era libertada. Ela não era vendida ou herdada, como se fosse um imóvel ou um objeto. E não se escravizava alguém só por ser de determinada raça ou pela cor da pele — e muito menos só por ser negro. A ideia de quem é "negro" ou não foi criada a partir dos séculos 15 e 16, justamente para justificar essa nova forma de escravidão que surge a partir do momento em que Portugal começa a expandir o seu império. Uma forma mercantil, em que a pessoa deixa de ser entendida como um ser humano temporariamente escravizado para ser lida como mercadoria — a mais valiosa e lucrativa mercadoria daquele tempo.

Percebendo a oportunidade, os portugueses tentaram dominar as sociedades africanas. Tentaram invadir e guerrear para ter acesso em primeira mão à "mercadoria". Mas não conseguiram. Então, partiram para o plano B: negociar com algumas dessas sociedades. Oferecer algo em troca. Comprar em vez de capturar — embora a captura tenha continuado clandestinamente em outros pontos do continente.

Mas por que um africano venderia outro africano?

Primeiro, é importante desconstruir a ideia de "africano". A África não é um país, mas um continente com 30 milhões de quilômetros quadrados, praticamente o triplo da Europa. Um território imenso ocupado por diferentes povos, com culturas, línguas e formas de organização diferentes, como lembra Ynaê Lopes dos Santos.[6] E, assim como aconteceu e ainda acontece em outros continentes, nações vizinhas entravam em conflito. Como resultado, o vencedor tinha o direito de escravizar os derrotados.

O que mudou o jogo foi a oferta feita pelos portugueses aos "vencedores": a possibilidade de vender seus prisioneiros de guerra e lucrar com isso. Livravam-se dos inimigos e, em troca, recebiam produtos como tecidos, tabaco e armas — ganhando assim mais poderio bélico para subjugar outros adversários e, em contrapartida, obter mais "matéria-prima" para Portugal. Um ciclo.

Os próprios reis do Daomé e de Ardra tinham acabado de travar uma batalha vencida pelo daomeano. A bandeira enviada por Adandozan a d. João, com as 73 cabeças decapitadas e os quinze corpos com as mãos acorrentadas, era uma representação do resultado do conflito, assim como as seis crianças: prisioneiras de guerra incumbidas de dar notícia de viva-voz ao príncipe português sobre as vitórias do rei africano.

No fim, Adandozan não conseguiu o monopólio que queria, mas continuou a fazer negócios com Portugal, assim como o rei de Ardra — onde, pelo tratado com os britânicos, os portugueses já não estavam mais autorizados a comprar escravizados. Mas esse seria só mais um caso em que d. João ignorou compromissos firmados com o Reino Unido pelo fim do tráfico.[7]

E o príncipe gostou tanto dos presentes que as peças integraram — apenas os objetos; não as seis crianças, de quem não se teve mais notícias — a coleção inaugural do Museu Real, fundado por d. João em 1818 com o objetivo de "propagar os conhecimentos e estudos das ciências naturais no Reino do Brasil".[8] Primeiro instalado numa enorme residência no Campo de Sant'Anna, no Centro do Rio de Janeiro, o museu foi transferido em 1892 para um palácio ainda maior, na Quinta da Boa Vista. O trono e a bandeira doados pelo rei do Daomé eram algumas das peças mais antigas do museu.

E foram destruídas.

O incêndio no Museu Nacional aconteceu numa madrugada de domingo para segunda-feira, em 2 de setembro de 2018. As mais de seis horas de fogo destruíram entre 80% e 85% do acervo com cerca de 20 milhões de itens — entre eles, o trono e a bandeira enviados pelo rei do Daomé. Do prédio, restou a estrutura externa (as paredes e a fachada), mas o teto caiu.

A história do prédio tem alguns esqueletos no armário.

Antes de virar museu, o palácio enorme em São Cristóvão, na Zona Norte da cidade, já foi residência oficial da família real portuguesa — depois, família imperial do Brasil. Mas o prédio não foi construído para ser uma residência oficial, e sim a casa de um comerciante bem rico: Elias Antônio Lopes (1756-1815). Quando a família real portuguesa veio para o Brasil, em 1808, Lopes doou a mansão — disparada a melhor da cidade —, e toda a Quinta da Boa Vista, para d. João morar com os parentes.

Bonzinho ele, né? Mas como é que Lopes, um comerciante, juntou tanto dinheiro assim para não só construir um palácio tão suntuoso, mas também para se dar ao luxo de poder doá-lo? É que ele não era qualquer comerciante. Ele trabalhava com o bem mais valioso daquela época. Não era café, nem ouro; não era açúcar, tampouco diamante: ele era traficante de gente.

Mandava um navio para a costa do continente africano, embarcava dezenas de pessoas acorrentadas — homens, mulheres, crianças —, colocava todo mundo no porão da embarcação por semanas, até meses, de viagem, e vendia as que sobreviviam. Em 1811, em Moçambique, 469 seres humanos foram embarcados em um navio que pertencia a Lopes. Três meses depois, a embarcação chegou ao Rio de Janeiro, mas só com 350 escravizados — 119 não resistiram às péssimas condições da viagem e morreram no caminho.[9]

Foi pouco antes disso, em 1803, que Lopes começou a construir uma "vivenda campestre, vasta e ostentosa"[10] em um dos lotes de uma antiga fazenda dos jesuítas. A obra foi toda feita por escravizados.[11] Quando a família real chegou ao Brasil — primeiro por Salvador —, Lopes decidiu deixar a casa ainda maior e mais suntuosa, para oferecer aos monarcas. Já no Rio, d. João recebeu o mimo de bom grado e sem constrangimento algum. Em 24 de março de 1808, a família real tomou posse da chácara.

E, como não existe almoço grátis, Lopes foi ressarcido pelos "custos da obra" e, menos de dois meses depois, recebeu de d. João a comenda da Ordem de Cristo, tornando-se "comendador". As honrarias continuariam nos anos seguintes: fidalgo da Casa Real, em 1810, e conselheiro de Sua Alteza Real, em 1811. Um traficante que era conselheiro do rei.

E o simbolismo desse gesto — de transformar em residência oficial uma casa construída por escravizados e com o dinheiro do tráfico; dessa relação extremamente próxima entre um traficante e a família real — ajuda a explicar não só por que a escravidão durou tanto tempo por aqui, mas a própria Independência do Brasil.

Ajuda a explicar por que o Brasil é o Brasil.

Um país que nasceu da escravidão.

Foi a exploração do conhecimento e do trabalho, primeiro dos indígenas e depois dos africanos e dos seus descendentes, que gerou toda a riqueza da colônia e, depois, do país.

Quando o Brasil se tornou independente de Portugal, em 1822, já havia muitos países — nações europeias, por exemplo, que tinham lucrado bastante tanto com a escravidão quanto com o tráfico — discutindo e até aplicando o fim do tráfico de escravizados ou a abolição. Mas o Brasil foi na direção contrária: as elites brasileiras não só reafirmaram o pacto com a exploração da mão de obra escrava, mas dobraram a aposta. A escravidão não só continuou, mas aumentou. E não é que não havia uma escolha, uma outra possibilidade de Brasil. Havia várias, como você verá.

Foi por causa da escravidão, e graças a ela, que províncias tão diferentes umas das outras se uniram na tentativa de formar uma unidade. Graças à escravidão e ao medo das elites, o Brasil se tornou independente.

Parte 2

Já no fim do século 17 a capitania do Rio de Janeiro era a mais rica da colônia. Sua riqueza era facilitada pela localização geográfica — próxima da exploração do ouro em Minas Gerais e um importante ponto de defesa de Portugal nas constantes disputas com a Espanha por territórios mais "ao Sul" —, mas, sobretudo, gerada pelo tráfico de africanos escravizados.[1]

THIAGO CAMPOS PESSOA: O Brasil nasce como um país de fato, como um Estado-nação, atrelado ao tráfico de africanos. Porque esses agentes do tráfico estão diretamente envolvidos, e de maneira até bastante contundente, na própria construção do país. De modo que a moradia do imperador tinha uma relação direta com o tráfico; o que, por si só, é bastante emblemático.[*]

---

* Thiago Campos Pessoa é historiador, escritor e professor. A partir daqui, todas as citações que estiverem com este tipo de destaque foram retiradas de entrevistas ao podcast do *projeto Querino*.

É importante ter em mente que o tráfico não era um negócio de uma pessoa só, uma história de um vilão único. Era uma cadeia produtiva. Para equipar um navio com escravizados, precisava-se não só da tripulação, mas também de mercadorias que seriam trocadas por seres humanos no continente africano, como tabaco, pólvora ou cachaça. Precisava-se também de suprimentos para os tripulantes do navio: carne-seca, farinha, água — afinal, embora as condições de transporte fossem desumanas e provocassem muitas mortes, os escravizados tinham que ser minimamente alimentados para garantir o sucesso financeiro da expedição.

TCP: Então, quando pensamos no traficante de escravizados, temos de pensar numa cadeia de atores, de mercadorias e de agências que vão para muito além do próprio controle. Dificilmente o tráfico era feito por uma pessoa só. Embora existisse o traficante — o sujeito simbólico que organizava cada expedição —, havia uma série de indivíduos por trás que estavam efetivamente financiando cada viagem.

Por isso, muita gente rica participava do tráfico mesmo sem ser propriamente o organizador da viagem. É aquela ideia de diversificar os investimentos, sabe? O sujeito entrava com uma parte e depois colhia o seu, e não ficava com a pecha de traficante.

Aliás, "tráfico" é uma palavra que hoje carrega uma conotação negativa: tráfico de drogas, de armas, de influência, de animais, de órgãos... Mas, naquele tempo, tinha mais um sentido de "comércio e movimento", disse Pessoa.

TCP: Acontece que, na virada do século 18 para o século 19, à medida que o abolicionismo se inicia na Inglaterra, a ideia de ser um traficante de escravizados começa a mudar um pouco, sobretudo por causa da condenação moral e política advinda desse amplo movimento que se espraia pelo Ocidente.

Antes disso, o Reino Unido já havia lucrado muito com o tráfico de pessoas escravizadas e com a escravidão. Mas a Revolução Industrial estava em curso e, em 1807, o Parlamento britânico decidiu pelo fim do tráfico de escravizados para o reino e suas colônias. Daí, o que era produzido nos territórios britânicos ficou mais caro do que os produtos de quem ainda escravizava — como as colônias portuguesas, por exemplo.

Também em 1807, a Marinha Real Britânica foi mobilizada para escoltar a família real portuguesa, que precisou apressadamente transferir sua Corte para uma de suas possessões, do outro lado do Atlântico. E tudo por causa da França.

Depois da Revolução Francesa, um militar tinha dado um golpe de Estado e assumido o poder: Napoleão Bonaparte (1769--1821). Ele se proclamou imperador e iniciou um processo de expansão do Império Francês. Depois de já terem tomado a Espanha, as tropas invadiram Portugal.

A família real portuguesa fugiu levando 15 mil *parças*, ou melhor: cortesãos. Escoltados pelos ingleses, d. João e companhia chegaram a Salvador em janeiro de 1808 e, em março, ao Rio de Janeiro, onde fixaram residência. "Nunca na história um monarca europeu havia colocado os pés em solo americano", escreveu Ynaê Lopes dos Santos.[2] D. João era regente desde 1792, quando a mãe dele, a rainha d. Maria I (1734-1816), foi declarada mentalmente incapaz.

Em contrapartida à ajuda britânica, o príncipe regente decretou a abertura dos portos: os comerciantes brasileiros poderiam fazer negócios com outros países, e não apenas com

Portugal. Mas o Reino Unido não se contentou e passou a pressionar d. João para que também acabasse com o tráfico.
E por aqui já havia quem pensasse assim: em 1810, um amigo de d. João, o advogado brasileiro Antônio Rodrigues Veloso de Oliveira (1750-1824), disse ao monarca que o Brasil deveria aproveitar o momento para importar mão de obra livre europeia de países empobrecidos pelas guerras napoleônicas. E que, se isso não fosse possível, que se mantivesse o tráfico por mais um tempo, mas com duas novas medidas: que nascessem livres os filhos de escravizados e, em dez anos, tivesse fim a escravidão.[3] Ou seja: ventre livre e abolição.

D. João simplesmente ignorou o conselho do amigo.

Mas foi pressionado pelos britânicos a assinar um tratado em que se comprometeu a acabar com o tráfico de forma gradual. Não dava prazo nenhum, só dizia "gradual". Foi nesse Tratado de Aliança e Amizade que Portugal assumiu o compromisso de somente fazer negócios de tráfico com as próprias possessões no continente africano[4] — o que, como vimos, d. João não se esforçou em cumprir.

YNAÊ LOPES DOS SANTOS: O Brasil vira um país independente num contexto em que a sua maior parceira política é contrária ao tráfico. Aliás, [a Grã-Bretanha era] não só contrária, como organizou uma campanha para que esse tráfico de fato não se viabilizasse.*

Antes da chegada da família real, o Brasil ainda era uma colônia, mas já ocupava um lugar de "Estado" dentro do Império Português. Com a chegada de d. João e companhia, houve uma

---

* A historiadora, professora e escritora Ynaê Lopes dos Santos foi a consultora em história da pesquisa, e do podcast do *projeto Querino*.

nova mudança de patamar e o país foi "promovido": em 1815, virou um Reino Unido a Portugal.

YLS: Isso era algo intermediário entre uma colônia e um Estado soberano, então era um lugar politicamente um tanto quanto dúbio.

Em 1815, ainda pressionado, d. João tentou costurar um novo acordo com o Reino Unido. O tratado acabou sendo assinado só em 1817 e estabeleceu que, a partir daquele momento, Portugal e Brasil estavam proibidos de traficar pessoas embarcadas em portos acima da linha do equador. Em termos de área, a maior parte do continente africano fica acima do equador. Mas você acha que o acordo foi cumprido?

Na prática, o tráfico não só continuou, como aumentou. Nos dez anos antes da chegada da família real, 30 mil escravizados foram desembarcados por ano no Brasil. Nos dez anos depois, a média subiu para 42 mil por ano.[5] Tinha mais gente sendo escravizada por aqui — pouco mais de 1 milhão de pessoas — do que a população inteira de Portugal na época, com 750 mil habitantes.[6]

YLS: A chegada da família real é também o momento em que se sublinha essa característica escravocrata do Brasil, que tem como particularidade uma forte relação com o tráfico transatlântico que era operado, em grande medida, por um número significativo de famílias oligarcas de diferentes partes do país que tinham suas riquezas vinculadas ao tráfico.

Não saía barato sustentar d. João e companhia e, ao mesmo tempo, custear todas as reformas que tentavam deixar a Corte "à altura" da família real. Por mais dinheiro que o Rio de

Janeiro gerasse, não era suficiente. O jeito, então, foi recorrer às demais províncias, especialmente às poucas que davam lucro, como Pernambuco. Os pernambucanos passaram a pagar uma lista interminável de impostos: um para custear a reconstrução de Portugal depois da ocupação napoleônica, outro sobre a produção do algodão e outro que, pasme, era destinado à iluminação pública da capital do reino, a 2300 quilômetros de distância.[7]

Em 1817, no Recife, numa festa que celebrava a vitória contra a Holanda — quase duzentos anos antes, holandeses ocuparam Pernambuco por mais de duas décadas até serem derrotados e expulsos —, um "preto oficial do regimento dos Henriques[8] bateu em um português que ousava soltar palavras injuriosas contra os brasileiros".[9] Foi o estopim para o início da Revolução Pernambucana, a "mais importante contestação à ordem colonial em toda a história da monarquia portuguesa".[10]

Revoltosos tomaram o controle e proclamaram uma República pela primeira vez em território brasileiro. D. João enviou tropas que desembarcaram em Alagoas e seguiram até o Recife. Em 19 de maio de 1817, após 74 dias de governo republicano, a revolução acabou e a punição foi extremamente violenta: os líderes foram mortos por fuzilamento ou enforcamento; seus corpos, desmembrados e arrastados pela cidade por cavalos. Outros tantos foram presos.[11]

No ano seguinte, d. João deixou de ser príncipe e se tornou rei. Embora a rainha d. Maria I tivesse morrido em 1816, a aclamação do filho só foi realizada em 1818, quando ele foi coroado d. João VI, líder do Reino Unido de Portugal, Brasil e Algarves. A decisão de fazer a solenidade no Brasil, e não na Terrinha, desagradou profundamente os súditos que continuavam por lá.[12] As tropas francesas já não ocupavam mais o território português desde 1811, mas, ainda assim, a família real continuava na colônia. Enquanto isso, a pátria-mãe estava sob a administração de um militar britânico, William Carr Beresford (1768-1854), que tinha liderado a resistência portuguesa contra Napoleão.

E tudo isso fez aumentar a insatisfação entre os súditos lusitanos. A economia por lá estava em frangalhos e os portugueses reclamavam que Portugal tinha virado "colônia" do Brasil,[13] que, por sua vez, não parava de crescer.

Todo esse descontentamento resultou na eclosão da Revolução Liberal do Porto, em agosto de 1820. Envolvendo representantes da sociedade civil e com o apoio do Exército, um golpe foi dado; Beresford foi demovido do cargo, e o reino, transformado numa monarquia constitucional. Foram convocadas Cortes Gerais para criar uma Constituição redigida por representantes da população. Numa das primeiras medidas depois de tomarem o poder, exigiram o retorno da Corte e do rei para Portugal. Foi decretada a liberdade de imprensa e os rebeldes que tinham sido presos em revoltas contra a Coroa foram libertados, como alguns sobreviventes da Revolução de 1817, em Pernambuco.

Em fevereiro de 1821, d. João VI precisou jurar lealdade à futura Constituição. Para comandar as coisas por aqui, nomeou o quarto filho — o segundo mais velho ainda vivo àquele momento, atrás somente da primogênita, d. Maria Teresa —, d. Pedro, de 22 anos, como príncipe regente. Em abril, d. João VI deixou o Rio de Janeiro com destino a Lisboa, levando um séquito de 4 mil *parças* e esvaziando os cofres do Banco do Brasil,[14] fundado na chegada da família real por aqui.

E, em Portugal, começaram a discutir a nova Constituição, com a participação de deputados brasileiros. A bancada enviada por São Paulo tinha um mentor: José Bonifácio (1763-1838), que chegou a preparar uma proposta para o fim da escravidão. Não uma abolição imediata — o que, segundo ele, arruinaria o comércio e os agricultores —, mas gradativa, com "total circunspecção" para evitar que os "miseráveis escravos" reclamassem seus direitos com "tumultos e insurreições que podem trazer cenas de sangue e horrores".[15]

MARY DEL PRIORE: A proposta de José Bonifácio sobre a abolição é feita antes da Constituinte. Representando a junta governativa de São Paulo, ele vem com um projeto de abolição em quatro anos que sequer é ouvido. A coisa não vai para a frente. Nas Cortes Gerais, quem é muito atuante é o irmão de Bonifácio, o Antônio Carlos. E ele está naquele momento lá em Portugal falando não de uma independência do Brasil, porque isso não estava claro. Mas, sim, da autonomia das províncias brasileiras. É o que se quer, é o que a elite deseja: as elites locais queriam ocupar-se dos seus negócios sem a interferência de Portugal.*

As elites tinham pavor de perder tudo o que haviam conquistado nos anos anteriores. Todo o dinheiro, todos os cargos, todas as benesses.

Mas não era só disso que elas tinham medo.

---

* Mary Del Priore é historiadora. Escreveu uma biografia de José Bonifácio.

Parte 3

As elites morriam de medo de que houvesse aqui uma revolução como a do Haiti, que irrompeu em 1791, tão pertinho do Brasil.

MARCO MOREL: A Revolução do Haiti foi um acontecimento maior na história da humanidade. Foi a primeira insurreição — uma rebelião que se transformou em insurreição e se transformou em revolução — de trabalhadores escravizados que conseguiu destruir a sociedade escravista colonial e chegar ao poder. Isso é um fato único.*

Antes da revolução, o Haiti — à época, ilha de São Domingos — era chamado de "a pérola das Antilhas".[1] Colônia francesa desde 1665, a ilha concentrava metade da produção mundial de café e um terço da produção de açúcar no fim do século 18.[2] Mesmo com o tamanho do atual estado do Alagoas, o Haiti chegou a receber um terço de todo o tráfico mundial de africanos escravizados: na década de 1780, eram 40 mil cativos por ano, em média. Mas, diferentemente do Brasil, onde, vez ou outra, um africano

---

* Marco Morel é historiador e escritor.

ou afrodescendente livre poderia ocasionalmente conseguir alguma ascensão social, a ilha tinha uma alta sociedade "fechada".

Com a Revolução Francesa, os escravizados viram uma oportunidade: em janeiro de 1791, cativos da região de Platon fizeram uma rebelião, que acabou debelada. Em represália, os senhores degolaram até trabalhadores que não tinham participado do movimento. Em agosto, um grupo ainda maior de escravizados se reuniu no bosque Caïman e um deles, o sacerdote vodu Bouckman, fez uma prece:

O Bom Deus escondido numa nuvem nos olha.
Ele vê o que fazem os brancos.
O Deus dos brancos pede o crime.
O vosso quer o bem.
Mas se o Deus que está tão longe
lhes ordena a vingança
ele dirigirá nossos passos.
Ele nos assistirá.
Desprezem a imagem do Deus dos brancos
que tem sede de nossas lágrimas.
Escutem a liberdade que fala a nosso coração.[3]

E teve início a revolução. Só nos três primeiros meses, duzentos engenhos de açúcar e 1200 plantações de café foram incendiadas e saqueadas.[4] E os oprimidos começaram a devolver parte da violência aos opressores: no fim de 1791, já eram cerca de mil brancos assassinados. Em Paris, Luís XVI, o rei deposto pela Revolução Francesa, foi levado à guilhotina e decapitado em 1793. Com a execução, Inglaterra e Espanha declararam guerra à França e enviaram suas tropas para a colônia de São Domingos. Temendo perder o controle da ilha, a França decretou a abolição da escravidão em suas possessões em 1794.

MM: É muito comum se escutar que foi a influência das ideias da Revolução Francesa que gerou a Revolução do Haiti. Isso é um equívoco com fundo preconceituoso. Na verdade, foi a Revolução do Haiti que levou a Revolução Francesa a abolir a escravidão e, portanto, a efetivar ou ampliar a noção de direitos humanos, porque as primeiras declarações de direitos humanos da Revolução Francesa não contemplavam os negros e os "mulatos". A abolição da escravidão nas colônias francesas em 1794 foi uma conquista dos trabalhadores escravizados em rebelião.

Por anos, os haitianos resistiram aos ataques das tropas europeias. Em 1804, o então líder haitiano, Jean-Jacques Dessalines (1758-1806), um ex-escravizado, proclamou a independência da ilha. "Uma das primeiras medidas do novo governante, para prevenir as tentativas de recolonização e escravização, foi exterminar os cerca de 3 mil franceses que ainda restavam no Haiti."[5]

Com o movimento, o Haiti se tornou o primeiro país das Américas a abolir a escravidão; o segundo a proclamar sua independência — o primeiro tinha sido os Estados Unidos, em 1776 — e um caso único de primeira e única revolução de trabalhadores escravizados que conseguiram destruir a sociedade colonial escravista e efetivamente chegar ao poder.

A França, por sua vez, não deixou barato: recusou-se a reconhecer a independência do Haiti e exigiu que os demais países (parceiros comerciais dos franceses) fizessem o mesmo. A ilha ficou economicamente isolada por duas décadas. Só em 1825 a independência foi reconhecida, mas sob condições abusivas: a França enviou uma frota de catorze navios de guerra com ordem de atacar caso o governo haitiano não aceitasse pagar uma indenização de 150 milhões de francos, dez vezes o que o novo país arrecadava por ano com impostos. Sem dinheiro em caixa, o

Haiti precisou pegar um empréstimo, a juros, com os franceses. E, pelas décadas seguintes, foi obrigado a pagar a dívida.

No Brasil, a revolução haitiana também teve impactos. Por um lado, produtores portugueses e brasileiros de açúcar e café passaram a ganhar ainda mais porque um concorrente de peso tinha saído de campo. Por outro, "o exemplo haitiano atemorizou os brancos e inspirou os escravos e os libertos negros e 'mulatos'".[6]

Em Portugal, havia nas Cortes Gerais o medo de que, uma vez independente, o Brasil "enfrentaria um levante — se não uma revolução — negro e escravo".[7] Esse era um ponto de concordância entre deputados portugueses e brasileiros.

Mas, em outros assuntos, o clima só esquentava. Os gajos queriam que o aparelho de Estado — ou, falando em português muito claro: que o dinheiro — voltasse para Lisboa. E queriam também o retorno do príncipe regente, d. Pedro. Já os brasileiros não aceitavam nada disso: exigiam um sistema de leis próprio, uma divisão mais justa dos impostos e a permanência do príncipe. E começou a circular por aqui um burburinho de que Portugal queria recolonizar o Brasil.

MARY DEL PRIORE: Temos aí um inimigo em comum: o perigo da recolonização, que não interessa aos ingleses, que estão nadando de braçada nos contratos da abertura dos portos, e nem aos brasileiros, que não querem ser reduzidos a cidadãos de segunda categoria.

Cidadãos de "segunda categoria".

MDP: Com isso, todos vão se unir em torno da ideia do Império, do poderoso Império, do medo da recolonização, e isso certamente vai projetar Bonifácio como conselheiro de d. Pedro.

José Bonifácio, aquele que queria levar para as Cortes Gerais uma proposta para o fim da escravidão.

MDP: Ele é o grande conselheiro [de d. Pedro], mas enfrenta muita rejeição dos senhores de escravizados, dos comerciantes e dos fidalgos portugueses.

Bonifácio era um político branco que tinha acabado de voltar de um período de quase quarenta anos na Europa, estudando e trabalhando um pouquinho. E lá acabou tendo contato com o abolicionismo inglês. Mas, no geral, era um sujeito que, até então, nunca tinha tido muito destaque.

MDP: Ele, ao contrário do que se diz, não estudou com nenhum dos grandes professores na França. Limitava-se a ser um técnico de mineração. Ele foi professor numa universidade que o detestava. Era brasileiro, não tinha dinheiro, não tinha prestígio, ganhava um salário que era uma porcaria.

Só que, quando voltou ao Brasil, Bonifácio acabou caindo nas graças do príncipe regente.

MDP: Ele cultivou em d. Pedro a ideia de que era possível um poderoso Império.

No fim de 1821, chegaram ao Brasil algumas decisões das Cortes Gerais, como a transformação das capitanias em províncias e a criação de juntas governativas para cada uma delas, com autoridade econômica e até de polícia, que passariam a responder diretamente a Lisboa. Na prática, isso tirava poder do príncipe-regente. Em outro decreto, as Cortes Gerais exigiram o retorno imediato de d. Pedro.

Mas o príncipe sabia que o pai, d. João VI, tinha virado "um rei sem poder, decorativo e prisioneiro das Cortes".[8] Como não era só o príncipe quem tinha algo a perder, instalou-se o pânico por aqui. Segundo Mary Del Priore:

> Pânico não só entre os partidários de todas as tendências, mas também dos funcionários com cargos nas repartições e tribunais, que já viam desaparecer seus empregos. Pânico entre os comerciantes, temerosos do impacto nos negócios. Pânico entre os abastados, temerosos das soluções revolucionárias e seu impacto na vida cotidiana. Empurrada pelo pânico generalizado, teve então início uma campanha para que o regente continuasse no Brasil.[9]

Numa ação coordenada pelas lojas maçônicas — muito influentes na política brasileira do século 19 —, foram enviados pedidos a d. Pedro para que descumprisse a ordem das Cortes Gerais e continuasse no Brasil. E o príncipe decidiu ficar. Foi após uma reunião com vereadores no Paço Real que, segundo o termo de vereação do Senado da Câmara do Rio de Janeiro (a Câmara Municipal, à época), ele teria dito: "Como é para o bem de todos e felicidade geral da nação, estou pronto: diga ao povo que fico".[10]

D. Pedro I demitiu todo o ministério deixado pelo pai e nomeou um novo. Para ser seu braço direito, escolheu Bonifácio: ministro dos Negócios do Reino e Estrangeiros, o principal ministério, pela primeira vez chefiado por um brasileiro.

E teve início uma campanha interna para garantir a independência — especialmente de forma *ordeira*, para não dar chance a qualquer tipo de revolta de escravizados. O governo e as elites queriam evitar que o Brasil se dividisse, como foi o caso dos nossos vizinhos da América do Sul. E, se já é difícil pensar em "unidade" no Brasil atual, imagine naquela época:

cada província tinha "um tipo específico de escravidão, de mestiçagem, de costumes, de vida social".[11]

MDP: Os ingleses só se referiam ao Brasil como "Brazils", com "s". "Brazils" porque o Brasil era uma colcha de retalhos, e me pergunto se não o é até hoje: o Nordeste com um projeto, o Grande Norte com outro projeto, o Sul com outro projeto, o Sudeste... Minas sempre em cima do muro.

Apesar de todas as diferenças regionais, algo em comum entre as elites era a educação dos filhos, enviados para estudar em Portugal, principalmente na Universidade de Coimbra. Havia um compadrio entre eles.

Mas o que acabou de fato unindo as províncias foi a escravidão. Ou melhor: o medo de perder a escravidão. Por mais que os interesses fossem tão diferentes, as elites das províncias julgavam mais prudente continuar sob um mesmo governo central do que correr o risco de, com a separação, perder sua principal fonte de renda: o trabalho escravo. Porque era isso o que estava acontecendo em parte dos países vizinhos como a Argentina, com uma abolição gradual desde 1813.

O príncipe, então, começou a fazer viagens para garantir aos grandes proprietários e traficantes que a *boa gente* brasileira podia ficar tranquila: independência, sim; fim da escravidão, não.

THIAGO CAMPOS PESSOA: O Estado brasileiro surgiu a partir do compromisso com a continuidade do tráfico de escravizados. Esses traficantes eram parte do compromisso, estruturaram e avalizaram a própria construção do Estado imperial. Mas, de certa forma, essa é a parte não contada da história. D. Pedro, quando estava construindo a base social de apoio à ruptura com Portugal, buscou essa base social de apoio justamente no Vale do Paraíba e em Minas Gerais, afiançando a continuidade da escravidão e a segurança da propriedade escrava.

E foi durante uma dessas viagens que chegou mais uma "notícia bomba" de Portugal: planejando enviar tropas ao Brasil, as Cortes Gerais derrubaram todas as nomeações feitas pelo príncipe — inclusive a de Bonifácio, acusado de atos "subversivos". O braço direito escreveu uma carta a d. Pedro dizendo que ele deveria agir rápido: a única opção era romper definitivamente com Portugal.

Parte 4

A Independência é um desses eventos que, só de fechar os olhos, dá para imaginar a cena. Tem um tanto de homem branco a cavalo, às margens do rio Ipiranga. Em destaque, está d. Pedro com aquele arremedo de barba, montado em um cavalo, erguendo a espada e gritando: "Independência ou morte!". Um cenário super-heroico.

A questão é que não foi bem assim.

YNAÊ LOPES DOS SANTOS: Foi um processo conturbado e muito pouco suntuoso. De certa forma, d. Pedro foi um pouco pego de surpresa. Tem também o simbolismo da precariedade das mulas — não tinha aquela cavalaria, aquelas roupas pomposas.

Em 2 de setembro, o Conselho de Estado se reuniu no Rio de Janeiro. Como d. Pedro estava em viagem fazendo campanha, a esposa dele, d. Maria Leopoldina (1797-1826), presidiu a sessão como regente interina. Segundo Virginia Siqueira Starling:

As deliberações dos ministros presentes apontavam em uma única direção — a separação do Brasil. [...] Era hora de escrever a d. Pedro e defender a independência. Leopoldina concordava. Ela havia feito os cálculos necessários e antecipava a ratificação do príncipe, a última etapa necessária para concretizar a autonomia do Brasil.[1]

Na carta, d. Leopoldina apelou à vaidade do marido: "O Brasil será em vossas mãos um grande país. [...] o Brasil vos quer para seu monarca. Com o vosso apoio ou sem o vosso apoio ele fará a sua separação. O pomo está maduro, colhei-o já, senão apodrece". Bonifácio foi na mesma direção: "Eu, como ministro, aconselho a Vossa Alteza que fique e faça do Brasil um reino feliz, separado de Portugal".[2] D. Pedro acatou os conselhos e proclamou a independência.[3]

Não foi com toda a pompa mostrada em *Independência ou morte*, o famoso quadro de Pedro Américo (1843-1905) pintado em 1888 — 76 anos depois do "grito do Ipiranga". Mas, ainda que não tenha sido épico e heroico como na tela, aquele momento foi importante. Representou, sim, uma ruptura, e a vitória — ao menos de um grupo.

YLS: Gosto muito de reforçar o Sete de Setembro porque, naquele momento, havia um grupo muito específico e coeso. E o que uniu essas pessoas que estavam definindo o futuro político dessa nova nação foi, em grande medida, o lugar de senhores de escravizados. É importante pensar o Sete de Setembro como um momento de ruptura política, mas levando em consideração quem foram os agentes dessa ruptura e o que eles escolheram manter; e por que eles escolheram manter isso em meio a essas transformações. E a escravidão, sem sombra de dúvida, foi a maior aposta e a maior manutenção. Mas uma manutenção em um momento em que a possibilidade de a escravidão acabar também estava no horizonte de expectativas.

O Brasil poderia ter seguido outros caminhos. Havia outras possibilidades de Brasil, mas a que venceu foi a dos senhores de escravizados. E não é que o país seria "progressista" se decidisse acabar com a escravidão ou, pelo menos, com o tráfico. Nos Estados Unidos, por exemplo, o tráfico já estava proibido desde 1808.

Aqui, as coisas pioraram: como vimos, dez anos depois da chegada da família real, o volume de escravizados desembarcados já tinha passado de 30 mil para 42 mil por ano. Depois da Independência, foi para 52 mil.[4]

YLS: O racismo não é um tipo de gás que está na atmosfera. É uma construção humana. E a escravidão, também. É uma instituição. E ela perdurou porque havia um grupo de senhores de escravizados formando a elite política brasileira. As elites políticas brasileiras, nas suas multiplicidades, nas suas discordâncias, tinham essa base comum que era o fato de serem proprietários de escravizados.

Em dezembro de 1822, foram criados os símbolos nacionais, como a bandeira do Império. Você já deu uma boa olhada na bandeira do Império?

Ela tem o mesmo retângulo verde da bandeira de hoje, representando a Casa de Bragança, que é a família de d. Pedro, e o losango amarelo, representando a família de Maria Leopoldina. Tem a Cruz da Ordem de Cristo, as estrelas representando as províncias, e a coroa. Acima da coroa tem outra cruz, simbolizando a ideia de que Deus estava "acima de tudo". *Hum.*

E tem dois raminhos de folhas que ninguém costuma reparar, emoldurando o brasão. De um lado, café; do outro, tabaco (usado na troca por escravizados no continente africano). Unidos pelo "laço da nação" (a fitinha verde e amarela), os ramos formam uma coroa de louros. Segundo o decreto de d. Pedro, os ramos deveriam simbolizar a "riqueza comercial" do Império.[5] Daí eu pergunto a você: quem trabalhava e colhia; quem trabalhava e morria para gerar essas duas riquezas?

De todo modo, ainda que o processo de separação de Portugal não tenha tido o heroísmo pintado por Pedro Américo, também não dá para dizer que a Independência do Brasil foi um movimento pacífico, sem guerra. Teve guerra e sangue derramado. Só que o sangue não era "azul".

YLS: As guerras de independência aconteceram em diferentes partes do país, onde as forças militares dessa recém-criada nação contaram com uma ajuda fundamental da população na luta pela expulsão das tropas portuguesas. Foram movimentos que contaram com um apelo popular muito grande. E não era que as pessoas ficavam na janela de suas casas batendo palmas: elas foram para as ruas com facas, com o que tivessem, porque ainda não tínhamos um Exército organizado.

A mais conhecida dessas guerras, e a que teve maior repercussão, foi na Bahia.

YLS: A Guerra da Independência na Bahia teve uma participação popular significativa, com a participação de pelo menos três mulheres que ganharam, em escalas diferentes por causa de suas pertenças raciais, destaque na história brasileira.

TIAGO ROGERO: Uma dessas mulheres era a Maria Felipa, né?

YLS: Sim, que é a mulher negra que conhecemos de forma mais emblemática nesse período da história do Brasil.

VALDÍRIA LOPES: Maria Felipa representa negros e negras que perderam a vida e que foram invisibilizados por séculos. E você não vê a história, os livros, falando desses corpos que foram jogados. Maria Felipa, para mim, representa a presença do negro na luta pela Independência do Brasil na Bahia.*

Valdíria Lopes me recebeu na ilha de Itaparica, na Baía de Todos os Santos, a catorze quilômetros de Salvador.

VL: Aqui em Itaparica foi onde houve mais sangue derramado na luta da Independência. Itaparica é um lugar singular quando se fala das consequências das lutas da Independência. Mas poucas pessoas sabem disso.

Quando as Cortes Gerais promoveram as capitanias à condição de províncias, eleições na Bahia escolheram um brasileiro para chefiar a junta governativa baiana. As Cortes, contudo, passaram por cima da escolha e nomearam para o cargo um português: o coronel Madeira de Mello. Os brasileiros não aceitaram e teve início um confronto.[6] À época, a maioria da população livre em Salvador era "negra e mestiça e odiava os portugueses porque estes monopolizavam a venda e especula-

---

* Valdíria Lopes é pedagoga e especialista em metodologia do ensino de história e cultura africana e afro-brasileira.

vam com os preços de certos produtos básicos de subsistência, além de serem particularmente racistas".[7] Quando o conflito começou, os "respeitáveis cidadãos" brancos fugiram para o Recôncavo Baiano, onde ficavam seus engenhos. E a linha de frente da resistência brasileira acabou sendo formada por pessoas negras, as chamadas "tropas de cor".

À época dos confrontos, Maria Felipa teria por volta de 23 anos.[8] Era pescadora, marisqueira e ganhadeira (comerciante). Com o início da guerra, descia de barco o rio Paraguaçu — ligação entre a Baía de Todos os Santos e o Recôncavo — levando mantimentos às cidades que formavam a resistência brasileira contra as tropas portuguesas.[9] O grupo de quarenta mulheres liderado por ela também teria incendiado "inúmeras" embarcações portuguesas pelo caminho. Conta-se ainda que, certo dia, o ataque foi mais criativo: deram uma surra de cansanção — ou cansanção-de-leite, planta que, em contato com a pele, provoca queimadura — nos inimigos.[10]

Até onde se sabe, não há documentos que respaldem os relatos sobre Maria Felipa.[11] Mas conhecemos o descaso com que, em geral, documentos são tratados no Brasil. Imagine, então, algo de duzentos anos atrás, envolvendo o protagonismo de uma mulher negra. No fim das contas, o que importa mesmo é o significado de Maria Felipa para a história. A memória dela segue viva não só em Itaparica,[12] mas na Bahia e no Brasil.

VL: Eu, enquanto mulher negra, não preciso que o sistema prove por meio de documentos a existência de Maria Felipa. Para mim, a imagem dessa mulher reafirma a presença do povo negro na luta pela Independência do Brasil na Bahia. Muitos negros lutaram pela sua independência. Sabemos disso, mas a história não conta. Maria Felipa é o elemento pedagógico, didático, que faz com que construmos esse discurso que não foi escrito. Ainda sofremos muito preconceito porque a maioria dos acadêmicos diz que ela é um mito, que não existiu. Mas entendemos que a história é forjada com memórias. Eu me sinto contemplada por essa heroína. Não preciso que acadêmico nenhum ache importante. Maria Felipa é o negro na luta pela Independência. Ela nos tira da invisibilidade dos livros didáticos, dos livros de história. Essa mulher é muito forte.

D. Pedro enviou para o coronel Madeira de Mello uma carta ordenando que partisse com suas tropas para Portugal. Foi "solenemente ignorado".[13] Isso aconteceu uns dois meses antes da Independência, quando Portugal ainda nutria a esperança de vencer a guerra na Bahia "para tentar dividir o território do Brasil em duas partes — ocuparia Salvador para, dali, reocupar o Rio".[14] Restou a d. Pedro recorrer a um mercenário francês que, após ter participado das Guerras Napoleônicas e de ter lutado ao lado de Simón Bolívar (1783-1830) pela Independência da Colômbia, morava no Brasil desde 1819: Pierre Labatut (1776-1849), que foi contratado para liderar as tropas brasileiras. No fim de 1822, o imperador foi atrás de mais um mercenário estrangeiro, também veterano das Guerras Napoleônicas, mas desta vez para chefiar a Marinha: o escocês Thomas Cochrane (1775-1860), que tinha sido expulso da Marinha britânica em 1814.[15]

A guerra na Bahia continuou por mais uns meses e, por fim, foi vencida pelo Brasil. O coronel Madeira de Mello se rendeu e deixou Salvador com suas tropas: mais de 4500 militares.[16] Foi em um 2 de julho, e por isso a data é celebrada até hoje na Bahia. O número de mortos e feridos "pode ter sido superior a 2 mil, sem contar as mortes provocadas por doenças".[17] Afinal, teve guerra e morte na Independência do Brasil. Teve "independência ou morte". Só que quem morreu era preto e pobre.

A essa altura, d. Pedro I já tinha sido coroado. Mas não quis ser "rei", como o pai. E, sim, "imperador". A autoestima do homem hétero cis branco é mesmo imbatível.

Tiveram início as negociações para o reconhecimento do Brasil como nação independente. No meio delas, Bonifácio aproveitou para fazer dois pedidos ao Reino Unido: homens para compor o efetivo da Marinha[18] e trabalhadores ingleses em geral que pudessem vir morar aqui, manifestando "sua preocupação em demonstrar a superioridade do trabalho livre sobre o escravo".[19] Sabendo da pressão britânica pelo fim do comércio de seres humanos, Bonifácio "fez saber" à nação parceira que reprovava o tráfico, "prejudicial ao governo brasileiro e desonroso ao caráter da nação". Mas que "só não o interrompia, pois a existência do novo governo estaria ameaçada". "Em dois ou três anos", contudo, "o mal teria fim." Segundo Mary Del Priore, Bonifácio "sabia que o preço a pagar pela unidade do Império era mesmo a escravidão".[20]

Um preço que gerações e gerações de pessoas negras — as que conseguiram sobreviver — estão pagando até hoje.

Parte 5

Um novo país precisa de leis. Precisa de uma Constituição. Em 3 de maio de 1823, foi instaurada, no Rio de Janeiro, a Assembleia Nacional Constituinte. Os parlamentares eram quase todos homens brancos ricos; havia alguns poucos afrodescendentes. Também não havia mulheres, que à época não votavam nem podiam se candidatar. Mulher ou indígena não tinha; mas de uma só família branca e rica havia nada menos do que três integrantes: Bonifácio e seus irmãos Martim Francisco e Antônio Carlos.

Uma questão central, desde o início dos debates, foi a definição de cidadania: quem, afinal, deveria ser considerado cidadão no novo país?

Deputado pelo Ceará, o padre José Martiniano Pereira de Alencar (1794-1860) defendia que africanos livres fossem considerados cidadãos. E fazia disso uma defesa da abolição: "Devemos atalhar quanto pudermos o comércio da escravatura para enfim o terminarmos, parece-me que vamos mais direto a este fim concedendo logo aos libertos o foro de cidadão brasileiro".[1]

Já o mineiro João Severiano Maciel da Costa (1769-1833) via na concessão de cidadania a africanos um risco à "segurança pública". E teve a pachorra de dizer que a elite brasileira não tinha

culpa pela escravidão: "Os africanos vêm porque seus bárbaros compatriotas os vendem". Pelas décadas seguintes, essa ideia "seria o tom" dos discursos em defesa da manutenção do tráfico[2] — e infelizmente não ficou só no passado, como sabemos.[3]
Principal ministro de d. Pedro I, Bonifácio participou do comitê que elaborou o Projeto de Constituição — uma espécie de "texto-base" — que os parlamentares discutiram em plenário. E preparou também um documento próprio para apresentar aos colegas: uma defesa do fim da escravidão.[4]

> É preciso, pois, que cessem de uma vez os roubos, incêndios e guerras que fomentamos entre os selvagens da África. É preciso que não venham mais a nossos portos milhares e milhares de negros, que morriam abafados no porão dos nossos navios, mais apinhados que fardos de fazenda: é preciso que cessem de uma vez por todas essas mortes e martírios sem conta, com que flagelávamos e flagelamos ainda esses desgraçados em nosso próprio território. É tempo, pois, e mais que tempo, que acabemos com um tráfico tão bárbaro e carniceiro; é tempo também que vamos acabando gradualmente até os últimos vestígios da escravidão entre nós, para que venhamos a formar em poucas gerações uma nação homogênea, sem o que nunca seremos verdadeiramente livres, respeitáveis e felizes.[5]

Pelo "selvagens da África" dá para notar que, mesmo criticando a barbárie que era a escravidão, Bonifácio não deixava de ser ele mesmo também racista.

É que, apesar do contato com as ideias abolicionistas nos anos em que morou na Europa, ele não tinha um foco exatamente humanitário ao propor a abolição.

MARY DEL PRIORE: Ele estava preocupado com o progresso econômico do Brasil. Ele entendia que a escravidão era um atraso que, de certa maneira, impossibilitava a criação da indústria e a ocupação do solo de maneira inteligente.

Segundo Salloma Salomão, Bonifácio "equivocadamente é lido como quem propôs a libertação das pessoas escravizadas, mas não foi isso que ele propôs". O que ele queria era que

> a sociedade nascente, o Estado-nação, em um futuro próximo, pudesse ser branco. [...] É muito importante não nos esquecermos que o projeto do Estado-nação que tem sido construído e reconstruído pelas elites brancas é um projeto que nos elimina física, biológica e simbolicamente.[6]

Para tanto, Bonifácio tentou convencer os colegas pelo que era mais importante para eles: o bolso. Argumentando que, se a escravidão não tivesse fim, o crescimento econômico do país seria comprometido.

O projeto de lei tinha 32 artigos. O primeiro previa que o tráfico deveria ser inteiramente interrompido "dentro de quatro ou cinco anos". Durante esse período, escravizados deveriam custar mais caro; todos os homens libertos receberiam do Estado "uma pequena sesmaria de terra para cultivarem"; crianças de menos de doze anos não poderiam ser empregadas "em trabalhos insalubres e demasiados"; puérperas teriam direito a "um mês de convalescença" depois do parto e, passado esse período, por um ano não trabalhariam "longe da cria", entre outras medidas.[7]

> Basta de dormir: é tempo de acordar do sono amortecido em que há séculos jazemos. Vós sabeis, Senhores, que não pode haver indústria segura e verdadeira, nem agricultura florescente e grande, com braços de escravos viciosos e boçais. Mostra a experiência e

a razão que a riqueza só reina onde impera a liberdade e a justiça, e não onde mora o cativeiro e a corrupção. Se o mal está feito, não o aumentemos, Senhores, multiplicando cada vez mais o número dos nossos inimigos domésticos, desses vis escravos, que nada têm a perder, antes de tudo que esperar de alguma revolução como a de S. Domingos. [...]
Generosos cidadãos do Brasil, que amais a vossa Pátria, sabei que sem a abolição total do infame tráfico da escravatura africana, e sem a emancipação sucessiva dos atuais cativos, nunca o Brasil firmará sua independência nacional e segurará e defenderá a sua liberal Constituição [...].[8]

E lembremos de novo quem estava fazendo a proposta: o segundo homem mais poderoso no Brasil naquele momento, atrás somente do imperador.

Mas o projeto nunca sequer chegou a ser apresentado à Assembleia Constituinte.

Em pouquíssimo tempo, muita coisa aconteceu. Primeiro, Bonifácio foi demitido pelo imperador. Sim, demitido. Essas ideias "reformistas" dele não pegavam bem entre uma considerável parte da sociedade: "Agricultores, comerciantes, pequenos e grandes donos de escravos, inclusive ex-escravos".[9] Mas não era só isso: outros deputados reclamavam que Bonifácio e seus irmãos eram muito truculentos. Houve até o caso de um jornalista português que, após criticar os Andrada em um jornal, foi agredido por Bonifácio e "seus asseclas".

Além disso, não é difícil de imaginar que o enorme ego de Bonifácio e o de d. Pedro I estavam em constante rota de colisão. Em 15 de julho de 1823, o imperador demitiu o ministro e a família do político imediatamente mudou de lado, passando para a oposição. Antes que o projeto de lei pelo fim da escravidão fosse levado a plenário, o monarca deu um golpe e destituiu a Assembleia Constituinte, em 12 de novembro de 1823, só seis meses depois do início dos trabalhos.

Um dos motivos é que os deputados estavam trabalhando em um texto que restringia os poderes do imperador e dava mais autonomia para as elites das províncias, transformando o Brasil numa espécie de monarquia constitucional parlamentarista.[10] D. Pedro I não gostou e acabou com a brincadeira. Bonifácio foi preso e exilado.

MDP: Não acho que Bonifácio tenha caído por causa de sua luta contra a escravidão, tanto que depois, no exílio, ele jamais se dignou a lembrar dessa questão. E lembro para aqueles que ainda acreditam que ele é o grande "patrono da Independência" que, quando ele caiu, fundou um jornal. E quem primeiro considerou-o o grande patrono da Independência foi ele mesmo. Porque nesse jornal, *Os Tamoios*, ele se autoentrevistou e disse que os Andrada foram os responsáveis pela Independência do Brasil, esquecendo que as batalhas foram inúmeras em toda parte e que todos os brasileiros participaram, de um jeito ou de outro.

Não tinha mais Assembleia Constituinte, mas o Brasil ainda precisava de leis. O imperador nomeou uma comissão composta por dez membros para escrever a Carta — entre eles, Maciel da Costa, aquele que dizia que a elite brasileira não tinha culpa pela escravidão. O mineiro não só ajudou a escrever a Constituição como se tornou o novo braço direito de d. Pedro I e, com isso, foi o subscritor da nova Carta.

E a escravidão, bem. Já sabemos o que houve com a escravidão.

YNAÊ LOPES DOS SANTOS: Se há algo que se manteve depois da atuação de d. Pedro I e da dissolução da Constituinte foi justamente esse caráter escravocrata, que era um reflexo do caráter escravocrata da oligarquia brasileira. A classe oligárquica brasileira é descendente de proprietários de escravizados. Essas pessoas não chegaram aqui três dias antes do Sete de Setembro, muito pelo contrário. Faziam parte de famílias que há décadas, talvez séculos, já eram proprietárias de escravizados. Então, quando a manutenção da escravidão se deu na Constituição de 1824, foi por meio do silêncio. Não havia nenhum instrumento legal dizendo "A escravidão continua". Não tinha nada. O que havia era o artigo 179 da Carta Constitucional de 1824 dizendo que todo cidadão brasileiro tinha como garantia a propriedade privada. A escravidão faz parte da propriedade privada e segue o baile.

E a Constituição trazia um outro artigo que ajudaria a manter o sistema escravocrata por mais tanto tempo: a definição de cidadania. Pela Carta, toda pessoa livre, nascida no Brasil, era considerada cidadã do Império. Um ex-escravizado brasileiro, por exemplo, era um cidadão. Se fosse africano, ainda que conquistasse a alforria, não seria um cidadão. Já o filho desse africano livre, sim.

Era uma espécie de válvula de segurança: os poderosos sabiam que, se excluíssem os ex-escravizados nascidos aqui, correriam o risco de botar abaixo todo o sistema escravista. Ao excluir só os africanos, fomentavam a desunião entre a população africana e a afrodescendente. Para que africanos e afrodescendentes jamais se entendessem como um só grupo. Com isso, a cidadania virou uma possibilidade de "ascensão social", ainda que limitadíssima: o africano não poderia sonhar com ela, mas seus filhos, sim.

E vale lembrar que, mesmo para as pessoas negras que a conseguiam, a cidadania não era plena. Na prática, era de "segunda categoria". A grande maioria dessas pessoas tinha direitos civis, mas não políticos: votar e ser votado em todas as eleições. A Carta também ignorava completamente os povos originários.

Outorgada em 25 de março de 1824, essa Constituição é até hoje a mais longeva da história do Brasil. Durou até 1891. E por todo esse período as pessoas negras livres tiveram uma liberdade precária.

YLS: A liberdade, mesmo quando garantida por uma carta de alforria, ou até mesmo para a população negra que nascia já livre, era uma liberdade atrelada a uma escravidão racializada, o que significa que ser negro era nunca ter uma liberdade plena. Por isso, virar proprietário de escravizados era uma das formas mais efetivas para garantir a própria liberdade.

Por isso alguns ex-escravizados, quando conseguiam algum dinheiro, acabavam comprando escravizados. Embora senhores e sinhás negras e negros fossem a minoria da minoria, eles existiram.

YLS: Os proprietários de escravos não eram só os grandes senhores. A escravidão era uma instituição, uma propriedade privada.

Nem todas as províncias aderiram ao projeto de Independência. No "Norte", muitas delas tinham aderido à Revolução Liberal do Porto. Para demovê-las, d. Pedro I enviou tropas para o Maranhão e para o Grão-Pará — que, à época, reunia parte do que hoje são Amazonas, Amapá, Roraima e Pará. Foi lá que aconteceu o vergonhoso "caso do brigue Palhaço": houve uma manifestação contrária à Independência e as tropas enviadas pelo imperador prenderam dezenas de pessoas. Cinco foram fuziladas, e 256 trancadas no porão do brigue. "No dia seguinte, apenas quatro prisioneiros ainda estavam vivos." Desses quatro, três morreram pouco depois e o quarto "ficou senil aos 23 anos de idade".[11]

Em Pernambuco, a dissolução da Constituinte foi muito mal recebida. Nos jornais locais, d. Pedro I era chamado "de tirano e traidor".[12] O presidente da junta governativa era Manuel de Carvalho Pais de Andrade (1774-1855), que havia participado da revolta de 1817. Em 2 de julho de 1824, Carvalho publicou um manifesto proclamando a criação da Confederação do Equador, em que as províncias do Norte estabeleceram um governo próprio "debaixo do melhor de todos os sistemas — representativo", a exemplo do modelo dos Estados Unidos, de estados confederados. A Confederação era formada por Pernambuco, Ceará, Paraíba, Rio Grande do Norte e Piauí.

Uma das primeiras medidas foi, logo no dia seguinte à proclamação, suspender o tráfico de escravizados. Mas isso acabou atraindo "a oposição feroz de todos os beneficiários do tráfico".[13] O Exército Imperial também foi enviado e, com a ajuda dos senhores de engenho do interior, conseguiu ocupar o Recife em setembro. Encurralada, a Confederação foi derrotada.[14]

No Rio de Janeiro, a Assembleia Geral — composta por duas casas: a Câmara e o Senado — começou a operar em 6 de maio de 1826, quase três anos depois da dissolução da Assembleia Constituinte. O artigo 179 da Constituição dizia que qualquer cidadão que fosse preso tinha o direito de saber, em até 24 horas, "o motivo da prisão, os nomes do seu acusador e os das testemunhas". E previa também que, se houvesse uma violação à Constituição, todo cidadão tinha o direito de apresentar "reclamações, queixas ou petições" ao Legislativo e ao Executivo.

Em 1826, chegou à Câmara a petição de um homem negro, Delfino (não se sabe o sobrenome dele). O caso foi revelado por Adriana Pereira Campos e Kátia Sausen da Motta.[15] Na petição, o advogado argumentou que Delfino estava preso há dois meses sem acusação. Não tinha crime. O advogado escreveu que "o suplicante, como liberto, é um cidadão que, como tal, não pode ser preso e muito menos continuar a existir em prisão".[16]

Delfino, que era pardo, tinha sido escravizado por um sujeito rico, João Antonio de Barcellos. Barcellos morreu e teve início uma briga pela herança dele, que incluía a fazenda Quissamã, uma das principais produtoras de açúcar de Campos dos Goytacazes (RJ). Daí o filho do morto não quis esperar pelo fim da disputa pelo espólio e vendeu Delfino para um outro sujeito rico, Joaquim José Gomes de Castro.

Nisso, entrou em campo um outro parente que também disputava o espólio: o coronel João Carneiro da Silva. Ele questionou a venda de Delfino, alegando que ele não poderia ter sido vendido por pertencer ao plantel de uma fazenda que estava em litígio.

Um dia, Delfino viajou para o Rio de Janeiro a mando de Joaquim (o sujeito que tinha comprado ele) e foi preso pelo coronel. Teve início uma disputa jurídica e Joaquim tomou uma medida enérgica: concedeu a carta de alforria para Delfino.

Mas o juiz decidiu que, enquanto não houvesse uma palavra final sobre o espólio, Delfino deveria continuar preso, mesmo sem ter cometido crime algum.

A petição foi apresentada à Câmara em 17 de julho de 1826. Só no ano seguinte, em 7 de maio, foi lido em plenário um parecer da comissão que analisou o caso, e as notícias foram as piores possíveis para Delfino. Os parlamentares deram razão para o juiz: "O suplicante não pode dizer-se cidadão enquanto não for ultimamente decidida a questão que pende sobre a sua liberdade".[17] O parecer é a última notícia que se tem de Delfino.

Em 23 de agosto de 2019, em Petrópolis (RJ) — cidade em que até hoje parte dos moradores são obrigados a pagar laudêmio para os descendentes de d. Pedro I —, o autônomo Anderson Gonçalves foi até o Mercado Imperial, no Centro. Soube que estavam fazendo uma obra e queria conferir se havia alguma vaga de trabalho para ele. Mal chegou, Anderson foi abordado por dois homens — que, depois, soube serem policiais à paisana.

ANDERSON GONÇALVES: Não me explicaram nada, só disseram que queriam falar comigo. Aí me colocaram sentado lá, começaram a tirar um montão de foto, um monte de gente olhando... E eu perguntando o que estava acontecendo. Pegaram meu celular, falaram que não era para eu ligar para ninguém. Aí um deles falou: "Você só vai ser conduzido para a delegacia e depois vai embora para casa". Eu perguntei por que eu deveria ir à delegacia e disse que eu não devia nada à Justiça. E eles: "Não, você vai ter que ir". Quando cheguei lá, a delegada veio falando que eu era safado, ficou me xingando. E eu falei que era trabalhador. Aí ela disse: "Já tranca ele lá dentro".*

Anderson não podia falar com a esposa e não sabia por que tinha sido preso.

---

* Anderson Gonçalves é autônomo.

Um mês antes, em 16 de julho, um homem tinha ido à delegacia registrar boletim de ocorrência. Ele contou que, em 27 de junho, andava pela rua quando foi abordado pelas costas e ameaçado com uma faca pelo assaltante, que levou a mochila, o celular e dois cartões de banco. Em depoimento, disse que o ladrão era um homem negro com uma cicatriz no lado esquerdo do rosto. Os policiais lhe mostraram várias fotografias de "suspeitos"[18] para ver se ele reconhecia algum deles. Negativo.

Três dias depois, o homem foi chamado de volta e os policiais lhe mostraram uma foto de Anderson, que já tinha sido alvo de boletins de ocorrência no passado — todos, contudo, arquivados por falta de provas. Pela foto, o homem "reconheceu [Anderson] sem qualquer dúvida como sendo o autor do roubo", escreveu o delegado.[19] O juiz expediu um mandado de prisão e Anderson foi preso quando chegava ao mercado.

No dia da prisão, a vítima foi chamada de volta à delegacia e colocada numa sala, de frente para um vidro. Do outro lado, olhando para um espelho, estavam Anderson e dois homens.

AG: Os dois ficaram olhando um para o outro e rindo. E eu olhava para o espelho. Eles riam da minha cara e eu, sério, olhava para o espelho.

Mais uma vez, a vítima "reconheceu" Anderson como o autor do crime, e o Ministério Público do Estado do Rio de Janeiro ofereceu denúncia contra ele. Em 28 de agosto, o juiz aceitou. Ainda sem qualquer informação, Anderson ficou seis dias numa cela da delegacia, depois mais três dias em um centro de triagem; e, por fim, foi para a prisão. A esposa dele também não sabia por que ele tinha sido preso.

CRISTIANA GONÇALVES: No dia em que ele foi preso, levei os documentos dele. Chegando lá, o policial que me atendeu falou: "Não precisa trazer documento. Documento para quê? Ele roubou e pronto". Aí eu perguntei: "Mas não tem papel, não tem nada?". Não me deram papel nenhum.[*]

O defensor público estadual Marcílio Brito assumiu o caso.

MARCÍLIO BRITO: Vou completar 27 anos de Defensoria Pública [a entrevista foi concedida em fevereiro de 2022] e esse caso é uma das maiores injustiças que eu já vi. Aqui nós temos o racismo estrutural efetivamente configurado por parte da Polícia Civil, na investigação; do Ministério Público, na acusação; e do Judiciário, como julgador. Ele foi pego na rua, "ah, você é o autor do crime e está preso", e foi colocado para reconhecimento ao lado de dois homens brancos.[**]

Pois é, faltou mencionar esse *detalhe*. Embora a vítima estivesse de costas no momento do crime, ela disse que o assaltante seria um homem negro. No reconhecimento presencial, os policiais colocaram três pessoas diante da vítima, do outro lado do vidro: Anderson, que é negro, e dois homens brancos.

MB: E a vítima acabou reconhecendo o Anderson em um processo de indução.

Mas esse não foi o único erro do caso.

---

[*] Cristiana Gonçalves é autônoma e esposa de Anderson Gonçalves.
[**] Marcílio Brito é defensor público estadual no Rio de Janeiro.

MB: Anderson só foi levado à autoridade judicial seis meses depois do primeiro dia de encarceramento, quando é obrigatória a audiência de custódia.

Anderson não sabia do que estava sendo acusado e não teve direito a se defender. E só foi solto — inacreditáveis quinze meses depois — porque, em depoimento ao Judiciário, "a vítima não identificou no acusado a principal característica física que observou no autor do delito, ou seja, uma cicatriz no rosto", escreveu o juiz.

MB: E o Anderson não tem a cicatriz.

Anderson ficou quinze meses detido. No dia do assalto, ele estava com a esposa em uma igreja evangélica, perto de casa, a mais de sete quilômetros de distância do local do crime. Pessoas que estavam com eles e que poderiam ter confirmado o álibi não foram procuradas pela polícia. O processo todo se baseou nos dois "reconhecimentos" e só teve fim quando o Ministério Público admitiu que a "prova" não era "suficientemente segura para embasar um decreto condenatório".[20]

Antes de tudo isso, Anderson e Cristiana tinham juntado economias para construir uma casa e abrir uma quitanda no terreno da mãe dela. Com a prisão, o dinheiro foi todo para itens básicos do dia a dia, tanto em casa quanto no presídio: toalha, sabonete, comida... Deixaram de passar três aniversários juntos (dois dela, um dele), um Natal e um Ano-Novo.

AG: A prisão me prejudicou em tudo porque eu era muito esforçado, eu tinha a minha banquinha [de verduras], quando apareciam os biscates eu fazia... Como a acusação foi de roubo, fica difícil entrar na casa de uma pessoa, que vai desconfiar mesmo eu tendo provado a minha inocência. Então eu perdi todos os biscates. Hoje eu vivo de remédio controlado, porque se eu não tomar fico nervoso, me dá insônia... Fico pensando só na cadeia, que passa igual a um filme — é difícil de sair.

Foram quinze meses preso pelo *crime* de nascer negro no Brasil.

Quando gravei com Anderson, em fevereiro de 2022, uma das perguntas foi por que ele tinha concordado em conceder a entrevista, o que, de certa forma, o fazia reviver o trauma. "Para combater a injustiça, porque, assim como fizeram comigo, eles fazem com outros também", respondeu. Perguntei o que ele esperava do futuro:

AG: O meu sonho continua o mesmo: abrir a minha quitandinha de legumes e verduras, abrir uma lanchonetezinha depois, para vendermos uns bolinhos. E continuar a vida trabalhando, né, porque eu quero me recuperar tomando esse remédio. Eu sei que um dia eu vou chegar lá. Mesmo que tenham tentado tirar de mim esse sonho, mas não tiraram. Porque eu ainda tenho isso na mente e eu vou fazer, vou lutar até conseguir.

Duzentos anos separam as histórias de Delfino e Anderson. São só dois exemplos de uma enormidade de casos que aconteceram e que continuam acontecendo. Para Delfino, a presunção era a de escravidão. Para Anderson, de culpa. *Todo negro é criminoso, até que se prove o contrário.*

Duzentos anos depois daquela primeira Constituição, o negro ainda é um cidadão de segunda categoria no Brasil.

O pecado original

Parte 1

Pouca gente estava lá na hora do "grito da Independência". D. Pedro I estava no meio da viagem para conseguir o apoio da *boa* elite brasileira — os escravistas —, quando recebeu a notícia de que o caldo tinha entornado e anunciou o rompimento com Portugal. E esse momento fundador da nação brasileira acabou sendo presenciado por um grupo pequeno. Estavam lá d. Pedro, os criados dele — os escravizados, porque, afinal, se até hoje gente rica no Brasil não pode nem lavar a própria cueca, imagine naquela época, imagine a "realeza" —, e um grupo restrito de homens brancos.

ALOYSIO BEILER: Na verdade, aquilo foi mais uma cavalgada, uma farra de garotos rumo a São Paulo.*

A cavalgada tinha começado uns dias antes pela fazenda Santa Cruz, que era a casa de veraneio da família real e é onde fica o bairro Santa Cruz, na Zona Oeste do Rio de Janeiro. Essa fazenda chegou a ter ao mesmo tempo mais de 2 mil pessoas

---

* Aloysio Clemente Maria Infante de Jesus Breves Beiler é advogado e pesquisador.

sendo escravizadas.[1] Se você já ouviu que a família real, depois imperial, não tinha escravizados, saiba que isso é lorota. Gerações foram escravizadas lá.

A primeira parada da comitiva, depois de sair da Corte, foi em Santa Cruz. E a segunda foi numa outra fazenda, em São João Marcos, a uns 120 quilômetros do Rio de Janeiro. A comitiva passou a noite ali, e o dono da propriedade se juntou ao grupo.

AB: Ali em São João Marcos, o Joaquim se incorporou à comitiva, mais cavaleiros se ofereceram para acompanhar e assim se deu o famoso "grito do Ipiranga", que é romantizado com aqueles cavalos brancos e aquela coisa napoleônica. Na verdade, estavam todos montados em bestas, em burros, porque cavalo nenhum aguentava essa jornada Rio-São Paulo.

Por mais que a cavalgada tenha sido um perrengue, era um sinal de muito prestígio poder fazer parte dessa comitiva e compor a Guarda de Honra do futuro imperador.

E o que era necessário para estar nesse seleto grupo? Além de ser homem e branco, precisava ter muito dinheiro. Muito. Afinal, um dos objetivos principais dessa romaria era garantir para as elites que, mesmo com a separação de Portugal, a escravidão seria mantida. Daí, quando d. Pedro chegava com a promessa, não era só ele quem estava prometendo, mas também todos aqueles fazendeiros ricos ao lado dele, acompanhando e referendando o futuro imperador. Dando credibilidade.

E no meio dessa turma estava Joaquim, dono daquela fazenda em São João Marcos.[2]

AB: O Joaquim distribuía essa mão de obra pelas fazendas que tinha na Serra Fluminense, nas setenta ou quase cem propriedades que tinha em toda a serra. Números gigantescos, milhares de escravizados, aquisição de terras novas para desmatar e plantar o café, e com isso havia uma alta produção do produto. [...] O Joaquim é contemporâneo do barão de Mauá, que era um industrial e foi o homem mais rico do Brasil na época. O Joaquim alcançou o ponto mais alto de riqueza logo depois do barão de Mauá. Então, quer dizer: essas pessoas eram empresários, e empresários de grande sucesso.

Joaquim era um empreendedor. Se tivesse nascido nos tempos atuais, seria citado como exemplo por tudo quanto é *coach*. Sujeito de visão, multiplicava dinheiro. Era chamado de Rei do Café. E ainda há quem lembre dele assim, como nesta chamada de um programa de uma afiliada da TV Globo, em 2015:

Apresentadora: Tá com saudades da novela *Império* e das aventuras do comendador José Alfredo? Bom, "comendador" é um título dado a pessoas que se destacam por algum motivo. E você sabia que em outras épocas houve um comendador que foi praticamente dono da maior parte das terras aqui do Sul do estado? Fomos atrás da história do Rei do Café: o comendador Joaquim José de Souza Breves.[3]

"Comendador". Essa palavra tem um peso. Era um título: uma ordem honorífica concedida pelo Império em agradecimento pelos "serviços prestados à nação". Comprava, ou melhor, era agraciado com o título quem era muito rico e agradava ao Império. E não só Joaquim chegou a comendador, mas também o irmão dele: José de Souza Breves.

AB: Tem uma expressão que eu gosto muito: o "Tempo dos Breves". Foi um período de cem anos, vamos dizer assim, em que a família Breves dominou a região do vale fluminense. E o vale fluminense era o maior produtor de café do mundo, na época.

A história deles no Brasil começou quando o avô português desembarcou aqui em 1750. Ele recebeu da Coroa dez quilômetros de terra, na capitania do Rio de Janeiro. Teve cinco filhos. O segundo casou-se com a filha de uma outra família portuguesa rica da região, os Almeida Frazão. Esse casal teve nove filhos: entre eles, José e Joaquim, que acabariam se casando com as próprias sobrinhas, filhas da irmã deles, Cecília. Esse tipo de relação endogâmica era uma estratégia para manter a riqueza em família.[4]

Juntos, Joaquim e José tiveram dezenas de fazendas. Dezenas. Eram tantas que Joaquim dizia que dava para ir do Rio de Janeiro até Minas Gerais, e do Rio até a divisa com São Paulo, sem pisar fora de seus territórios: só indo de uma fazenda para outra.[5]

AB: A fazenda de São Joaquim da Grama era a sede e a residência do comendador Joaquim Breves. Era um verdadeiro palácio, com muros altos, no alto de uma pequena colina. Dali ele construiu e administrou o próprio império. Tem muitos relatos de visitas de embaixadores, de pessoas de outros países, à fazenda da Grama. E eles mencionam o luxo, os talheres de ouro, toalhas de linho importadas da ilha da Madeira, móveis e porcelanas francesas...

O historiador e professor Thiago Campos Pessoa pesquisou a fundo a história dos irmãos e escreveu um livro sobre eles.[6]

THIAGO CAMPOS PESSOA: Os irmãos Breves, assim como muitos outros indivíduos, fazendeiros do século 19, representavam o que podemos chamar de classe senhorial, de elite imperial. O José e o Joaquim Breves eram dois dos maiores senhores de escravizados do período imperial. Para você ter uma ideia: José Breves, quando a esposa dele morreu, em 1868, era senhor de cerca de 1350 indivíduos. Isso para a realidade brasileira era completamente fora de padrão. E o Joaquim, também. Os observadores de época dos jornais diziam que o Joaquim Breves era senhor de 3 mil africanos. Então podemos dizer com certa tranquilidade que esses dois irmãos, José e Joaquim Breves, eram senhores de quase 5 mil pessoas.

Eu queria que você pensasse um pouco nesses números — que, aliás, nunca são só números; eram vidas, eram pessoas... Mas, por enquanto, vamos focar na quantidade. Quando pensamos na escravidão, em quem é que tinha escravizados — os proprietários; os senhores e as sinhás —, é comum imaginar um grande fazendeiro, dono de dezenas, centenas de escravizados. Fazendeiros como os irmãos Breves.

Mas, naquele tempo, a escravidão era totalmente naturalizada no Brasil. Era a estrutura da sociedade, a base de tudo. E por isso muita gente tinha escravizados: um terço dos chefes de família.[7]

E olha que custava caro comprar um escravizado, que, não por acaso, era também um "objeto de luxo". Ter escravizados em casa era considerado um sinal de riqueza — e quanto mais, melhor. A sanha era tanta que, no fim do século 17, o então rei de Portugal precisou dar um pito nos oficiais das tropas de Pernambuco e Bahia que estavam usando dinheiro do reino para comprar escravizados para suas casas. "Devem pagar do soldo que lhes dou", esbravejou o rei.[8]

E dava até para comprar a prazo: havia juros, claro, mas com o tempo aquele escravizado acabaria pagando o próprio custo por meio do trabalho. Isso se não morresse devido às jornadas forçadas e às péssimas condições a que era submetido, mas muitos senhores preferiam arriscar.

Por isso, nem só gente rica tinha escravizados. E havia até pessoas negras que tinham, também. Naquela sociedade, o escravizado era a moeda mais valiosa. Mais até do que terra. Possuir terra era importante, claro — e um privilégio dos brancos. Mas de nada adiantava um terreno sem as mentes e os corpos que trabalhariam nele.[9] Então, quando uma pessoa negra livre conseguia ascender socialmente — e isso era bem difícil, mas às vezes acontecia —, ela tentava adquirir bens. E o escravizado era a posse mais valiosa de todas. Tem muito supremacista branco que gosta de citar esses casos como se fossem a regra, mas o fato é que pessoas negras donas de escravizados eram a minoria da minoria. Os pesquisadores Francisco Vidal Luna e Herbert S. Klein analisaram os dados de São Paulo, no começo da década de 1830: 94% dos donos de escravizados eram brancos. Só 6% eram pardos ou pretos.[10]

E eu nem preciso dizer que, para cada pessoa negra que tinha um escravizado, havia muitas outras pessoas negras lutando por liberdade, não só de si, mas dos outros, nos milhares de quilombos pelo país, por exemplo.

TCP: Todo o Brasil era de escravistas. Em todos os municípios do Império — todos, sem exceção —, em meados do século 19, existia alguém que possuía escravos. Mas essa posse era pequena: geralmente as pessoas tinham um, dois, no máximo três escravos. Esse era o padrão do Brasil.

Só uns 5% ou 6% dos senhores tinham mais de vinte escravizados.[11] E os irmãos Breves, por outro lado, tinham milhares. Milhares. E como foi que esses dois grandes empresários acumularam toda essa riqueza? Provavelmente por *mérito*, você não acha?

Em 1829, Joaquim Breves tinha cinquenta escravizados. Era muito, mas ainda não eram milhares. Vinte anos depois, já eram 3 mil.

TCP: Certamente, a fortuna dos irmãos Breves tem como ponto inicial o tráfico de africanos.

O *comendador* Joaquim e o *comendador* José — os irmãos Breves, esses grandes empreendedores — eram, na verdade, traficantes de escravizados.

TCP: Então você tem essa figura do traficante, [...] que quase sempre era o consignatário ou o proprietário do navio negreiro. Mas esse sujeito, na verdade, era um grande empresário, um sujeito que articulava interesses e financiamentos seus e de outras pessoas.

E você leu um pouco sobre isso no último capítulo: o tráfico de escravizados era um empreendimento que custava muito dinheiro. Porque o sujeito tinha de ter não só o navio, mas o pessoal para fazer toda a operação, e também os produtos, como tabaco e açúcar, necessários tanto para alimentar a tripulação e os escravizados quanto para trocar por mais pessoas na costa africana.

E o tráfico também era um negócio arriscado, porque muita coisa podia dar errado no caminho e uma parte enorme das pessoas que eram sequestradas simplesmente não conseguiam sobreviver à viagem. Devido às condições desumanas, cerca de 670 mil africanos morreram antes de chegar ao Brasil. É muita gente. Para maximizar os lucros, os traficantes lotavam os porões dos navios. Em uma das viagens promovidas pelos irmãos Breves, por exemplo, 855 africanos foram embarcados em um navio no porto de Quelimane, em Moçambique: nada menos do que 283 morreram no trajeto.[12] O tráfico era arriscado, mas, se desse certo, dava muito lucro. Então muita gente rica participava dele. Se não fosse o cabeça da operação, entrava como sócio.

TCP: Eu encontrei um livro-carga que é uma das coisas mais impactantes com as quais já tive contato em relação à documentação do tráfico e da escravidão. Você tinha ali descrita a carga do navio e eram crianças, jovens, já demarcados com os sinais dos donos. O cabeçalho do navio dizia: "Meninos ou moleques pertencentes a fulano de tal". E aí vinha a marca que representava esse fulano de tal, no caderno e na pele daquele menino ou daquela menina.

E a violência não parava no desembarque. Nas fazendas de café, por exemplo, a jornada de trabalho era de quinze horas por dia, com meta de produtividade. Quem não cumprisse era torturado.[13]

TCP: A partir dos anos 1830, o café começa a despontar como commodity de excelência. Não é à toa que a bandeira do Império do Brasil nasce com um ramo de café. O café foi projetado como a principal aposta econômica do Brasil enquanto nação que surgia.

Movidos pelo "espírito empreendedor", os irmãos Breves investiram no tráfico de escravizados no momento de explosão do café.

TCP: O que esses senhores fizeram — senhores como José e Joaquim, e tantos outros do Vale do Paraíba — foi permitir que política, econômica e socialmente a escravidão se propulsionasse no exato momento em que o café foi colocado como um projeto nacional. E a escravidão se propulsionou como um elemento importante — basilar, eu diria — dessa economia cafeeira de uma maneira muito particular no caso do Brasil.

A escolha por manter a escravidão não garantiu só a unidade do Brasil independente. Foi graças à exploração e à tortura de pessoas negras que o novo país se tornou economicamente viável.[14] Foi só por causa da escravidão que a colonização portuguesa finalmente se pagou: lá nos 1500, todas as primeiras décadas tinham sido de prejuízo para a Coroa, até que os portugueses começaram a escravizar pessoas para produzir açúcar.[15]

Primeiro, foram os indígenas. E é importante lembrar que houve escravização indígena, um genocídio dos povos originários que durou muito mais tempo do que geralmente aprendemos. Nas primeiras décadas de colonização e, em algumas regiões, até séculos, a maioria da mão de obra escravizada era de pessoas indígenas.[16] Havia "feiras" de comercialização de escravizados indígenas, uma delas na Vila de Campos de Piratininga — a atual cidade de São Paulo (SP).[17] Os escravizados eram sequestrados em incursões feitas por bandeirantes como Manuel de Borba Gato (1649-1718), aquele cuja estátua foi incendiada em 2021.[18]

Por uma série de motivos, houve uma transição para a mão de obra africana. Um deles era que os africanos chegavam como "mão de obra qualificada", já que em suas sociedades estavam habituados à pecuária ou à metalurgia, por exemplo.[19]

Houve também uma sequência de epidemias que acabaram dizimando grande parte das populações indígenas. É que os europeus, além de violência, trouxeram também doenças com as quais os povos originários não haviam tido contato. Os africanos, por outro lado, há séculos mantinham relações com os continentes vizinhos, e a própria "rotina" da escravização já envolvia um contato prévio com os portugueses. Segundo o historiador Luiz Felipe de Alencastro, todo o processo de encarceramento dessas pessoas no continente africano, transporte até os portos, embarque e desembarque no Brasil levava no mínimo oito meses, período em que os africanos ficavam expostos às doenças dos europeus.[20]

E havia também os interesses do "mercado". Para os *players* (para falar no dialeto da Faria Lima) daquele tempo, a escravidão africana era economicamente mais interessante do que a indígena. O tráfico transatlântico era uma enorme rede de comércio envolvendo Europa, África e Américas. Envolvia escravizados, claro, mas não só. Em cada ponta havia alguém ganhando o seu. No Brasil, os senhores compravam mão de obra e, ao mesmo tempo, vendiam o que era produzido pelos trabalhadores. Na costa africana, traficantes enriqueciam e recebiam mercadorias que trocavam por mais escravizados. Em Portugal, o Reino lucrava com os impostos altíssimos cobrados sobre o tráfico e a produção advinda do trabalho escravo. Em Roma, a Igreja católica colhia uma taxa pelo batismo obrigatório de cada ser humano embarcado em um navio negreiro.[21]

E essa transição também não foi da noite para o dia: a escravidão indígena e a africana foram empregadas juntas por muito tempo. No Paraná e em Minas Gerais, por exemplo, os africanos só se tornaram maioria no começo do século 18.[22] Aliás, um exemplo dessa transição está em um dos mais famosos pontos turísticos do Rio de Janeiro. Foram indígenas escravizados que começaram a construção — concluída, depois, por africanos escravizados — do aqueduto que, mais tarde, daria lugar aos Arcos da Lapa.[23]

Assim como os africanos e afrodescendentes, os povos originários também resistiram e lutaram contra a escravização. Não foram poucos os quilombos que, além de negros, contavam também com indígenas. As fugas de indígenas também eram muito comuns. Levados para longe de suas aldeias, eles davam um jeito de voltar para casa, após dias de viagem a pé — o que, claro, não era uma opção para os africanos, como escreveu um naturalista: "Se os pretos não fogem para a África, donde vêm, não é por falta de vontade, mas pela de meios para atravessarem tantos e tão distantes mares".[24]

Aos poucos, a escravização indígena acabou completamente substituída pela de africanos e seus descendentes.[25]

Nenhum dos grandes ciclos econômicos daquele tempo — açúcar, ouro e café — teria existido sem a mão de obra escravizada.[26] Desde os tempos da colônia, todas as riquezas que o Brasil acumulou foram graças à escravidão.

Foi aqui que o tráfico negreiro tomou uma dimensão inédita. Outros países ou colônias também traficavam e dependiam do trabalho escravo, mas nenhum recebeu tanta gente africana escravizada quanto o Brasil. Nenhum.

Das 12,5 milhões de pessoas africanas que foram arrancadas de seus lares, 5,5 milhões tinham o Brasil como o destino. É o triplo da América Espanhola inteira — de todos os nossos vizinhos aqui da América do Sul somados. É doze vezes mais do que os Estados Unidos.[27] O porto que mais recebeu escravizados no mundo ficava no Brasil: o Cais do Valongo, no Rio de Janeiro.[28]

Não houve setor da economia brasileira sem trabalho escravo: do comerciante ao grande latifundiário; do industrial ao médico. Desde sempre, foram mãos e mentes negras que enriqueceram famílias brancas que até hoje se beneficiam dessa riqueza. Na "empresa" Brasil, o trabalho é negro e o lucro, branco.

Parte 2

THIAGO CAMPOS PESSOA: O Brasil se projetou como uma grande nação escravista atrelada ao comércio atlântico de africanos. Um comércio que, a partir de 1831, era clandestino pelo direito internacional, clandestino segundo os estatutos jurídicos nacionais e que, a despeito disso, tomou uma proporção inédita por agência de senhores como o Joaquim e o José de Sousa Breves.

Faltou contar esse pequeno *detalhe* sobre os irmãos Breves. Não é só que eles eram dois dos homens mais ricos do Brasil, muito próximos do imperador d. Pedro I. E nem é só que essa riqueza toda vinha do tráfico e da exploração de pessoas escravizadas: Joaquim e José de Souza Breves foram traficantes quando o tráfico era ilegal. Foram contrabandistas de pessoas ilegalmente escravizadas. Até para os padrões daquela época, o que eles faziam era contra a lei.

TÂMIS PARRON: A lei de 7 de novembro de 1831. Essa foi a primeira lei que regulou o fim do tráfico negreiro transatlântico da África para o Brasil. Essa lei está entre as dez leis mais importantes da história do Brasil, ao lado de outras muito importantes, como a própria lei da abolição da escravidão, a da Consolidação das Leis do Trabalho (CLT), a do Estatuto da Criança e do Adolescente (ECA).*

Voltando um pouquinho mais no tempo: o Reino Unido era um aliado de longa data dos portugueses. E, depois de 1822, continuou como o principal parceiro comercial também do Brasil. Para reconhecer o novo país como nação independente, os britânicos exigiram um monte de coisa, como condições alfandegárias especiais (menos impostos) para os produtos industrializados deles que chegassem aqui. Mas só isso não garantiria a igualdade de preço. Afinal, além dos custos de importação, a produção no Brasil tinha uma vantagem considerável: podia contar com mão de obra escravizada.

A negociação com o Reino Unido também envolveu um pedido de empréstimo milionário feito pelo Brasil. É que Portugal, para reconhecer a independência de sua ex-colônia, tinha exigido dos brasileiros o pagamento de um valor equivalente a 2 milhões de libras esterlinas. Curiosamente, era o valor exato devido pelos portugueses aos ingleses pela escolta da Marinha britânica em 1807, quando a família real fugiu para o Brasil. Como a nova nação não tinha esse dinheiro em caixa, pediu emprestado para o... Reino Unido.

Em 1826, Brasil e Reino Unido assinaram o Tratado Anglo-Brasileiro: os britânicos reconheceram a Independência e os brasileiros, além de baixarem os impostos de importação, comprometeram-se a acabar com o tráfico de escravizados em três anos.

Ainda assim, tinha muito senhor achando que o Brasil continuaria sem dar muita pelota para os ingleses. Afinal, esse era

* Tâmis Parron é historiador e professor.

o modus operandi desde os tempos de d. João VI: outros dois tratados parecidos já tinham sido assinados pelo rei em 1810 e 1817, e nada de muito significativo aconteceu.

Só que, no meio disso tudo, d. Pedro I acabou tomando uma decisão que custaria caro ao imperador: ratificou o tratado com a Inglaterra sem consultar a classe política do Império — os deputados e senadores —, as mesmas pessoas que tinham ajudado ele a romper com Portugal. Com a ratificação de d. Pedro I, o acordo entrou oficialmente em vigor e, em três anos, o tráfico deveria terminar.

TP: A elite política brasileira queria ser lida como diplomada. Mas ela era escravista até o núcleo da medula.

Os deputados e senadores dependiam da escravidão. Então, quando o imperador oficializou tudo sem consultá-los, a relação azedou.

É importante dizer também que isso tudo foi antes do boom do café. E a economia do Brasil independente já não estava lá essas coisas depois que o ciclo do ouro arrefeceu. Fora isso, tinha muito português ocupando cargo de confiança no governo, então começou a rolar um boato de que Portugal poderia recolonizar o Brasil. D. Pedro I, é sempre bom lembrar, era português — foi uma bela de uma "independência" essa em que o colonizador ficou como líder do novo país.

Aliás, um rápido parênteses: em 1826, a imperatriz Maria Leopoldina faleceu. E o imperador pediu a um amigo de uma rica família escravocrata de Minas Gerais para encontrar uma nova esposa para ele. Missão dada, missão cumprida e, em 1829, d. Pedro I se casou com d. Amélia de Leuchtenberg (1812-1873).[1]

E agora uma fofoquinha: por causa do novo casório, d. Pedro I terminou o relacionamento extraconjugal com Domitila de Castro do Canto e Melo (1797-1867), a marquesa de Santos. Daí o imperador precisava de alguém para transportar os móveis dela, do Rio de Janeiro para Santos (SP). Sabe quem emprestou o barco? Joaquim de Souza Breves. O nome do navio era *União Feliz*.[2]

Bom, mas aí corta para 1830. Para melhorar a relação com o Congresso, d. Pedro I escolheu como principal ministro e braço direito Caldeira Brant (1772-1842), o marquês de Barbacena — justamente o amigo que o tinha ajudado a encontrar uma nova esposa. Senador, ele tinha um ótimo trânsito na Câmara dos Deputados.

E, pasme, Brant era sócio de traficantes; a própria esposa dele era filha de um dos principais comerciantes de seres humanos da Bahia. Mas, até para o marquês, cuja riqueza também vinha da atividade, já havia ficado claro que o comércio nefando estava com os dias contados. E não por sentimentos humanitários: era uma questão de negócios. Os tratados assinados por d. João VI, embora mal e porcamente cumpridos, deram algum prejuízo aos traficantes — sobretudo os da Bahia. Obcecado "pela introdução de novas maquinarias nos engenhos do Brasil", Brant procurava alternativas para substituir a mão de obra escravizada.[3] E esteve entre os representantes enviados pelo governo brasileiro para participar da negociação com o Reino Unido sobre o reconhecimento da Independência.[4]

D. Pedro I escolheu Brant como braço direito justamente por sua boa relação com o Congresso. Mas ela era tão boa que o imperador ficou com ciúmes e, em 1831, demitiu o ministro. Daí o caldo entornou de vez com os deputados e senadores, e os parlamentares conseguiram o apoio do Exército para pressionar o imperador. Acuado, d. Pedro I aceitou trocar todos os ministros portugueses por brasileiros, mas depois voltou atrás.[5]

Houve uma confusão na cidade e uma multidão foi para as ruas exigindo a partida do imperador. O Exército desertou e d. Pedro I renunciou, abdicando do trono em favor do filho, d. Pedro II (1825-1891), que tinha só cinco anos de idade.

Daí, sabe a quem d. Pedro I confiou a tutoria do Imperador Criança? A José Bonifácio, aquele mesmo que tinha passado de braço direito a persona non grata e que, depois da Independência, tinha sido demitido e exilado. Em 1831, Bonifácio já estava de volta do exílio. E d. Pedro I registrou o convite em carta, com direito a abertura em latim — que, quem sabe?, talvez tenha sido a inspiração para um certo vice-presidente golpista, em 2016 — "*Amicus certus in re incerta cernitur*", ou "o amigo certo conhece-se nas ocasiões incertas".

É chegada a hora de me dar mais uma prova de amizade, tomando conta da educação de meu muito amado e prezado filho e seu imperador.

Eu delego em tão patriótico cidadão a tutoria do meu querido filho, e espero que o educando naqueles sentimentos de honra e de patriotismo nos quais devem ser educados todos os soberanos para serem dignos de reinar ele venha, um dia, fazer a fortuna do Brasil, de quem me retiro saudoso.

Eu espero que me faça este obséquio, acreditando que a não m'o fazer, eu viverei sempre atormentado.

Seu amigo constante, Pedro.

P.S. Veja se as filhas poderão vir comigo, para as fazer bem educar na Europa, para serem um dia dignas Princesas do Trono Brasileiro.[6]

A queda de d. Pedro I criou no país um clima geral de "segunda Independência", agora totalmente livre de Portugal. Afinal,

d. Pedro II tinha só cinco anos, mas era brasileiro. Para marcar os novos tempos, o marquês de Barbacena, que também tinha sido demitido pelo imperador, propôs uma lei brasileira para acabar com o tráfico de escravizados. E, olha, se está difícil de acompanhar, é assim mesmo: essa história toda é puro suquinho de Brasil. A ideia com a lei era fazer uma afirmação da "soberania nacional": não seriam os britânicos pressionando pelo fim do tráfico; agora, era o Parlamento brasileiro quem estava tomando a iniciativa.

TP: O que essa lei dizia era muito simples. Ela previa que nenhum africano escravizado entraria no Brasil a partir daquela data. Isso é muito importante. Primeiro, porque o tráfico negreiro transatlântico existia já há mais de duzentos anos, quase trezentos. E essa lei colocou fim numa instituição multissecular. Ela dizia que aqueles africanos introduzidos no país ao arrepio da lei receberiam a liberdade, seriam declarados livres. E nisso ela foi muito radical porque, na história atlântica, quando outros países que também traficavam aboliram o tráfico, não saíram concedendo liberdade aos africanos introduzidos por debaixo dos panos.

O país que mais traficava no mundo agora era o mais radical na hora de combater o tráfico. E não parava por aí:

TP: Essa lei mandava prender o financiador do navio negreiro, o comandante do navio e as pessoas que ajudassem no desembarque dos africanos.

E aí você pode estar se perguntando, porque eu também estava:

TP: "Mas como um país escravista fez uma lei nesses termos?" A lei foi feita num dos momentos mais radicais da história política brasileira. O imperador d. Pedro I tinha acabado de cair. As ruas estavam agitadas. O Parlamento, inquieto. E a imprensa andava cheia de ideias novas, chegando a propor imposto sobre propriedade rural, o fim da escravidão; chegando até a contemplar votos para as mulheres, o que na época também era bastante polêmico. A lei foi fruto desse espírito inflamado.

Talvez você já saiba que essa é aquela que ficou conhecida como a "lei para inglês ver". Você já ouviu essa expressão, né? "Para inglês ver" é algo que é de mentirinha: só funciona na aparência, não para valer. Foi essa lei — ou melhor, o descumprimento dessa lei — que deu origem à expressão.

Só que o que talvez você não saiba é que a lei foi cumprida.

TP: E o foi por cerca de quatro anos, mais ou menos. E isso não é pouco tempo, basta pensar na tortura coletiva que foram os quatro anos vivendo sob Bolsonaro [como presidente da República].[7] Essa lei foi relativamente respeitada por quatro anos. O desembarque de africanos escravizados no Brasil depois da aprovação da lei caiu para o menor volume numa longa série histórica que chega a recuar até o século 17. O número bateu lá embaixo.

A lei não nasceu para inglês ver. Foi tornada.

TP: A expressão "para inglês ver" foi gestada num segundo momento, quando essa lei foi atacada, bombardeada, deslegitimada e enterrada viva em favor de interesses negreiros.

Nos primeiros anos da lei, quando o governo brasileiro tentou de fato coibir o tráfico, cerca de 40 mil escravizados foram desembarcados entre 1831 e 1834 — o que era pouco para os padrões da época. A *virada* começou em 1835, quando num só ano foram 35 mil. Entre 1836 e 1839, contudo, já foram 270 mil no total.[8]

E aqui vale repetir uma citação do último capítulo, de Ynaê Lopes dos Santos:

YNAÊ LOPES DOS SANTOS: A escravidão [...] era uma instituição. E ela perdurou porque havia um grupo de senhores de escravizados formando a elite política brasileira. As elites políticas brasileiras, nas suas multiplicidades, nas suas discordâncias, tinham essa base comum que era o fato de serem proprietários de escravizados.

As elites brasileiras tinham suas diferenças; discordavam, brigavam... Mas, se havia um *lugar* que essas pessoas compartilhavam, era o de senhores e sinhás. Bem agora que a economia poderia voltar a explodir por causa do café, uma *leizinha* ia atrapalhar o progresso?

TP: O Brasil tem destas coisas incríveis: uma potência para surpreender positivamente, como a lei de 1831; e, logo depois, uma enorme capacidade de autodestruição, como a reabertura do tráfico negreiro sob a forma de contrabando contra essa mesma lei. Quem é que enterrou a lei? Foram as forças obscuras que fizeram o golpe de 1964 e que elegeram Bolsonaro. Evidentemente não são as mesmas pessoas, mas é o mesmo espectro do campo político. Na época, essas forças eram os grandes fazendeiros cafeicultores do Vale do Paraíba, do Rio de Janeiro e de

São Paulo, mais os proprietários do sudeste e do oeste de Minas Gerais. Essa gente era podre de rica, formava o "Império da Ostentação". Aqueles fazendeiros fizeram pressão para suspender a lei de 1831 e receberam licença para escravizar ilegalmente, a rodo, a partir de 1835 e 1836, por mais cerca de quinze anos. E eles escravizaram.

O tratado assinado por d. João VI com o Reino Unido em 1817 já proibia o tráfico de pessoas sequestradas em países africanos acima da linha do equador. Ainda assim, pelo menos 43 mil pessoas dessas regiões foram trazidas entre 1818 e 1831. Depois da lei de 1831, pelo menos 740 mil pessoas foram ilegalmente trazidas para o Brasil. Setecentas e quarenta mil pessoas que, pela lei, não poderiam ter sido sequestradas e trazidas para cá e, ao chegarem aqui, deveriam ter sido imediatamente colocadas em liberdade.[9]

E não só essas 740 mil pessoas foram ilegalmente escravizadas, como seus descendentes, porque a escravidão seguia o útero: se uma mulher escravizada ficasse grávida, o filho dela era considerado propriedade do senhor.

Tâmis Parron chama o que aconteceu nesse período de a "política da escravidão".

TP: Foi um pacto político, um arranjo entre elites, tão importante quanto um pacto constitucional. Quem a "política da escravidão" envolvia? Os grandes políticos da época, o centro de comando do Estado, a elite financeira do Rio de Janeiro, que era a Corte do Império do Brasil, e os grandes proprietários de terras e de escravos do país. Todos unidos em torno da defesa da escravidão e do tráfico de escravizados como uma estratégia para gerar riqueza privada, crescimento econômico e financiar o Estado imperial, que na época estava sendo construído.

Na Câmara dos Deputados, havia uma facção formada pelos conservadores, também chamados de "Partido do Regresso" ou "saquaremas". E eles começaram a defender em bloco a reabertura do tráfico. Um deputado, Bernardo Pereira de Vasconcelos (1795-1850), pediu a revogação da lei argumentando que a culpa não era nem dos traficantes nem dos fazendeiros que insistiam na ilegalidade. Segundo ele, quem estava errado era quem delatava os criminosos para receber as recompensas em dinheiro previstas pela legislação, de trinta mil-réis por pessoa apreendida.[10] Até o autor da lei, o marquês de Barbacena, propôs que ela fosse revogada, argumentando que era intolerável que os "proprietários tranquilos, chefes de família respeitáveis, homens cheios de indústria e virtude" pudessem ser incriminados pelo tráfico.[11]

Mas não só parlamentares e senhores de escravos tinham culpa nesse cartório: o governo, também. Os traficantes, que eram as pessoas mais ricas do Brasil, diversificavam seus investimentos por meio, por exemplo, da concessão de empréstimos. E o Império era o principal devedor desses sujeitos que, agora, deveria combater.[12]

A proibição do tráfico também fez a arrecadação cair, porque o Tesouro imperial taxava o comércio escravista e a produção dessa mão de obra. Por fim, o Império decidiu deixar passar a boiada.

TP: Talvez esse tenha sido o primeiro episódio da "boiada" na história brasileira.

A referência é à infame fala do então ministro do Meio Ambiente, Ricardo Salles, em abril de 2020. Numa reunião de ministros com o então presidente da República, Salles — o responsável pela pasta destinada a proteger nossa fauna e flora

— propôs que o governo aproveitasse um dos momentos mais graves da pandemia de covid-19 para

passar as reformas infralegais de desregulamentação [...]. Então para isso precisa ter um esforço nosso aqui enquanto estamos nesse momento de tranquilidade no aspecto de cobertura de imprensa, porque só fala de covid, e ir passando a boiada e mudando todo o regramento e simplificando normas.[13]

TP: Faz sentido que a primeira "boiada" da nossa história não seja essa do Ricardo Salles, mas a dos escravistas das décadas de 1830 e 1840 e seus apaniguados políticos, coniventes e cogestores do crime. Porque o que eles estavam fazendo era um crime. Não [apenas] uma "imoralidade" para os nossos valores [de hoje]. Era um crime medido pela régua da própria legislação da época. De modo geral, o Estado recebia legitimidade porque ganhava o apoio tácito das classes proprietárias e endinheiradas; os políticos recebiam o apoio político; e o Ministério da Fazenda ampliava a sua base fiscal, porque aumento da escravidão significava aumento das exportações. Então, quem estava no andar de cima da máquina pública também levava o seu.

THIAGO CAMPOS PESSOA: O Estado brasileiro teve uma responsabilidade absoluta sobre a reabertura do tráfico.

Thiago Campos Pessoa, que estudou a fundo a trajetória dos irmãos Breves, já escreveu que essa liberação do contrabando foi um dos maiores casos, se não o maior, de corrupção sistêmica da história do Brasil.[14]

TCP: As autoridades brasileiras foram mais do que coniventes: foram partícipes. Elas tomaram parte a favor do tráfico. A elite política imperial fez silenciar sobre o desenvolvimento do tráfico. Todo mundo sabia: a elite sabia, a sociedade sabia e a coisa continuava acontecendo porque era algo do qual o próprio Estado brasileiro precisava para sustentação da sua pauta de exportação, muito atrelada ao café, essencialmente.[15]

E é aí que entram os irmãos Breves.

TCP: Estes senhores são estudos de caso interessantes para entendermos como uma parcela importante da elite sustentou em termos práticos a continuidade do comércio de africanos e a transformação do próprio comércio de africanos em uma atividade que talvez não tivesse parâmetro em termos de lucratividade e em termos de dimensão de deslocamento do Atlântico para o Brasil até então. A estimativa é de que, dos quase 5 milhões de africanos que desembarcaram no Brasil em cerca de trezentos anos de tráfico, mais de 2 milhões tenham desembarcado na primeira metade do século 19; e, desses, 800 mil nos cerca de vinte anos do período em que o tráfico era ilegal. Em outras palavras, podemos dizer que esse período da ilegalidade em que esses senhores [os irmãos Breves] foram protagonistas foi o período da nossa história em que o tráfico de africanos foi mais volumoso, mais intenso e, talvez e provavelmente, o mais cruel, se é que podemos traçar paralelos de crueldade.

Os irmãos Breves não viram na proibição do tráfico um problema, mas uma oportunidade de negócios. É a tal *alma em-*

preendedora. Muito traficante antigo havia pulado fora, os irmãos viram o vácuo de poder e assumiram a operação. Em sua pesquisa, Pessoa encontrou registros da atuação deles como traficantes somente pós-1831: ou seja, tudo indica que foi só a partir da proibição que começaram a agir; nesse caso, como contrabandistas.[16]

> **TCP:** Com a proibição, o que eu diria que realmente mudou com o tráfico, inicialmente, foram os portos de saída e os portos de chegada. Com a ilegalidade, houve uma dispersão pelo litoral africano. Da mesma forma, houve uma dispersão pelo litoral brasileiro. Então os portos legais — e o mais famoso deles era o Mercado do Valongo, região portuária do Rio de Janeiro em torno do Cais Valongo — deixaram de existir de fato. Houve uma dispersão desses desembarques ao longo da costa brasileira. Áreas que hoje são turísticas, famosíssimas no Rio de Janeiro, como Ilha Grande e Búzios, fazem parte de um litoral que começou a se especializar com algumas praias específicas para a recepção de africanos.

E, claro, os irmãos Breves não agiam sozinhos. Não era só para abastecer suas dezenas de fazendas que eles contrabandeavam.

> **TCP:** Uma coisa que eu acho que mudou de maneira interessante foi o envolvimento da própria classe senhorial, da elite imperial, com o tráfico. Por ser algo que se tornou ilegal, essa elite precisou sustentá-lo não só politicamente, mas também criar as condições sociais e até mesmo logísticas para que esse comércio acontecesse a despeito da ilegalidade. Então, podemos dizer com uma certa tran-

quilidade que os 800 mil africanos que chegaram só chegaram porque uma fração talvez hegemônica, ou seja, a fração mais importante da elite brasileira, criou as condições políticas, sociais, econômicas e infraestruturais para que esse tráfico acontecesse. E o que vemos, de certa forma, na própria produção da história brasileira, é certa construção de uma isenção sobre esses indivíduos: como se eles tivessem sido também vítimas dos traficantes. Mas eles não eram vítimas.

Mas espera porque ainda está faltando gente nessa equação. Não era só o Estado brasileiro, os políticos; não eram só os traficantes, nem eram só as elites.

TCP: A escravidão era não só um ativo econômico, mas uma instituição compartilhada por boa parte da sociedade. Aqueles que não eram senhores de escravos queriam ser. Então, nos anos 1830, 1840, o brasileiro comum também apoiava o tráfico de africanos. Ele não via como algo maléfico ou um problema moral, humanitário, aquele comércio.

O buraco é muito mais embaixo. Seria mais fácil pensarmos nessa história com um grande vilão ou uns grandes vilões. Mas a realidade não costuma ser tão simples assim. A fotografia da sociedade brasileira como um todo é bem mais feia do que geralmente se quer admitir.

TCP: Esse tráfico só se manteve clandestino, em operação, porque houve um outro acordo nacional para que ele continuasse existindo.

Um grande acordo nacional.

TCP: Então, por exemplo, José e Joaquim Breves montaram fazendas litorâneas para articular o tráfico. Houve a participação direta, diretiva das autoridades que, por vezes, eram as próprias autoridades dos fortes dessas praias que faziam o recebimento dos africanos, entendeu? É algo, assim, inacreditável.

Os irmãos Breves tinham duas fazendas gigantescas, longe da Corte, montadas especificamente para receber os navios ilegais e para fazer a "engorda" dos escravizados antes de eles serem distribuídos. De vez em quando, o governo brasileiro fazia uma ou outra apreensão de navio, só para fingir que estava cumprindo a lei. *Para inglês ver*. Numa dessas operações, apreenderam o barco *União Feliz*, de Joaquim, aquele que tinha feito a mudança da ex-amante de d. Pedro I.

Durante todo esse período, os irmãos Breves continuaram muito próximos do poder e aumentaram a sua influência política. Eles só se tornaram comendadores, por exemplo, no fim dos anos 1840, quando já contrabandeavam há quase vinte anos.

Também na década de 1840, cada um deles chegou a acumular, ao mesmo tempo, as funções de deputado provincial, vereador e juiz de paz de seus municípios. Sabe quem era incumbido, no interior, de decidir sobre os navios suspeitos de contrabando? O juiz de paz. Era a raposa tomando conta do galinheiro. Eles podiam contrabandear, legislar e inclusive decidir a favor de si mesmos nos pouquíssimos casos em que fossem flagrados. É mole?

Em 1840, José e outros dois deputados apresentaram à Assembleia Provincial do Rio de Janeiro uma representação pela derrubada da lei de 1831. Segundo eles, a medida tinha sido "feita às pressas, em desencontro com a opinião pública, e sem nenhuma política para substituir a mão de obra escrava por braços livres". E mais: "Promovera a imoralidade, a corrupção e a desmoralização geral ao obrigar os lavradores a burlar a letra da lei".[17]

Não era raro que grandes latifundiários descrevessem a si mesmos como "lavradores". Esse tipo de retórica desconectada da realidade não ficou no passado. Pouquíssimo tempo atrás, um então ministro da Economia comparou o "empresário brasileiro" a um escravizado: "Tem uma bola de ferro na perna direita, que são os juros altos, uma bola de ferro na perna esquerda, que são os impostos".[18] Nos anos 1830 e 1840, a proibição do tráfico fazia com que *pessoas de bem* fossem *obrigadas* a agir como criminosas se quisessem continuar a escravizar seres humanos. Pobrezinhos. Foi sempre mesmo muito dura a vida do empresário brasileiro.

ALOYSIO BEILER: A audácia em burlar a fiscalização, isso era muito próprio do Joaquim Breves. Ele não tinha medo de nada, não se importava. A própria restinga da Marambaia [no Rio de Janeiro] foi adquirida pelo Joaquim para servir de recepção de mão de obra escravizada. O Joaquim tinha embarcações que trafegavam continuamente entre o litoral e a ponta da restinga, que é a ilha da Marambaia, e ali na ilha ele tinha uma grande senzala. O navio tumbeiro vinha da África e desembarcava a carga na Marambaia. A carga humana, né?

O Aloysio, como você leu na Parte 1, sabe tudo da vida do Joaquim Breves. O nome completo dele, aliás, é Aloysio Clemente Maria Infante de Jesus Breves Beiler. Reparou em algo?

AB: Quando eu era garoto, tinha um professor que costumava dizer o seguinte: "Abram alas porque está entrando a nobreza de Piraí". Eu não entendia muito aquilo, mas era o que ele usava. Tempos depois, na faculdade, algumas pessoas vinham falar comigo e diziam: "Ué, mas você é Breves, da família Breves?". Sou. Eu descendo do Joaquim Breves, sou a quinta geração. Uma vez uma jornalista me fez essa pergunta: "Como você consegue viver carregando um nome tão pesado quanto esse?".

Parte 3

Em 18 de janeiro de 2022, eu e a jornalista Angélica Paulo, produtora e pesquisadora do podcast do *projeto Querino*, fomos de carro até Itacuruçá, um distrito de Mangaratiba (RJ), município a pouco mais de cem quilômetros do centro da capital. De lá, foram mais uns quarenta minutos de barco com o pescador Jorge Moreira até o destino final: a ilha da Marambaia, na ponta da restinga de Marambaia. Quem nos ajudou a planejar a visita foi a esposa de Jorge, Bárbara Guerra, líder comunitária da ilha. Mas nosso foco era a mãe dela, d. Vânia Guerra, que nos acompanhou pelo dia.

De barco, pegamos d. Vânia e fomos para outro ponto da ilha: uma praia sem nenhum tipo de construção, só areia e vegetação. Desembarcamos e andamos rumo ao interior dela.

ANGÉLICA PAULO: E pensar que a gente está pisando no mesmo chão que eles [os escravizados] pisaram naquela época.

VÂNIA GUERRA: É. E, assim, só peço a Deus que tenha misericórdia. E como esse chão veio a ser teto deles, que também seja o meu.

No meio da caminhada, d. Vânia apontou para os restos de uma parede coberta por vegetação: "Essas são as ruínas da fazenda de engorda", disse. Continuamos andando e chegamos a um campo mais amplo, coberto por árvores e permeado por enormes pilastras.

TIAGO ROGERO: Aqui era a senzala?

VG: Aqui era a senzala. Isso é barro cozido, olha, que coisa linda. Esse tijolo ainda há pouco tempo tavam fazendo aqui. Isso daqui é trabalho de mazimbas, de engenheiros mazimbas. Essa árvore que cresceu, que chamamos de figueira, dentro dela tá abraçado o fogão onde era feita a comida dos negros e onde eram feitos os unguentos, os remédios. E um remédio muito importante que ficou aqui pra gente foi a aroeira, porque ainda hoje o povo usa vários tipos de ervas.

A área é tudo o que restou do que um dia foi a senzala de uma fazenda dos irmãos Breves que funcionava especificamente para receber os navios no período do contrabando. Ali fica o quilombo da ilha da Marambaia, formado por descendentes das pessoas sequestradas. Há décadas, os quilombolas da ilha travam um conflito pelas terras com a Marinha, que instalou lá durante a ditadura militar um "centro de adestramento" para os militares.[1] Por se tratar de uma área com instalações federais, virou costume que presidentes da República passem por lá as festas de fim de ano.[2]

Em nossa visita, d. Vânia, nascida e criada na ilha — ela conta que o bisavô, Júlio Grande, foi o primeiro da família a chegar lá —, narrou uma história tradicional do quilombo: a da "última escrava" da Marambaia.

VG: Princesa Camila pertencia à realeza conga e, no entanto, veio para cá como escrava. Cuidou de todos os negros — cuidou até onde pôde, claro. Ela lutou desde que saiu de África. Já nasceu lutando na África, por uma comunidade igual. Homens e mulheres com a mesma responsabilidade. E, quando chegou aqui, tiraram a liberdade dela. Mas ela era uma grande mulher e não conseguiram fazer dela cativa. Escravizaram, mas não conseguiram fazer dela cativa. Ela continuou princesa. E aqui passou a ser a nossa rainha, né? A majestade de Camila pode ter se abalado, mas não caiu. E feliz da gente porque era uma mulher que deixou esse exemplo e deixou tudo isso pra gente. Esse legado. Por isso que continuamos lutando, levando e resistindo em nome de Camila.

Depois de conhecermos as ruínas da senzala, voltamos caminhando para a areia, subimos no barco e navegamos até outra praia.

VG: Nós estamos aqui na praia do Sino. Os navios aportavam ali, atrás dessa ilha. E dali que os negros eram tirados e levados para a fazenda durante a escravidão por uma canoa. Esses negros que iam para o armazém, eles vinham do continente africano. Aqui, eles ficavam em quarentena porque a fazenda daqui, que antes era de café, passou a ser de engordar negros roubados. Aqui, eles engordavam, se recuperavam, e eram vendidos ou reaproveitados nas fazendas. Então, toda a comunidade quilombola do litoral sul fluminense do Rio, todos eles passaram por aqui, são todos nossos parentes.

E é importante a palavra que d. Vânia usa, negros "roubados", porque afinal era isso mesmo. Como o tráfico estava proibido, aquelas pessoas não eram "importadas" — expressão usada à época e que causa repugnância, afinal remete a objetos, mercadoria —, mas roubadas.

ALOYSIO BREVES: Quando eu estive na Marambaia, falei: "Calma, eu não sou a reencarnação do comendador Breves, não". Quer dizer: o nome causa espanto.

O Aloysio, você lembra, é descendente de Joaquim Breves.

AB: Eu vejo muito disso no interior do estado, uma espécie de patriarcado ainda dominante, aquela coisa detestável de "sabe com quem está falando?". E às vezes eu sou até tratado assim em alguns lugares. Por causa do nome, você é livrado de qualquer obstáculo. É uma coisa curiosa o que o Brasil ainda produz.

No fim da Parte 2 deste capítulo, Aloysio tinha contado que, certa vez, uma jornalista perguntou: "Como você consegue viver carregando um nome tão pesado quanto esse?".

AB: Eu falei: "Olha, eu não vivi aquela época. Eu sou da família porque nasci na família. Mas eu não convivi com o Joaquim, não compartilho com as ideias escravistas dele, não compartilho com nada disso. Mas eu sou produto disso". O que eu faço é divulgar essa história. Por quê? É uma história tão fantástica e tão bizarra que merece ser contada. Isso faz parte da história do Brasil. O Joaquim participou do grito do Ipiranga, foi político local, foi o homem mais rico do Brasil por determinado período, foi o Rei do Café.

Aloysio tem um site em que reuniu tudo o que pesquisou sobre a própria família, inclusive esses muitos esqueletos no armário: brevescafe.net.

AB: Eu acho que isso é para ser divulgado, para ser criticado, ser objeto de estudo, ser aprofundado — pra que não ocorra jamais.

Mas não é todo mundo na família que pensa como ele. Em 2012, um outro descendente publicou um artigo em que escreveu que "ter sido traficante de escravos, como muitos outros fazendeiros da época, [...] não faz do comendador Joaquim José de Souza Breves uma pessoa indigna". Vale lembrar que os irmãos não eram "traficantes", mas contrabandistas, uma vez que operavam na ilegalidade.

> [Joaquim] Agiu fora da lei, neste ponto, mas dentro de um contexto em que teve total conivência do Estado e da sociedade da época. Além disso, foi um brasileiro apaixonado: ajudou na Independência do Brasil, na consolidação do Império, patrocinou o país na Guerra do Paraguai e levantou divisas como ninguém para a grandeza da economia e manutenção da soberania nacional.
>
> Conta-nos a tradição de família e evidências levam-nos a crer que os Souza Breves eram bons para os negros, como se depreende de vários depoimentos fidedignos, como os colhidos por Assis Chateaubriand, em 1927, de ex-escravos do Rei do Café. Muitos negros cativos, pertencentes a senhores maus, fugiam para as fazendas dos Breves, onde eram acolhidos com tratamento que exigia disciplina e trabalho, mas oferecia condições mais humanas de vida.[3]

Desafiador tentar entender como poderiam ser "bons para os negros" sujeitos que promoviam qualquer tipo de escravização, ainda mais a ilegal.

O historiador Thiago Campos Pessoa conseguiu mapear pelo menos onze desembarques de navios — a grande maioria nas proximidades da Marambaia — "envolvendo os Breves ou suas propriedades", em que 4388 africanos foram trazidos ilegalmente.[4] E, lembrando, não só esses 4388 seres humanos foram escravizados, mas também seus descendentes. Se a escravização de seres humanos era por si só um ato desumano e imoral — já entendida dessa forma em várias partes do mundo e mesmo por alguns setores da sociedade brasileira —, o que dizer de algo que, até para as leis de uma sociedade escravista, era também ilegal?

AB: Já ouvi de pessoas: "Ah, o Breves era bom porque ele tratava os escravos de maneira diferente". Bom, se era escravo dele, já é ruim, porque existem relatos de ele levar os escravos para o tronco, mandar espancar... Relatos muito ruins. [...] O Brasil tem uma grande dificuldade em contar a sua história. Então, me afeta o sobrenome, mas não afeta o meu bom senso e o meu discernimento. A história tem que ser contada, avaliada, tem que ser descrita, porque a pior coisa é você não conhecer a sua história. E a família Breves tem história para contar; tem explicações a dar; tem coisas fantásticas; tem grandes exemplos, é óbvio que tem, de benemerência, de acolhimento... Mas tem todo esse lado obscuro da escravidão que foi um modelo adotado pelo Brasil para subsistir e prosperar na sua riqueza.

Os irmãos Breves não foram — nem de longe — os únicos a enriquecer com a escravidão e com o contrabando.

Para ficar em mais alguns exemplos: o português José Gonçalves da Silva entrou para a história como um dos raros casos de contrabandista condenado no Brasil. Foi depois de uma operação em uma de suas fazendas, em Cabo Frio (RJ), em 1851 — já depois, portanto, da lei que finalmente colocaria fim ao tráfico, em 1850. Gonçalves chegou a ser preso, mas pagou propina ao carcereiro e fugiu para a capital, onde ficou escondido num sítio por três anos. Em 1853, foi absolvido. Em 1861, recebeu o título de cidadão brasileiro[5] e passou anos reclamando que tinha sido alvo de perseguição: "O tráfico não é uma coisa que se faz sozinho. Se eu traficava, onde estavam os que traficavam comigo?".[6] Uma praia de Búzios (RJ) leva o nome dele até hoje.

Na Bahia, outro português, Joaquim Pereira Marinho, promoveu o sequestro e a escravização ilegais de pelo menos 11 584 pessoas entre 1837 e 1850.[7] Tal como os irmãos Breves, ele começou a traficar no período de ilegalidade.[8] Podre de rico graças ao contrabando, entrou para a filantropia: virou patrono da Santa Casa de Misericórdia, onde há uma estátua em sua homenagem — em frente ao Hospital Santa Izabel. Quando Marinho morreu, em 1887, tinha 227 imóveis só na cidade de Salvador.[9] Em seu testamento, escreveu que estava

> com a consciência tranquila de passar para a vida eterna sem nunca haver concorrido para o mal de meu semelhante, e a convicção que a fortuna que deixo foi adquirida pelo meu trabalho perseverante, com economia e honestidade e honradez em minhas transações comerciais, nunca deixando de fazer ao meu semelhante o bem que podia fazer.[10]

Nos anos 1850, o contrabando finalmente acabou. Foi aprovada uma nova lei, que ficou conhecida como a Lei Eusébio de Queiroz, e você lerá mais sobre ela no último capítulo. O que importa aqui, agora, é contar que o governo enfim endureceu a fiscalização.

Com o fim do contrabando, uma grande quantidade de dinheiro acabou ficando ociosa no mercado, já que o tráfico era um negócio de muitos investidores. Daí rolou uma febre consumista e a boa gente rica brasileira começou a importar, mais do que nunca, tudo quanto é coisa da Europa: perfume, roupa, arma de fogo, piano...[11]

Houve uma superabundância de dinheiro, especialmente no Sudeste, que tinha assumido ainda mais protagonismo econômico graças à explosão do café. E essa fartura resultou no ressurgimento do Banco do Brasil, que tinha sido fechado quando d. João VI foi embora levando todo o dinheiro.

Nos anos 1850, o visconde de Mauá, grande empreendedor brasileiro que já tinha ganhado bastante dinheiro fabricando navios usados no tráfico — ah, sim, e quem os construía eram trabalhadores assalariados e escravizados —, liderou um grupo de empresários que não tinham onde colocar o dinheiro ocioso. E essa turma criou um banco privado que depois se fundiu a outro e foi transformado no banco oficial do Império, hoje o Banco do Brasil.[12]

O principal acionista individual do banco, José Bernardino de Sá, foi "um dos maiores, se não o maior traficante do Atlântico Sul nos últimos vinte anos de funcionamento do tráfico de africanos para o Brasil", escreveram catorze historiadores na representação que deu base ao inquérito aberto pelo Ministério Público Federal para investigar a ligação do Banco do Brasil com a escravidão e o tráfico de escravizados.[13] Tal como os irmãos Breves, Bernardino de Sá era contrabandista: a maior parte dos anos em que atuou, entre 1825 e 1851, foi no período da ilegalidade. Promoveu pelo menos cinquenta viagens que trouxeram ao Brasil cerca de 19 mil africanos sequestrados.

∗

Desde que os portugueses invadiram este território indígena, em 1500, foi a escravidão que gerou todas as riquezas do Brasil. Todo setor da economia contava com trabalho escravo. O sujeito podia ter uma lojinha, ter um escravizado e trabalhar lado a lado com ele.

Pensar numa riqueza construída antes da Abolição é pensar em dinheiro e posses gerados por meio da crueldade e deixados como herança para os descendentes desses senhores de escravos.

E mesmo depois da Abolição: qual família branca brasileira não se beneficiou dos privilégios e das relações sociais e de trabalho sedimentadas por uma sociedade que, por mais de trezentos anos, escravizou dois grupos — o das pessoas negras e o das indígenas — e, depois, impediu a ascensão socioeconômica dessas pessoas?

A escravidão acabou e, com ela, caiu o Império, mas na República o racismo continuou, sempre como uma escolha política: para que um grupo continuasse a ser subjugado por outro; para a continuidade de quem sempre esteve no poder.

Qual pessoa branca rica — mesmo as saídas "do nada", as *self--made* — não se beneficiou e se beneficia até hoje dessas relações? E qual pessoa branca, mesmo a que não é rica, não acaba se beneficiando das diferenças abissais de oportunidades que uma sociedade estruturalmente racista oferece à população?

Pessoas negras recebem salários menores do que as brancas, ainda que com a mesma formação. Pessoas negras ocupam, numa relação desproporcional à composição da população, a maioria dos cargos de pior remuneração, e a dos postos informais. E pessoas negras são a absoluta maioria entre quem está abaixo da linha da pobreza — entre quem passa fome.[14]

Na história do Brasil, enquanto os brancos podiam brincar de empresários, de investidores, de empreendedores, os negros tinham de lutar para sobreviver.
E ainda é assim.

VG: Saber de toda a luta do meu avô, do meu bisavô... Pra gente, eles estão vivos. Perderam o corpo, mas estão vivos. Então, assim, a gente não podia decepcionar. Porque a luta deles é a nossa herança, tínhamos que abraçar isso. E aí saímos brigando, brigando, lutando com as forças que tínhamos, com as armas que tínhamos.

Mesmo depois da lei de 1850, os irmãos Breves continuaram contrabandeando pessoas ilegalmente escravizadas. Houve pelo menos quatro viagens flagradas pelas autoridades. Por uma ironia do destino, foi a sanha de não largar o osso mesmo com a nova proibição que os teria impedido de subirem ainda mais na escala da nobreza brasileira. Os dois nunca chegaram a "barão"; pararam em comendador.

Em 1852, um navio estadunidense embarcou 550 pessoas no porto de Quelimane, em Moçambique, com destino à outra fazenda em que os Breves recebiam africanos ilegalmente escravizados, a de Santa Rita do Bracuhy, em Angra dos Reis (RJ). Depois de desembarcar as 540 pessoas que sobreviveram, o capitão do navio, o estadunidense Nathaniel Gordon, ateou fogo na embarcação, o brigue *Camargo*.[15] Os africanos foram distribuídos para fazendeiros da região.[16]

O capitão do navio fugiu para os Estados Unidos e continuou a contrabandear.[17] Anos depois, ele foi flagrado pela Marinha norte-americana tentando levar 897 pessoas escravizadas para Cuba. Gordon foi preso e se tornou o primeiro e único estadunidense condenado à pena de morte por tráfico de escravizados[18] nos Estados Unidos, que também lucraram muito com o contrabando: do total de expedições para o Brasil entre 1831 e 1850, nada menos do que 58% foram feitas em navios fabricados na terra do Tio Sam.[19]

Por aqui, pós-lei de 1850, o governo começou a fazer operações nas fazendas para encontrar africanos "contrabandeados". Temendo perder todo o patrimônio, José de Souza Breves enviou uma carta a Eusébio de Queiroz, então ministro da Justiça. José temia que o governo libertasse todos os que tinham sido trazidos desde o início da ilegalidade, em 1831. Queiroz respondeu que o contrabandista poderia ficar tranquilo; que "qualquer busca que se dê é para procurar os negros agora importados, e nunca para entender com o passado".[20]

THIAGO CAMPOS PESSOA: Isso é uma coisa muito importante porque a última geração de escravos no Brasil era basicamente formada por escravos ilegais. Aquelas pessoas, juridicamente, eram livres. Então a escravidão, por si, já era um horror, uma barbárie, uma aberração. Imagine uma escravidão que era ilegal pelas leis do país escravizador.

Certas repetições são importantes, então aqui vai mais uma: cada pessoa trazida de algum país africano ao norte da linha do equador desde 1818, e todas as que foram trazidas desde 1831; cada uma dessas quase 800 mil pessoas, mais os seus descendentes — um número que infelizmente não conseguimos saber qual é —; cada uma foi escravizada ilegalmente. Um crime segundo as leis do Brasil.

O historiador Luiz Felipe de Alencastro chama o que aconteceu de "o pecado original da sociedade e da ordem jurídica brasileira".[21] Porque, a exemplo de quando começaram a descumprir a lei de 1831, no começo dos anos 1850 houve novamente um grande pacto nacional, desta vez para garantir que as pessoas não fossem libertadas. Para evitar rebeliões e garantir a segurança de posse dos proprietários, os ricos e poderosos — a classe política; toda essa *gente de bem* — mais uma vez se calaram.

E a escravidão continuou por mais 38 anos.

Para Alencastro, a última geração de escravizados no Brasil era formada, em sua esmagadora maioria, por indivíduos livres, sequestrados e ilegalmente escravizados. O "pecado original" do Brasil.

E tem outra coisa: a lei de 1831 tipificava o crime de quem contrabandeava como "sequestro", previsto no Código Criminal da época. E o que aconteceu na prática com os sequestradores? Anistia. Um exemplo perfeito disso foi a troca de correspondências entre Queiroz e José de Souza Breves, quando o chefe da fiscalização disse a um criminoso (e aqui estou parafraseando): *Pare com isso a partir de agora; o que passou, passou.*

TCP: O nosso país, a nossa sociedade, até hoje não se entendeu com o seu passado. Quando o Eusébio de Queiroz disse que "qualquer busca que se dê é para procurar os negros agora importados, e nunca para entender com o passado", o que ele estava querendo dizer é o seguinte: "Olha, os africanos que entraram antes da lei de 1850, da segunda lei antitráfico, da Lei Eusébio de Queiroz, vão permanecer na escravidão". E ele disse isso porque ele estava mirando a elite imperial, cuja boa parte dos seus escravos eram africanos ilegalmente importados.

Quantas vezes, na história do Brasil, o país teve a chance de se entender com o passado e escolheu não fazê-lo? Foi assim

em 1850, foi assim com a Abolição — que veio sem compensação nenhuma —, foi assim com a ditadura militar...
Será assim até quando?

VG: Para o nosso futuro, quero que as coisas sejam mudadas e que as pessoas, agora que têm as condições de saber, de estudar, de compreender, que façam melhor para que não fique mais ninguém de fora. Sabe? Para que ninguém perca a chance de conviver com a herança que temos. Porque isso é a nossa herança. E [quero] também que as pessoas possam compreender que a resistência é o ponto crucial da nossa herança. A nossa herança é a resistência.

Chove chuva

Não chegamos a fazer uma pesquisa de opinião, mas, a julgar pelas mensagens e e-mails que recebi desde o lançamento, o terceiro episódio do podcast do *projeto Querino* foi de longe o favorito entre os ouvintes. Também pudera: tem trechos de músicas de nomes como Jorge Ben, Elizeth Cardoso, Milton Nascimento, Chiquinha Gonzaga e Racionais. Daí o desafio de, em um capítulo que parte da mesma estrutura, traduzir esses "códigos quentes" para o "plano do papel frio".[1] Tarefa impossível. Um alento é que, assim como nas demais páginas deste livro, quem já ouviu o podcast encontrará aqui mais do que uma simples transcrição. Mas, diferentemente dos demais capítulos, neste não há somente aprofundamentos e novas informações. Embora me orgulhe muito do episódio, percebi depois — alertado com muita delicadeza pelo historiador Rafael Galante, que gentilmente compartilhou comigo seus conhecimentos e algumas leituras — que, ao escrever o roteiro, acabei em alguns momentos incorrendo numa visão estereotipada da música brasileira. Por isso, este capítulo trará também importantes ajustes em relação ao podcast. Espero que você goste.

Parte 1

Angola, Congo, Benguela
Monjolo, Cabinda, Mina
Quiloa, Rebolo
Aqui onde estão os homens
Há um grande leilão
Dizem que nele há uma princesa à venda
Que veio junto com seus súditos
Acorrentados em carros de boi
Eu quero ver
Eu quero ver[1]

No Réveillon de 1995 para 1996, foi realizado um show na praia de Copacabana, no Rio de Janeiro, em homenagem a Tom Jobim, que tinha morrido um ano antes (em dezembro de 1994). A nata da música popular brasileira estava reunida: Gilberto Gil, Caetano Veloso, Chico Buarque, Paulinho da Viola, Gal Costa e Milton Nascimento.

Eu não tinha idade para estar lá e nem morava na cidade na época, mas só de ver os vídeos dá para perceber que foi um show histórico. Tanta gente incrível junta no palco. Digamos que, se fizessem uma Copa do Mundo de música e o Brasil mandasse essa seleção — com mais mulheres, claro —, estaríamos bem demais. Altas chances de título.

Mas o show acabou também marcado por algo bem chato — para não dizer coisa pior — quando vieram à tona os cachês: cada artista recebeu 100 mil reais (em valores da época), menos o único sambista do grupo: Paulinho da Viola, que ganhou só 30 mil reais.

Os demais artistas não tiveram nada com isso, foi uma decisão da organização do evento — que resultou em um fuzuê danado. Uma das organizadoras chegou a dizer que a culpa pela diferenciação era de Paulinho e da forma como ele conduzia a própria carreira:

> As outras pessoas têm escritórios e dão empregos a assessores e empresários justamente para evitar que uma m... dessas aconteça. O Paulinho trabalha no fundo do quintal da casa dele. Acho que ele tem o mesmo valor artístico dos outros. No entanto, ele não pode ganhar igual por causa da maneira como administra a carreira.[2]

Não tem muita sutileza nem camada a ser desvelada em um episódio assim. O próprio Paulinho chegou a comentar à época: "A história do samba e, implicitamente, a história dos negros, tem sido preterida há muitos anos".[3] Para muita gente que acompanhou o caso, ficou evidente que se tratava de um preconceito contra o samba.

Como se o samba — uma das maiores ou, talvez, a maior expressão cultural negra brasileira; ou a maior expressão cultural brasileira — fosse menos MPB. Como se o samba nem fosse MPB. "MPB", essa coisa elevada, que veio lá da bossa nova e se desdobrou em outras coisas tão finas quanto, ao longo do tempo.

E é muito absurda essa ideia porque...

O que será de mim
Sem ela?
Na minha vida
Nem é bom pensar[4]

Num pedacinho de terra
Com madeira e tijolo
Fiz meu lar[5]

Quem cantou essas duas músicas — dois sambas — em 1951 foi um tal de João Gilberto (1931-2019), um homem branco que, sete anos depois dessas gravações, criou a bossa nova. A primeira gravação da bossa nova, composta por Tom Jobim (1927--1994) e Vinicius de Moraes (1913-1980), é um samba na voz de Elizeth Cardoso (1920-1990), uma mulher negra.

Vai, minha tristeza
E diz a ele que
sem ele não pode ser[6]

A versão de João Gilberto foi gravada um mês depois, com um novo arranjo, e lançou a carreira dele como a grande estrela da bossa nova. O próprio João Gilberto sempre reconheceu que o samba está na origem da bossa nova.

Deixa que o meu samba
Sabe tudo sem você[7]

Eis aqui este sambinha
feito numa nota só[8]

Eu nasci com o samba
No samba me criei
E do danado do samba
Nunca me separei[9]

A bossa nova não existiria se pessoas negras não tivessem criado o samba, décadas e décadas antes. E mais: antes de Tom, Vinicius e companhia, havia Johnny Alf (1929-2010), pianista, cantor e compositor que, em 1956, gravou "Rapaz de bem". Todos os elementos do que depois ficaria conhecido como a bossa nova já estavam ali: a melodia, o jeito de cantar, as escalas pouco convencionais...

Você bem sabe eu sou rapaz de bem
A minha onda é a do vai e vem
Pois com as pessoas que eu bem tratar
Eu qualquer dia posso me arrumar[10]

Diferentemente dos rostos e nomes que ficaram conhecidos pela bossa nova, Alf era negro. Negro, gay e umbandista. "O que eu sei; eu não presenciei, mas o que eu sei é que os meninos iam lá para a boate Plaza para ouvir Johnny Alf. O Johnny Alf foi professor de muita gente", disse a cantora Alaíde Costa, que participou dos primeiros passos da bossa nova.[11] Os "meninos" a que ela se referiu eram Tom Jobim e Vinicius de Moraes, que, acompanhados de João Gilberto, assistiam às apresentações de Alf pelos pianos-bar de Copacabana.

Alaíde, uma mulher negra, compôs com Tom e Vinicius, gravou músicas deles e de outros nomes da bossa nova como Roberto Menescal e Ronaldo Bôscoli (1928-1994). Mas, assim que o movimento ficou famoso, deixou de ser lembrada.

> Participei de vários momentos da bossa nova ali no comecinho, como as apresentações em faculdades, colégios e tudo mais. Mas, depois que a bossa nova ficou famosa, quando fazia aniversários de não sei quantos anos, eu nunca fui convidada. Ou melhor: fui convidada uma única vez, quando completou dez anos. Depois, nos quinze, vinte, não sei quantos anos, eu nunca mais fui convidada. E eu acho que aí a coisa ficou, assim, bem acentuada como um racismo.[12]

As pessoas negras foram vitais não só para a criação da bossa nova. Não existiria música brasileira se não fosse pelos africanos e seus descendentes. Quer dizer: até teria, mas nada parecido com o que é internacionalmente cultuado como música brasileira.

O que há de melhor na nossa música veio de negros e indígenas, do talento de pessoas que, como forma de resistência, de lazer, de trabalho, de dar vazão tanto ao sofrimento quanto à criatividade, pegaram aquela coisa chata e antiga que chegava da branca Europa, juntaram com os conhecimentos, as rítmicas e as diferentes harmonias africanas e dos povos originários; juntaram tudo, bagunçaram, melhoraram... e transformaram em algo novo.

Criaram a música brasileira. E você vai entender como.

Parte 2

Aqui onde estão os homens
Dum lado, cana-de-açúcar
Do outro lado, o cafezal
Ao centro, senhores sentados
Vendo a colheita do algodão branco
Sendo colhido por mãos negras
Eu quero ver
Eu quero ver[1]

Quando d. João VI veio para o Brasil, fugindo da guerra e de Napoleão, trouxe um monte de músicos portugueses. E uma das primeiras medidas do monarca foi criar, lá naquele terreno que tinha sido doado por um traficante, uma Capela Real, anexa ao Palácio de São Cristóvão. Cinquenta cantores e cem instrumentistas se apresentavam nas missas: uma das maiores orquestras do mundo na época.

Para comandar essa turma toda, d. João VI chamou um músico brasileiro. Não por causa do simbolismo do gesto, mas porque o músico era bom demais. Foi descrito como "o maior improvisador do mundo" pelo pianista e compositor austríaco Sigismund von Neukomm (1778-1858), que vivia no Rio de Janeiro.[2]

O brasileiro também compunha muito, tanto que suas músicas são tocadas e ensinadas até hoje, aqui e no mundo: ele era padre e se chamava José Maurício Nunes Garcia (1767-1830). De tão prestigiado, ele foi escolhido para dirigir a missa que celebrou a elevação do Brasil em 1815, quando o território deixou de ser colônia e foi promovido à condição de Reino Unido a Portugal e Algarves.

Quando, em 1821, estourou a revolta em Portugal que exigiu o retorno de d. João VI, rolou um arrocho salarial na Capela Real e o salário dos músicos, que já não era lá essas coisas, foi reduzido a menos de um quarto.

Fora isso, o padre José Maurício nunca havia recebido um centavo da Coroa por suas centenas de composições. Nessa época não havia direitos autorais, *royalties*, essas coisas. E, apesar de todos os predicados dele, os músicos portugueses, maioria na orquestra da Capela Real, resistiam a ser comandados por um brasileiro que nunca tinha saído do país para estudar nos grandes conservatórios.[3]

Os portugueses também faziam questão de apontar o "defeito físico visível" do padre José Maurício: o maior improvisador do mundo, o autor de composições que são gravadas até hoje, tinha o "defeito de cor". Era negro. Filho de um português com uma mulher escravizada, José Maurício foi "ordenado padre para conseguir sobreviver como músico naquela sociedade racista e separatista".[4]

Apesar de todo esse talento, o padre acabou tendo um fim de vida bem difícil; na miséria, mesmo. Coisas do Brasil.

Que eu ame tanto
Sem ser amado
Sou infeliz
Sou desgraçado[5]

Essa música é de autoria dele. Uma modinha, considerada um dos primeiros ritmos a se tornarem realmente populares em várias partes do país. Padre José Maurício não foi o criador, mas foi um dos principais responsáveis por popularizar o gênero.[6]

Foi lá pelos anos 1800 que começaram a chegar outros ritmos vindos da Europa, especialmente de Portugal, como a valsa e a polca. Mas já tinha gente fazendo música há muito tempo no Brasil. A partir da influência indígena surgiu, por exemplo, o cateretê, que depois acabou virando o ritmo básico da chamada "música caipira".

E havia, claro, os africanos. Há uma série de registros bem antigos de manifestações musicais entre as pessoas escravizadas. À época, em geral as autoridades só descreviam tudo como "batuque", que é um danado de um reducionismo. Qualquer reunião de pessoas negras envolvendo música — fosse por lazer ou por contexto religioso, ou por qualquer outro motivo — era descrita como "batuque".

E música, no continente africano, sempre foi coisa muito séria. Para diversos grupos, os instrumentos musicais eram centrais "na educação das crianças, no processo de aprendizagem das normas de convivência grupal, tendo posição de destaque nas religiosidades e nas filosofias", escreveu Salloma Salomão.[7]

Foi pela influência dos africanos que surgiu uma das primeiras músicas afro-brasileiras: o maracatu, ainda no século 17, em Pernambuco, com participação indígena. Assim como o maracatu, há outra tradição musical afro-brasileira que resiste até hoje: o jongo, que surgiu no século 19 e é uma união entre música, sagrado e culto aos ancestrais.

Aliás, quando escrevo "música" e "africanos", você provavelmente está pensando em percussão. E a percussão é mesmo uma das bases das culturas africanas. Mas não é só percussão. E por "só" não quero dizer que percussão é pouca coisa; como se fosse fácil ou menos importante.

Hierarquicamente, em sociedades pautadas pelo pensamento europeu — como a nossa —, os instrumentos de percussão são colocados "abaixo" dos de harmonia. Um pianista é entendido como "mais músico" do que um baterista, por exemplo. Para além do reducionismo que é fazer esse tipo de hierarquização, a ideia de que o continente africano era "só tambor" também é uma construção equivocada, pois, além de ritmo, também sempre existiu harmonia e melodia.

RAFAEL GALANTE: Essa divisão estrutural entre ritmo, harmonia e melodia sequer faz sentido para as culturas musicais africanas. Para o africano, essa divisão é antinatural. A noção de ritmo para o africano já pressupõe um encadeamento harmônico, não é simplesmente uma célula rítmica que está sendo tocada ali. O timbre do instrumento, que para o europeu é somente uma "cor", para o africano é essencial para a construção do encadeamento harmônico entre as vozes de cada instrumento. O ritmo já é pensado numa chave que é, ao mesmo tempo, harmônica e melódica.*

Boa parte das sociedades africanas são tonais, em que uma mesma palavra pode ter significados diferentes de acordo com o tom em que se fala.

RG: E isso permite que os instrumentos musicais falem, literalmente. Não é um código Morse, não é um número de divisões que o sujeito precisa fazer conta para entender o que está sendo dito; ele ouve o tambor falar. A cultura musical ocidental nunca chegou a esse grau de sofisticação. Nosso ouvido é desafinado porque pensamos a música separada da língua. Nas sociedades africanas, um tambor, um instrumento de corda, uma flauta, um sino, um agogô; esses instrumentos falam. A pessoa ouve essa microtonalidade como uma sílaba, uma palavra ou uma frase. Claro que isso não se aplica a todas as culturas musicais africanas, mas se aplica à grande maioria delas, e a todas as que participaram da diáspora para o Brasil.

* Rafael Galante é historiador, pesquisador e escritor.

O historiador pesquisou o uso que africanos e afro-brasileiros deram para os sinos das igrejas católicas no Brasil.[8]

RG: Tanto na Europa quanto na África Atlântica, a comunicação do Estado e da religião passava por sinos. Para os europeus, aquilo era um código — número de badaladas, o tipo de jeito de se tocar etc. Mas, para os africanos e afro-brasileiros, era uma comunicação literal. Por isso que a sede das maltas de capoeira ficava nas torres dos sinos: os capoeiristas faziam uma "batalha de sino" antes da batalha na rua. E não só isso: conseguiam combinar uma rebelião ou comunicar sobre uma gira que aconteceria; tudo por meio do badalar dos sinos.

Harmonia e melodia estavam presentes também nos instrumentos musicais no continente africano. Antes de qualquer interação com os portugueses já havia uma "desconcertante variedade" de instrumentos na África: percussivos, mas também de cordas e sopro, conta Salloma Salomão.

A variedade de ritmos existente no contexto das sociedades africanas foi confundida, ao menos inicialmente, com ausência de conhecimentos harmônicos. Entretanto, quando os estudos etnomusicológicos ativeram-se à música vocal, aos instrumentos de sopro, aos grupos de xilofones, instrumentos de cordas, esses preconceitos começaram a ceder lentamente.[9]

É toda uma visão diferente de música e de mundo.

Kazadi Mukuna chamou a atenção sobre a questão da sobreposição de fórmulas rítmicas ternárias e quaternárias na cultura musical dos Bakuba e Baluba, e da relação dessas estruturas rítmicas com a concepção de tempo musical circular, que aos ouvidos dos europeus pareciam algo caótico. Até que o conceito de polirritmia pudesse emergir como a única maneira de compreensão possível para definir tais formas sonoras, chegou-se a formular a ideia de que os africanos não tinham noções nem de tonalidade, assim como de ritmo.[10]

Polirritmia é a superposição de ritmos ou métricas diferentes. Existe há centenas de anos e está na origem de vários gêneros musicais não só no Brasil, mas em outros países que também receberam africanos escravizados, como Cuba — onde surgiu a rumba. A musicalidade africana tinha também o canto sincopado — quando se deixa de cantar a palavra no instante em que se espera que ela seja cantada.[11] A síncope é uma das bases do jazz, nos Estados Unidos.

E tem mais gênero afro-brasileiro nesse caldeirão. Segundo Rodrigo Faour, a primeira manifestação cultural negra a ser aceita pela sociedade branca colonial foi o lundu.[12] Surgiu na Bahia, depois chegou ao Rio de Janeiro e a Pernambuco. Primeiro, era uma dança; depois, um gênero musical. As letras eram meio cômicas, indiscretas.

Quem dá beijo em mulher velha
Que tem boca desdentada
Logo fica com dor de dente
E a barriga destemperada
Bolimbalacho, bola em cima, bola embaixo[13]

Faour também considera o lundu nosso primeiro ritmo afro-brasileiro importante, pois foi fundamental na formação de outros ritmos que vieram na sequência. Como o tango brasileiro, uma mistura de polca, *habanera*, tango espanhol e lundu;

o choro, que juntava polca, tango brasileiro e lundu; e o maxixe, uma mistura de polca com lundu, de tango com lundu...

Antes de começar a dar dinheiro, música no Brasil era quase que exclusivamente coisa de negro. "Senhores" e "sinhás" costumavam formar bandas de escravizados para tocar música erudita em suas festas, com os mais variados instrumentos. A mão negra que colhia o algodão, a cana ou o café era a mesma que empunhava o arco do violino, para o deleite dos escravistas. Virou também oportunidade de trabalho para pessoas negras livres, claro.

E, fora das partituras europeias, havia ainda uma música de origem africana produzida "para além dos nobres salões de espetáculo da elite", fora das instituições, conservatórios, teatros e óperas.[14] Afinal, a sanha das elites por importar números recordes de escravizados (até a efetiva proibição do tráfico, em 1850) tornava o Brasil cada vez mais "africano" na cultura e na vida das cidades. O Rio de Janeiro, por exemplo, era uma cidade "acostumada à presença musical africana" na primeira metade do século 19, escreveu Rafael Galante:

> Os cantos africanos dos trabalhadores da estiva marcam o ritmo do cotidiano nas operações de carga, descarga e armazenagem dos trapiches do porto. Os pregões (à capela, ou acompanhados de música instrumental) entoados pela multidão de carregadores, vendedores ambulantes e quituteiras, em largos como o de S. Domingos, da Sé, ou da Carioca, ou no grande mercado da Candelária, dão à cidade, segundo a crônica estrangeira da época, um aspecto de grande feira africana.[15]

Lundu, tango brasileiro, choro e maxixe foram alguns dos gêneros e ritmos que chegaram à superfície, que foram aceitos pela sociedade branca de consumo. Foram registrados em disco a partir do início do século 20, quando as primeiras músicas foram gravadas no Brasil.

Mas não eram os únicos gêneros e ritmos que existiam.

O estudo da música popular do passado através dos discos apresenta vários tipos de problemas. O primeiro deles é que, sendo o único registro sonoro de determinada época, os discos não são necessariamente o retrato fidedigno da música popular em questão. Em outras palavras: assim como os lundus para piano e canto que estão nas partituras do século passado não são os mesmos lundus que soavam nos divertimentos daqueles que não liam partituras e nem possuíam pianos, também os sambas das gravações dos anos 1920 e 30 não seriam necessariamente os mesmos da Casa da Tia Ciata ou dos botequins do Estácio.[16]

RG: O processo de construção da música brasileira é feito muito mais de perdas do que de ganhos. Como historiador, me interessa mostrar o que ficou pelo caminho, todo o patrimônio cultural do qual as comunidades negras tiveram de abrir mão para existir numa sociedade como a nossa. Pensar a história da música no Brasil só pelas músicas que chegaram a ser gravadas é como se estivéssemos olhando um espectro de onda, mas só considerando a faixa do meio, por exemplo. Você despreza tudo o que está embaixo e em cima. Pensar a história somente por essa linha do lundu e do maxixe é pensar no consumo branco da cultura negra, e não na história da cultura negra. Entraram lundu, maxixe e samba, mas e o que não entrou? E o que não foi gravado? O que está hoje no Spotify não reflete toda a produção musical que está rolando neste momento. Se hoje já é difícil gravar um disco, imagine naquela época.

Parte 3

EDINHA DINIZ: A música popular brasileira foi e é feita por muitos. É onde sentimos o sangue brasileiro correr na cultura. Nenhuma outra manifestação cultural e artística traz tanto de brasilidade quanto a música.*

Edinha Diniz é a biógrafa de uma mulher que foi decisiva para o "nascimento" do que viria a ser chamado de música popular brasileira.

ED: Ela foi fundamental nessa fase de formação por misturar a música europeia com elementos da rítmica africana. Em cima de valsas, polcas e tangos, principalmente, mas de todos os outros gêneros de música principalmente dançante, Chiquinha agregava a rítmica africana, encaminhando essa música para que se tornasse brasileira. Nenhum compositor deu uma contribuição tão grande e trabalhou tanto essa transição como ela. Chiquinha Gonzaga é um exemplo para a mulher brasileira. É uma inspi-

---

* Edinha Diniz é professora, pesquisadora e socióloga.

ração na luta das mulheres por liberdade e dignidade. Um exemplo de pioneirismo. Foi uma mulher transgressora num momento em que [...] a música popular ainda não estava nas ruas, nos grandes espaços. Era praticada em salão por sinhazinhas — a mulher era uma grande executante de música. Na sociedade escravista, imperial, os dois grandes elementos sociais executores de música foram a mulher e o escravizado. Ou seja: os elementos sociais mais oprimidos e que, portanto, tinham mais necessidade de expressão. Só que a mulher praticava na sala de visitas. Algumas compunham, poucas publicavam, chegavam a editar. Mas nenhuma ousava pular a janela porque colocava

Francisca Edwiges Neves Gonzaga,
a Chiquinha Gonzaga

em risco a sua reputação. Não havia possibilidade de a mulher se profissionalizar. E era essa a ousadia que Chiquinha Gonzaga praticava.

Dependendo de quando você nasceu e das referências que teve, pode ser que, ao pensar em Chiquinha Gonzaga, imagine uma mulher branca. É que, em 1999, uma minissérie de bastante sucesso sobre a vida dela foi exibida na TV Globo. Duas atrizes interpretaram Chiquinha: na fase jovem, Gabriela Duarte.

Jacinto Ribeiro do Amaral **(Marcello Novaes):** Senhora Francisca...
Chiquinha Gonzaga **(Gabriela Duarte):** Eu quero ir! Senhor Jacinto, por favor, vamos acompanhar meus amigos a uma dança de negros?
Jacinto Ribeiro do Amaral **(Marcello Novaes):** O quê?![1]

E, no papel de Chiquinha mais velha, Regina Duarte, mãe de Gabriela. Aquela Regina Duarte...

Henrique Alves de Mesquita **(Milton Gonçalves):** É, Chiquinha! Chiquinha, é, me permita lhe apresentar José do Patrocínio, grande poeta e grande jornalista.
José do Patrocínio **(Maurício Gonçalves):** Sua música corre no meu sangue.
Chiquinha Gonzaga **(Regina Duarte):** É porque nosso sangue sai do mesmo coração africano.[2]

Regina e Gabriela, caso você não saiba, são brancas. Mas essa minissérie não foi a primeira produção artística a retratar Chiquinha como uma mulher branca. Antes disso houve uma peça de teatro nos anos 1990 e um desfile da escola de samba Imperatriz Leopoldinense em 1997, por exemplo.

ED: Até então, só tínhamos o registro de que ela era morena, trigueira... Foi só em 2009, portanto, dez anos depois da minissérie e muitos anos depois do teatro, que eu trouxe na segunda edição revista e atualizada da biografia a documentação da cúria metropolitana, dos livros-registros da Igreja católica, com a origem de Rosa, mãe de Chiquinha, e de Tomásia, sua avó escravizada.

A mãe de Chiquinha só não foi escravizada porque foi libertada na pia batismal. Isso era algo que acontecia às vezes: o bebê nascia escravizado — algo horrível de escrever, enfim, mas permitido pela lei da época — e era libertado pelo proprietário no momento do batismo.

Aos quinze anos de idade, Rosa engravidou pela primeira vez de José Basileu, um homem branco de família tradicional da Corte.[3]

ED: Então Chiquinha era fruto de um homem branco de olhos claros, de família socialmente bem situada, e de uma mestiça alforriada na pia batismal. Portanto, a Chiquinha era neta de uma escravizada. Mas o pai deu à primogênita uma educação esmerada em casa, [incluindo] aulas com um professor de piano, visto que a música fazia parte da educação de uma mocinha. Chiquinha Gonzaga teve um grande trânsito social possibilitado pelo pai e pela educação, mas não traiu sua origem afrodescendente. E mais: ela incorporou na sua obra a herança africana. É evidente a rítmica de origem africana que ela imprimiu. E muitas das suas partituras são nitidamente africanas, como o jongo, o cateretê... Ela assinou partituras de música negra, imprimiu e incorporou a rítmica do lundu, principalmente, às polcas e tudo mais. Então, mais do que reconhecer a sua origem afrodescendente, Chiquinha contribuiu para integrar as culturas branca e negra.

Chiquinha compunha também trilhas de operetas e peças de teatro. Em 1912, ela criou "Forrobodó", peça que bateu todos os recordes de público e chegou a ter impressionantes 1500 apresentações. O elenco era formado por dez negros e só um branco. Se isso é algo ainda disruptivo hoje, imagine naquela época.

Ela também foi pioneira na luta pelos direitos autorais dos compositores. Certa vez, em uma excursão por Portugal, encontrou várias partituras de músicas que havia composto, mas que estavam com os nomes de outros compositores. Revoltada, criou a primeira associação arrecadadora de direitos do Brasil, em 1917.

Talvez você não saiba, mas conhece pelo menos uma música de Chiquinha. No mínimo a mais famosa de todas:

Ô, abre alas, que eu quero passar
Ô, abre alas, que eu quero passar
Eu sou da lira, não posso negar
Rosa de Ouro é que vai ganhar[4]

"Ô, abre alas" é considerada a primeira música composta especificamente para o Carnaval. Era uma referência a um cordão que passava bem debaixo da janela de Chiquinha.

ED: O cordão se chamava Rosa de Ouro e, nessa marchinha, a Chiquinha deixou muito evidente o seu espírito determinado. Ela não tinha dúvida tanto da vitória da Rosa de Ouro como da sua vitória pessoal. Ela se adiantou no tempo porque o Carnaval da época, nos salões, era dançado ao som de música europeia, e nas ruas tinha apenas a bumba, percussão...

Há um outro clássico de Carnaval composto por uma mulher negra que, com certeza, você também conhece — mas, muito provavelmente, não sabe o nome da canção ou da autora. Pense em um frevo. Que música lhe vem à mente? Aposto uma camisa do Galo que foi "pã pã-rã-rã pã-rã rã-rã/ pã pã-rã-rã pã-rã rã-rã...". É o mais famoso frevo e uma das músicas brasileiras mais conhecidas. O nome é "Marcha nº 1 Vassourinhas", composta por Joanna Baptista Santos e Mathias da Rocha, que eram primos — e negros.

Ainda que, por ser mulher e negra, Chiquinha tenha sido invisibilizada e, mesmo quando reconhecida, embranquecida, Joanna praticamente sumiu da história — salvo, claro, os valorosos esforços que vêm de Pernambuco, um deles o documentário *Joanna: se essa marcha fosse minha* (2019), de Camerino Neto, Maíra Brandão e Tatiana Braga. O filme encontrou o registro em cartório da música, feito por Joanna em 1909:

> A marcha intitulada Vassourinhas pertencente ao Clube Carna Mixto Vassourinhas. Foi composta por mim e o maestro Mathias da Rocha no dia 6 de janeiro de 1909, no Arrabalde de Beberibe em um Mocambo de frente à estação do Porto da Madeira, dito mocambo, hoje é uma casa moderna.[5]

Joanna não morava na Corte. E também se diferenciava da musicista carioca por outro aspecto: Chiquinha, com evidentes traços afrodescendentes, era o que hoje entendemos como uma mulher negra de pele clara. Já Joanna era uma mulher preta, cujas tentativas de "embranquecimento", pela sociedade, teriam sido bem mais difíceis.

Joanna Baptista Santos

Joanna e Chiquinha assumiram posições de protagonismo, ainda que a sociedade tenha falhado com elas. Mas os impactos de "Marcha nº 1 Vassourinhas" e "Ô, abre alas" permanecem, mais de um século depois.

ED: Ao compor essa marchinha para o cordão, Chiquinha se antecipou, porque só dezoito anos depois o Carnaval passaria a ter música própria, composta para a festa, com o samba carnavalesco "Pelo telefone", em 1917.

O chefe da folia
Pelo telefone
Manda me avisar
Que com alegria

Não se questione
Para se brincar[6]

Por muito tempo, "Pelo telefone" foi reconhecida como o primeiro samba gravado, mas há duas polêmicas quanto a isso. Há quem diga que não se trata de um samba, mas de um maxixe. E houve quem reclamasse que, apesar de o registro ter sido feito por Ernesto Joaquim Maria dos Santos (1889-1974), o Donga, a composição teria sido feita a várias mãos.

Fato é que "Pelo telefone" é um marco da história do Brasil, já que, na época, o mais comum era a existência de criações coletivas pelas quais os compositores acabavam não sendo reconhecidos nem remunerados. Ao fazer o registro, Donga assumiu uma postura inédita de compositor, de dono da obra.[7]

Ernesto Joaquim Maria dos Santos, o Donga

Ele era um especialista em samba, mas não só: "Estudara e praticara choro, violão solo e 'outras coisas mais'. Além disso, havia composto muito mais música que 'Pelo telefone', e viajado bem mais do que se imaginava", escreveu Lurian Lima. Foi "um dos mais bem-sucedidos musicistas 'de cor' a construir carreira no pós-Abolição no Brasil". Para sua tese, Lima entrevistou uma neta de Donga, Marcia Zaíra, que disse: "Meus avós [Donga e Zaíra Oliveira] eram um casal top de classe média alta e preto! Você imagina o que era isso para a época! Vovó tinha casacos de pele chiques, era poliglota, teve muita importância para meu avô. Eles eram um casal intelectual".[8]

Mas agora o bicho pegou porque acabamos caindo de novo no samba.

E no samba a coisa fica séria.

ACAUAM OLIVEIRA: Se pegarmos a história do samba, podemos pensar numa história de resistência do povo negro dentro do território nacional, tentando encontrar formas de se relacionar com esse grande significante "brasileiro". [...] A música é uma invenção popular, do povo brasileiro e sobretudo dos negros. O samba, por exemplo: você tem um povo que era escravizado, abandonado nos grandes centros urbanos, nas cidades, no Rio de Janeiro, em Salvador, um pouco em São Paulo também etc.; e que vai criar formas de sobrevivência em um Estado que o criminalizava por meio de diversos mecanismos legais, como a Lei da Vadiagem. Um povo que criou formas de sobrevivência e novas linguagens; que criou formas de adaptação de aspectos da sua cultura a uma linguagem moderna.[*]

---

[*] Acauam Oliveira é professor e crítico musical.

O sociólogo e jornalista Muniz Sodré escreveu que a Casa da Tia Ciata — a baiana Hilária Batista de Almeida (1854-1924), quitandeira e curandeira —, considerada um dos mais importantes berços e redutos do samba no Rio de Janeiro e onde teria sido composto "Pelo telefone", simbolizava "toda a estratégia de resistência musical à cortina de marginalização erguida contra o negro em seguida à Abolição". Para Sodré, o samba já não era "mera expressão musical de um grupo social marginalizado, mas um instrumento efetivo de luta para a afirmação da etnia negra no quadro da vida urbana brasileira".[9]

Clóvis Moura, historiador e sociólogo, chamava isso de "cultura de resistência", algo praticado pelos negros desde que os primeiros africanos foram desembarcados no Brasil.

> [...] o negro transformou não apenas as suas religiões, mas todos os padrões de suas culturas em uma cultura de resistência social. Essa cultura de resistência, que parece amalgamar-se no seio da cultura dominante, no entanto desempenhou durante a escravidão (como desempenha até hoje) um papel de resistência social que muitas vezes escapa aos seus próprios agentes, uma função de resguardo contra a cultura e estrutura de dominação social das opressões.[10]

Para além da genialidade da arte, da criação artística, da necessidade e do desejo de se expressar, a música era também um mecanismo de defesa contra a cultura dominante imposta pelos opressores brancos. Empurravam uma única cultura "aceitável" sobre o povo negro, e o povo negro empurrava de volta. E mais forte.

AO: E o samba foi, talvez, uma das primeiras formas de linguagem moderna que tivemos no país, pensando na urbanização e tal. A música popular brasileira, diferentemente de outras linguagens — como a literatura, que, ao ser importada, chegou aqui já formatada e foi adaptada, mas que vinha das elites de cima e se impunha para baixo —, era de criação dos de baixo e que se impunha para cima.

Empurra, que empurramos de volta.

AO: O negro brasileiro criou. Aquilo que chamamos de música popular é uma criação negra, que apresenta aspectos da tradição negra e, portanto, de uma ancestralidade que, no entanto, por ser negra, é ultramoderna, não é tradicional. A contribuição da cultura negra para a música popular brasileira foi a sua invenção. A sua criação. Não fosse esses sujeitos, ela não haveria.

E daí você lembra de toda aquela história do show no Réveillon? Dá para enxergar uma linha nisso tudo, a partir do passado. Claro que não é uma linha evolutiva, nada disso — como se os gêneros musicais posteriores fossem melhores do que os anteriores; mais "evoluídos". É só uma ideia de continuidade: de que uma coisa acaba surgindo por influência da outra.

Primeiro já estavam aqui os indígenas, povos musicais; chegam uns ritmos europeus, coisa de cravo, de piano... os africanos pegam aquilo, juntam com tudo o que traziam, constroem algo novo e vêm maracatu, jongo, lundu, cateretê, choro, maxixe, samba...

Daí temos a genialidade de um Pixinguinha, uma Tia Ciata, um Donga e uma Clementina de Jesus... A turma da bossa nova bebendo desse samba, tomando inspiração... E esse caminho leva à MPB, um "guarda-chuva" que, na teoria, reúne sob ele toda a *diversidade* da nossa música. "Música Popular Brasileira", com M, P e B maiúsculos. A nossa *brasilidade*.

AO: Montei um curso com o nome "Música Preta Brasileira". E de vez em quando aparece alguém dizendo: "Ah, mas por que falar em música 'preta' brasileira? Música não tem cor! O que existe é música brasileira". E é muito curioso como essa ideia de nação serve para eliminar diferenças e homogeneizar aquilo que seria da ordem de uma pluralidade em conflito.

Quando se homogeneíza, geralmente algo fica de fora. E, nesse caso, muita coisa ficou.

O Brasil do pós-Abolição é o país das inúmeras tentativas de eliminação de quaisquer traços de negritude e africanidade. A meta era branquear a população e a sociedade, a todo custo. Mas, por mais que tentasse, o Estado brasileiro não conseguia eliminar todos esses traços. A solução, então, foi chamar tudo isso de "nacional". A construção da nossa *brasilidade* faz parte do projeto de branqueamento e, consequentemente, de apagamento da negritude. Segundo Lurian Lima,

> no projeto brasileiro de embranquecimento, o que é nacional não é, e não pode ser, negro apenas, há que ser mestiço e pode tornar-se branco. Ao dizer que o samba e choro ou qualquer de seus gêneros diletos é "brasileiro", o músico, intelectual ou político branco nacional pouco comprometido com a mudança real do status quo das relações raciais se livrava da culpa de excluir, aproveitar-se ou violentar (individual ou estruturalmente) a população negra. Ele não estava apropriando-se da cultura de pessoas desprezíveis que — achava ele, no fundo — atrasavam o país, estava apenas reafirmando a posse de sua (suposta) cultura nacional.[11]

Um texto de Paulo da Costa e Silva, professor e pesquisador, nos deu a ideia de abrir o episódio, e depois o capítulo com aquela história do show em homenagem a Tom Jobim. Paulo escreveu sobre esse grande "guarda-chuva" da MPB, que tomou emprestada a tradição do samba, mas nunca se integrou de fato a ela. E fez uma analogia: era como se um temporal caísse no palco, na hora do show; todos estavam embaixo do guarda-chuva: Chico, Caetano, Gal..., mas Paulinho da Viola, o representante do samba, era o único com parte do corpo para fora, tomando chuva.[12]

> **AO:** O brasileiro tem esse pressuposto homogeneizador que acaba por negar particularidades, o que sabemos ser uma forma de ocultar o processo de extermínio ainda em curso da população negra no Brasil.

Por isso que a ideia de uma "linha evolutiva" da música é criticada por pesquisadores, assim como o discurso de uma música "nacional".

> **RAFAEL GALANTE:** Claro que a música brasileira é sensacional, não a estou colocando em xeque. Mas o ponto é: isso [o discurso da nacionalidade] nos impede de ver que há muito mais semelhanças do que diferenças na experiência histórica dos músicos racializados no Brasil em relação aos músicos racializados de qualquer outro lugar da diáspora. Tem muito mais semelhanças entre um músico negro do Harlem [bairro de Nova York, nos Estados Unidos] e um músico negro de Madureira [bairro do Rio de Janeiro] do que entre um músico negro de Madureira e um músico branco do Leblon. Só que o discurso da nacionalidade é tão forte que perdemos de vista a dimensão da diáspora, que é necessariamente transnacional.

Não era uma ou algumas poucas linhas de música brasileira que estavam sendo produzidas ao longo do tempo — mas um novelo cheio delas. Fios diversos, sobrepostos ou não, indo para as mais variadas direções. Mas só foram preservadas e elevadas ao "cânone" as linhas que ajudavam a reforçar o discurso de um suposto protagonismo branco. Como escreveram Allan da Rosa e Deivison Faustino,

> desde lundus e maxixes, as invenções de preto vão sendo colocadas no colo alvo, aparadas para constar no cartaz, encaixadas no holofote da avenida e ordenadas na prateleira das lojas ou nas cartilhas para se tornarem marca nacional ou artigo de consumo das classes médias. Aqui, criações pretas são celebradas desde que empalidecidas no seu miolo ou na doma dos seus lucros, enquanto as costas escuras seguem levando botinadas, gases lacrimogêneos e tomando cartões vermelhos para não contaminar as negociatas nem constranger o festejo que deve se tornar mais palatável.[13]

RG: Quando ouvimos a célula rítmica do tamborzão do funk, as pessoas comparam com o toque do congo de ouro ou com a base rítmica da dança do maculelê. Não é a mesma coisa, mas de alguma maneira são coisas que estão interagindo. É um patrimônio cultural secular interagindo com as novas estéticas, com as novas linguagens da música negra periférica. Essa cultura musical que começou a chegar no Brasil lá no século 16 informa continuamente as culturas musicais negras até os dias de hoje. É o que o Wilson das Neves diz naquele documentário *As batidas do samba* (2010): "Ninguém inventou nada. Alguém pegou na prateleira. Estava voando e pegou".

E um desses muitos outros fios de protagonismo negro está simbolizado em um nome: o gênio que abriu vários desses caminhos.

AO: Ele não apenas seguiu nas transformações da MPB como uma vertente, mas inaugurou uma outra vertente que desaguou em uma outra história da música popular brasileira. Ao realizar o negro enquanto sujeito de si, totalmente sujeito de si próprio, ele reatualizou a música popular e recriou os seus caminhos.

O fundador de uma nova história da música popular brasileira. Bebendo de tudo o que veio antes, valorizando tudo o que veio antes, mas construindo outro futuro. Afrofuturista.

AO: E, ao fazer isso, ele reinventou a função do violão, reinventou a função do canto, reinventou a função da voz, reinventou o imaginário negro. E é por isso que eu o acho mais avançado do que o Pantera Negra [personagem de história em quadrinhos]. Porque o Pantera Negra fez isso até certo ponto, mas recolocou dentro da lógica do liberalismo norte-americano. Era o negro em liberdade sujeito à dinâmica do capital. O Jorge Ben não é isso: é o negro em liberdade plena, nos momentos em que consegue alcançar isso.

Jorge Ben.

Parte 4

Eu quero ver
Quando Zumbi chegar
O que vai acontecer
Zumbi é o senhor das guerras
É o senhor das demandas
Quando Zumbi chega
É Zumbi é quem manda
Eu quero ver
Eu quero ver[1]

Nos três "atos" do terceiro episódio do podcast, a jornalista Angélica Paulo, produtora e pesquisadora do *projeto Querino*, declamou a letra de "Zumbi", do Jorge Ben, essa que você tem lido na abertura das partes deste capítulo.

Sou fascinado por essa música. Jorge Ben começa falando os nomes de alguns dos povos e dos portos de embarque de africanos trazidos para o Brasil ("Angola, Congo, Benguela/ Monjolo, Cabinda, Mina/ Quiloa, Rebolo"). Depois, menciona uma princesa africana vendida em um leilão de escravizados — a escravidão trouxe integrantes de realezas africanas, de grandes reinos antigos cuja história começou muito antes de português sequer sonhar em pisar na África. Daí ele fala dos senhores brancos sentados, sem fazer nada, enquanto todo o trabalho era feito por mãos negras...

E termina com um aviso, que soa até como ameaça: "Eu quero ver/ quando Zumbi chegar".

Eu quero ver, ê-ê-ê-ê
Quando Zumbi chegar
O que vai acontecer[2]

ACAUAM OLIVEIRA: Uma coisa é pensar o Jorge Ben como um músico da tradição da MPB, da música popular brasileira, como o Jorge Ben do "País tropical", o Jorge Ben da festividade, da grande festa do Brasil, do futebol etc. Outra coisa é pensar o Jorge Ben como um músico no interior da Música Preta Brasileira, o que traz outras temáticas. Jorge Ben passa a significar uma outra coisa. Uma coisa é pensar o samba a partir dessa ideia de brasilidade, como "ah, samba, Carnaval, futebol"; nos confirmando, nós todos, pretos e brancos, como uma sociedade mestiça. Outra coisa é pensar o samba como resistência negra e, em grande medida, contrário a uma série de determinações e da confirmação do Estado nacional, como uma negação interna ao próprio conceito de identidade nacional.

Jorge Ben é filho de dois brasileiros, mas seus avós maternos eram etíopes. Ele já disse que a mãe era uma filha de nobres africanos que nasceu no Brasil por um descuido geográfico.[3]

AO: Dentro dessa tradição da MPB, ele é lido na chave de uma espécie de continuação diferenciada daquilo que o gesto inaugural do João Gilberto — que é outro gênio — havia criado. João Gilberto reatualizou o samba criando um outro modelo de samba. E Jorge Ben também criou um outro modelo de samba, muito próximo daquilo que o João Gilberto efetivamente havia feito. Só que em uma outra linguagem, mais percussiva.

Balança Pema
Balança sem parar
Arrasta as sandálias
Arrasta até gastar[4]

Aliás, a ideia aqui não é colocar Jorge Ben em oposição a João Gilberto. Muito longe disso: Ben sempre se disse devoto de João Gilberto.

AO: É muito difícil pensar Jorge Ben sem João Gilberto, porque João Gilberto inaugurou essa condição de possibilidade que vai ser a MPB. Se não fosse a revolução de João Gilberto, talvez Jorge Ben tivesse necessariamente que fazer samba, por exemplo. Essa ideia de uma linguagem autoral que tem presença nas gravadoras como uma aposta deve muito ao sucesso da bossa nova e, sobretudo, ao que João Gilberto conseguiu realizar com o violão. O próprio fato de ser voz e violão, e Jorge Ben também começou assim. Mas, por outro lado, tudo aquilo que não está em João Gilberto está em Jorge Ben. Ele não pensava na evolução musical a partir das relações harmônicas, ele transformou o violão em um instrumento de percussão. É como se o violão do Jorge Ben fosse uma espécie de atabaque que apontasse para tradições muito anteriores, mas ao mesmo tempo apontasse também para o futuro.

Essa menina mulher
Da pele preta
Não está me deixando dormir sossegado
Será que ela não pensa um pouco em mim?[5]

AO: Jorge Ben recuperou essa tradição negra inscrita no território nacional e na música popular brasileira muito fortemente, e a recriou apontando para o futuro, para uma espécie de redenção do povo negro. É por isso também que eu penso que aquela música "Moro num país tropical/ abençoado por Deus", que foi proposta, na época, como uma espécie de adesão ao paradigma nacionalista do regime [militar]... na verdade, o "país tropical abençoado por Deus" não era o país dos militares, e sim o do povo negro em liberdade, que só existe a partir do território nacional, mas fora do significante "nação" tal como pensado pelos militares. É o país do quilombo dos Palmares. Essa ideia é a de Jorge Ben como criador de uma mitologia negra, pensada a partir do amor e não da dor, pensada para fora daquilo que o colonizador fez do nosso povo, que foi a redução do corpo negro à condição de pura materialidade, de coisa, a redução radical da subjetividade ao corpo, como diz o Fanon... Jorge Ben conseguiu criar narrativas do povo negro, das mulheres negras.

Eu só quero que Deus me ajude
A ver meu filho nascer e crescer
E ser um campeão[6]

AO: É um horizonte de liberdade tão grande, pensado tão para fora do que o racismo faz de nós, que o cara fez um disco sobre alquimia. Aquele disco é uma das experiências mais radicais em termos de liberdade temática.

O disco é *A tábua de esmeralda*, de 1974.

AO: O que é aquilo?! Começa com alquimia, depois São Tomás de Aquino, daí tem música em inglês, vários sons, ritmos, temáticas... tudo de acordo com o desejo do sujeito. Como se o negro, dentro da sociedade brasileira — que é absolutamente racista e que tem o racismo em seu DNA... Jorge Ben construiu um imaginário em que o negro pode ser absolutamente qualquer coisa. Como nós efetivamente podemos ser, mas, obviamente, as condições de racialização da sociedade não permitem que sejamos. O imaginário de Jorge Ben conseguiu alcançar essa liberdade. O imaginário e a prática musical, efetivamente.

Pedi você
Pra esperar cinco minutos, só
Você foi embora
Sem me atender
Não sabe o que perdeu
Pois você não viu, você não viu
Como eu fiquei[7]

AO: É como se a singularidade que Jorge Ben atinge naquilo que faz na música dele fosse tão grande que não possa ser replicada. Não dá para ter um "método Jorge Ben" como é possível ter um "método bossa nova". É uma singularidade muito radicalizada, que alcança, no retorno dessa consciência, a ancestralidade negra. Porque a música de Jorge Ben é totalmente ancestralidade negra: no jeito que ele canta, emulando figuras do candomblé, por exemplo; no "voxê", no Preto Velho, nas figuras que ele cria, nas personagens que ele inventa, nas temáticas que ele aborda.

O historiador Allan da Rosa cita também um "canto islamizado" presente em algumas músicas de Ben:

Acontece, por exemplo, quando você oscila notas e alturas na escorrência da mesma sílaba longa... Está ali no "Que negaaaaa é essaaaa", entende?... Oscila, alarga, sobe, desce, geme, retumba... parece um canto *spiritual*, um muezim da África islamizada entoando o chamado para as preces. É isso, encantado. [...]
Há ainda a estilística da pergunta, que volta e meia pinta na obra do Ben. É um modo muito característico da poética kikongo, que versa enigmas e canta demandas em pontos rimados a se decifrar e se desatar com outro texto em desafio. Essa forma a gente sente presente no que seja fonte cabinda, como os maracatus, e é destaque das matrizes ovimbundo, que são o manancial dos reinados de Minas Gerais com seus pantagomes e gungas, terra também dos vissungos, que desafiam e cobram na multa quem não souber desamarrar o nó na passagem.[8]

AO: Jorge Ben tornou-se uma espécie de griô que realizou a ponte entre o passado negro — mas um passado anterior à escravidão — e canalizou a história em si no momento da enunciação. E, ao fazer isso, apontou para um horizonte de liberdade via imaginário, ressignificando e mudando por completo a história da música popular. Se, em alguma medida, podemos identificar uma linha de continuidade em bossa nova-tropicália-Chico Buarque/MPB, e depois a MPB mais pop dos anos 1990 que atravessa no rock... Jorge Ben vai desaguar em outras águas.

Armas de fogo
Meu corpo não alcançarão
Facas e espadas se quebrem

Sem o meu corpo tocar
Cordas e correntes arrebentem
Sem o meu corpo amarrar
Pois eu estou vestido com as roupas
E as armas de Jorge[9]

AO: Os Racionais e o rap brasileiro não têm nada a ver com João Gilberto, mas têm tudo a ver com Jorge Ben. O black dos anos 1970 também: o Tim Maia, o próprio Djavan, depois o pagode romântico e o axé, em grande medida, têm uma relação com a linguagem proposta por Jorge Ben — que, em grande medida, é uma espécie de anti-João Gilberto.

Sim, vou na igreja festejar meu protetor
E agradecer por eu ser mais um vencedor
Nas lutas, nas batalhas
Sim, vou no terreiro pra bater o meu tambor
Bato cabeça, firmo ponto; sim, senhor
Eu canto pra Ogum[10]

Quando penso nos caminhos abertos por Jorge Ben, isso me leva de novo para "Zumbi". Houve aquela versão de *A tábua de esmeralda*, mas dois anos depois ele lançou uma outra completamente diferente no álbum *África Brasil*.[11]

AO: Na "Zumbi" do *África Brasil*, ele estava muito mais raivoso. Jorge Ben não canta com raiva, canta perdoando as dores do mundo, o que é de uma sabedoria ancestral absurda. Canta da perspectiva de Oxalá: "Podem vir, sabemos o que vocês fizeram com a gente; mas tudo bem, podem vir". O que não quer dizer que está tudo bem, assim, de "Ah, foram perdoados". Não é isso, mas, assim, "vem" [ri]. Uma perspectiva de sabedoria ancestral, mesmo. Geralmente o canto dele é isso. Agora, no *África Brasil*, ele estava com raiva.

Eu quero ver o que vai acontecer
Eu quero ver o que vai acontecer quando Zumbi chegar!
Zumbi é senhor das guerras, senhor das demandas
Quando Zumbi chega, é Zumbi é quem manda
Eu quero ver, eu quero ver
Salve, meu povo, eu quero ver quando Zumbi chegar o que vai acontecer!
Zumbi é senhor das guerras, Zumbi é senhor das demandas
Eu quero ver[12]

AO: Dentro dessa ideia do Brasil como um campo de conflito permanente, onde um lado detém o monopólio da violência e o outro resiste e reinventa formas de vida que jamais seriam inventadas pelo polo que tem as armas — que é o polo branco, obviamente —, o mais curioso e perverso desse movimento, por outro lado, é que aquilo que o Brasil tem de bom, o que presta no país, é negro. A brasilidade oficial, o Brasil oficial, produz mecanismos de morte, opressão e violência. E tudo aquilo o que é interessante, bom e positivo, é produzido pelo negro que resiste a esse modelo de morte, violência e exclusão. E o que há de perverso é que essas formas de resistência são frequentemente apropriadas como signos de "brasilidade".

É a "cultura de resistência" citada por Clóvis Moura. E assim o povo negro fincou os pés não só na música, mas em outras formas da nossa cultura, como as artes plásticas, por exemplo. O antropólogo e curador Hélio Menezes lembra do que dizia o também antropólogo Marianno Carneiro da Cunha: "O nascimento das artes no Brasil tinha uma conexão umbilical com o modo de fazer africano". Cunha escreveu que "a infiltração do elemento escravo nas artes brasileiras coincide com a própria eclosão das mesmas no Brasil", e que "o negro contribuiu de modo definitivo para a desvinculação das artes plásticas brasileiras de sua tutela metropolitana".[13]

Ou seja: graças à influência afro-brasileira nasceu uma arte genuinamente brasileira, não mais só uma reprodução do que vinha de Portugal e da Europa.

E foi assim também com a língua. Por que você acha que o nosso português é tão diferente do de Portugal? Além da óbvia e importantíssima influência dos diversos idiomas indígenas, a interferência africana está presente em palavras usadas até hoje e que são de origem banto, um conjunto de etnias às quais pertenciam boa parte dos africanos que foram trazidos para o Brasil. Está no dicionário banto do mestre Nei Lopes: angu, bengala, caçamba, dengo, engambelar, farofa, ginga, minhoca, sunga, xodó...[14]

A etnolinguista Yeda Pessoa de Castro apontou essa interferência também na forma como pronunciamos vogais: rí-ti--mo, em vez de *ritmo*. A-di-vo-ga-do, em vez de *advogado*.[15] O nosso português é afro-brasileiro. Ou, como dizia a filósofa e antropóloga Lélia Gonzalez, aqui falamos o pretoguês:

> que nada mais é do que marca de africanização do português falado no Brasil [...]. O caráter tonal e rítmico das línguas africanas trazidas para o Novo Mundo, além da ausência de certas consoantes (como o l ou o r, por exemplo), apontam para um aspecto pouco explorado da influência negra na formação histórico-cultural do continente como um todo (e isto sem falar nos dialetos "crioulos" do Caribe).

[...] É engraçado como eles gozam a gente quando a gente diz que é "Framengo". Chamam a gente de ignorante dizendo que a gente fala errado. E de repente ignoram que a presença desse r no lugar do l nada mais é do que a marca linguística de um idioma africano, no qual o l inexiste. Afinal, quem é o ignorante? Ao mesmo tempo, acham o maior barato a fala dita brasileira que corta os erres dos infinitivos verbais, que condensa "você" em "cê", o "está" em "tá" e por aí afora. Não sacam que tão falando pretoguês.[16]

Se pararmos para pensar, não chega a surpreender que a maior influência sobre o português falado no Brasil tenha vindo de africanos e seus descendentes. Como lembra o escritor e tradutor Caetano W. Galindo, "nunca fomos um país de brancos". A população, primeiro, era toda indígena, depois majoritariamente indígena, depois — devido ao genocídio dos povos originários e aos números obscenos de tráfico transatlântico — majoritariamente africana e afrodescendente. E assim somos, até hoje. "Apesar das adversidades, foi a língua falada por negros e mestiços que dominou o Brasil. Somos um país que fala português como fruto direto da presença negra."[17]

Cultura de resistência. Eles empurram, empurramos de volta. E com mais força.

Há um outro filho dessa diáspora de que gosto muito, o estadunidense W. E. B. Du Bois (1868-1963). Em 1903, ele escreveu: "O cancioneiro negro — o lamento ritmado do escravo — é hoje não só a única música americana, mas também a mais bela expressão da experiência humana a surgir deste lado do oceano".[18]

E acho que essa frase se aplica perfeitamente ao Brasil — não só tratando-se de música, mas de todas as outras formas de arte e de cultura: literatura, esculturas, pinturas, dramaturgia... Essas artes forjadas pela experiência afro-brasileira são as mais belas expressões da experiência humana que surgiram deste lado do Atlântico.

O colono preto

Parte 1

Apresentador: Uma polêmica em sala de aula. A lei sancionada pela presidente Dilma [Rousseff], que cria cotas para estudantes de escolas públicas nas universidades federais, divide opiniões.
Apresentadora: É, de um lado alunos do ensino particular que são contra; do outro, estudantes da rede pública, que gostaram da novidade.
Aluna 1: Além do nervosismo que a gente já tá, ansiedade e tudo mais, você pensar que pode ir até melhor do que alguém, mas, pelo fato de ela ter cotas, ela passa na sua frente, você já fica meio decepcionado.
Aluna 2: Acaba prejudicando quem tá numa escola particular justamente porque diminui a quantidade de vagas aumentando a relação candidato/vagas e isso, você precisa estudar mais, [...] colocar mais de você por três meses para poder prestar um vestibular.
Aluno 1: Agora a gente talvez tenha que estudar mais, abdicar mais de outras coisas, talvez até do tempo de diversão para buscar uma coisa que era menos impossível.[1]

Em 1760, uma mulher chamada Isabel fez um pedido para o juiz de órfãos de Mariana, em Minas Gerais. O marido dela havia morrido, e quem administrava a herança não era Isabel, mas o juiz. Ela pediu então ao *doutor* uma quantia para que os dois filhos pudessem continuar a estudar, porque não queria que eles "fossem feitores e nem trabalhassem com a enxada".

Ela argumentou que um dos filhos estava estudando para se tornar boticário — quem nessa época fazia os medicamentos, um equivalente ao atual farmacêutico — e o outro, mais novo, estava aprendendo a ler e a escrever. O juiz negou. Disse a Isabel que, como os filhos dela eram "pardos" — e foi essa a palavra que ele usou, "pardos" —, não se justificava gastar dinheiro com educação, e o que eles deveriam mesmo fazer era trabalhar.[2]

> **Comentarista:** Olha, as cotas raciais foram aprovadas há pouco por unanimidade. Mas acima dessa discussão há um princípio que não podemos ignorar. Neste país, todo cidadão é igual perante a lei. Digno das mesmas oportunidades, seja branco, negro ou índio.[3]

Em 1856, o professor Pretextato dos Passos e Silva enviou um dossiê para o Império. Ele tentava há algum tempo abrir uma escola, no Rio de Janeiro. No documento, argumentava que várias famílias tinham lhe pedido para organizar um curso para as crianças de cor preta e parda. Pretextato escreveu que, em outras escolas, "os pais dos alunos da cor branca não querem que seus filhos ombreiem com os de cor preta", e que "os professores repugnam admitir os meninos pretos e, alguns destes que admitem, na aula não são bem acolhidos", revelou Adriana Maria Paulo da Silva.[4]

O professor relatou que, por causa do preconceito, as crianças negras não recebiam uma ampla instrução, por estarem coagidas. E que, na escola dele, os casos de discriminação não aconteceriam por ser ele, Pretextato, um homem preto.

Comentarista: Não aceito, rejeito peremptoriamente cotas na universidade, cotas em qualquer lugar. Por que cotas? Por quê? Qual é a razão da cota?[5]

Em 1967, a revista *Realidade*, que não existe mais, resolveu fazer um experimento: colocou dois repórteres para passarem pelas mesmas situações em Salvador, na Bahia. Um era negro e o outro, branco. Um dos testes era tentar matricular uma criança numa escola infantil. Sem levar a criança junto, o repórter, passando-se por um pai, chegava, pedia para conhecer a estrutura e perguntava se havia vaga.

E lá foi o primeiro repórter. A diretora, "com toda a cordialidade, disse para ele que lamentavelmente não tinha mais lugar". Passou um tempinho, foi o segundo. E a diretora "sorriu muito, consultou a lista de matrícula e concluiu alegre: 'O senhor tem sorte. Ainda tenho vagas. Quer fazer a matrícula já?'".[6] Preciso escrever qual era o branco e qual era o negro?

Jair Bolsonaro: Vocês estão enganando os negros, achando que eles vão fazer faculdade, vão conseguir... Vai ter muito negro "laranja" nessa situação aqui. Laranja. Vão ser enganados. Vai ocasionar aqui briga entre nós. [...] Vocês estão alimentando ódio entre brancos e negros.[7]

A primeira Constituição do Brasil — aquela lá de 1824, imposta por d. Pedro I e a mais longeva da nossa história, que só caiu em 1891 — previa instrução "primária e gratuita a todos os cidadãos". E você lembra quem, nessa época, era considerado cidadão pela lei, né? Toda pessoa livre, nascida no Brasil; ou portugueses que já moravam aqui desde antes da Independência. Quem não era cidadão e por isso não tinha direito à educação eram os indígenas, os africanos — ainda que fossem livres — e os escravizados.

Dez anos depois, o Ato Adicional de 1834 determinou que os estados — à época, províncias — é que deveriam legislar sobre educação. Então, algumas províncias acharam importante reforçar a proibição — que já estava clara na Constituição — de pessoas escravizadas em sala de aula: Minas Gerais e Goiás aprovaram, em 1835, leis dizendo que "somente as pessoas livres podem frequentar as escolas públicas".[8] No Rio de Janeiro, em 1847, foi publicado um regulamento que proibia o acesso à escola dos que "padecem de moléstias contagiosas, os escravos e os pretos africanos, sejam libertos ou livres".[9] As medidas tomadas na Corte costumavam influenciar as demais províncias. Em 1854, também no Rio, um decreto regulamentou o ensino primário e secundário e estabeleceu que escravizados não seriam admitidos em ambos.

Daí nos anos 1870, bom, vai vendo... Na escola você deve ter aprendido sobre a Lei do Ventre Livre. Você lerá mais sobre ela em outro capítulo, mas, resumindo bem, ela foi aprovada em 1871 e dizia que "os filhos de mulher escrava que nascerem no Império desde a data desta lei serão considerados de condição livre".

Por essa lei, os senhores tinham o direito de escolher quando dariam a liberdade aos recém-nascidos: aos oito anos de idade, recebendo uma indenização; ou aos 21 anos, sem indenização. Ou melhor: a indenização seriam todos os anos de trabalho forçado da criança (!!!), depois adolescente, até completar os 21 anos. Em 95% dos casos, os senhores escolheram a segunda opção.[10]

Bom, mas o que isso tem a ver com educação? É que, se o senhor escolhesse a segunda opção, ele também seria obrigado a fornecer instrução para os jovens. Em alguns estados, como Minas Gerais, Bahia, Santa Catarina, Goiás, Paraíba e São Paulo, novas leis foram criadas depois de 1871 para reforçar que escravizados não poderiam frequentar a sala de aula,[11] para garantir que nem mesmo os jovens que dali a alguns anos ficariam livres pudessem estudar.

Olha o nível de crueldade disso.

E, assim, mesmo para quem fosse livre e por isso tivesse o direito de estudar; mesmo para quem fosse, na teoria, um cidadão brasileiro: o que seria o acesso à educação numa sociedade alicerçada na escravidão? Numa sociedade em que um professor negro precisava criar uma escola na própria casa porque as crianças negras não eram aceitas em outras unidades; em que um juiz dizia para uma viúva que ela não poderia usar o próprio dinheiro para educar os filhos porque, como pardos, eles deveriam mesmo era trabalhar.

E mesmo depois da Abolição, e mais recentemente:

Estudante é vítima de racismo em troca de mensagens de alunos de escola particular da Zona Sul do Rio
Em mensagens trocadas por meio de um aplicativo, eles a xingaram e a humilharam por ser negra.[12]

"Saudade de quando preto era escravo": garoto é vítima de racismo em escola
Em mensagens dentro de um grupo de WhatsApp de alunos do Colégio Cristão Ver, na região noroeste de Belo Horizonte, um garoto de 14 anos foi alvo de ataques racistas pelos próprios colegas de classe. Mensagens dos alunos chegaram a citar conteúdos como "saudades de quando preto era escravo".[13]

Esses são só alguns exemplos, mas eu poderia listar centenas de casos iguais.

Contudo, se teve uma coisa que o povo negro nunca fez neste país, foi ficar parado e aceitar a condição de presa. Mesmo com todos os impedimentos, e ainda no período da escravidão, houve pessoas — e muitas — que conseguiram estudar. Pessoas que aprenderam a ler para ensinar seus camaradas. Como lembram Geraldo da Silva e Marcia Araújo,

> negros desafiavam os senhores hostis que queriam isolá-los uns dos outros. Passando pelo plano da resistência cultural, assumiam fidelidade às religiões africanas, aprendiam a ler, escrever e calcular — prova desta resistência é a constatação histórica de um número considerável de pretos e pardos alfabetizados e multilíngues, falando um idioma europeu do seu senhor estrangeiro além do português e uma ou mais línguas africanas, incluindo as línguas vernaculares.[14]

E não só isso: pelas regras do próprio jogo, que tentava de todo jeito impedir o acesso delas, houve pessoas negras que se tornaram intelectuais. Referências. Revolucionárias. Tão incríveis e inspiradoras, que uma delas dá nome a este projeto.

Parte 2

Este foi um dos períodos mais turbulentos da história do Brasil: em 1831, d. Pedro I renunciou e deixou no comando o filho dele, d. Pedro II, então com cinco anos de idade. Como não dava para manter uma criança no poder, ficou acertado que, até o menino atingir a maioridade, o Brasil seria governado por um regente. Daí os políticos se revezaram no posto.

No capítulo "O pecado original", você leu um pouco sobre como os ânimos estavam inflamados nessa época. Porque pensa só: não fazia nem dez anos que o Brasil tinha se separado de Portugal; o medo da tal recolonização ainda pairava no ar; o imperador renunciou; os políticos passaram a ocupar o lugar dele... E isso em um país gigantesco, com regiões que não tinham nada a ver uma com a outra.

Por causa dessa instabilidade política, começou a pipocar revolta atrás de revolta. Houve a Revolução Farroupilha, no Rio Grande do Sul; a Cabanagem, no Grão-Pará; a Balaiada, no Maranhão...

A Balaiada estourou por causa de tensões entre as autoridades locais, simpáticas à Corte, e os proprietários rurais e comerciantes. Uma disputa pelo poder que contou com muita adesão da população: é considerada a maior revolta popular camponesa de todo o período do Império.[1] A Balaiada tem esse nome porque um dos líderes era Manuel Balaio, mas não é sobre ele que você lerá. E, sim, sobre Cosme.

MARIA NATIVIDADE SILVA RODRIGUES: Primeiro, acho importante dizer o nome completo dele: Cosme Bento das Chagas. Como é que ele se colocava? Qual era o olhar do Cosme dentro dessa sociedade escravista? Ele sempre teve consciência da sua negritude. Sabia ler e escrever. Foi um líder da resistência e é um símbolo para nós, para todo o povo negro, inclusive nós aqui do Maranhão, onde aconteceu todo esse emaranhado da Balaiada.*

Quando estourou a Balaiada, a fuga de escravizados aumentou. Eles formaram quilombos e participaram da resistência. Cosme teria comandado tropas de mais de 3 mil quilombolas.[2] E, no meio de tudo isso, ele criou uma escola de primeiras letras — para ensinar a ler e a escrever — em um quilombo em Chapadinha (MA).

MNSR: A escola era uma necessidade. Não era possível ter autonomia, justiça e liberdade sem estudo. Então, essa escola também quebrou um paradigma em um momento em que estudar não era algo acessível. Cosme foi extremamente ousado nessa construção ligada ao outro: enxergou as crianças, que seriam os futuros "militantes" — usando um termo mais atual — e construiriam uma sociedade justa, liberta, como era o grande sonho dele.

---

* Maria Natividade Silva Rodrigues é professora, historiadora e socióloga.

O quilombo da fazenda Lagoa-Amarela, onde ficava a escola, durou dois anos, até que foi destruído pelas forças imperiais. A repressão do Império à Balaiada, e às outras grandes revoltas desse período, foi comandada por duque de Caxias (1803-1880). Só na Balaiada, o Império matou cerca de 6 mil pessoas.[3] É por isso que muita gente chama duque de Caxias de "genocida", mas há quem prefira "pacificador".

> *Repórter*: Durante a campanha houve momentos de divisão entre os eleitores. Que palavras o senhor daria agora para pacificar o país?
> *Jair Bolsonaro*: Não sou o [duque de] Caxias, mas sigo o exemplo desse grande herói brasileiro. Vamos pacificar o Brasil e, sob a Constituição e as leis, vamos construir uma grande nação.[4]

Curioso que o homem que começou o governo se autodenominando pacificador tenha terminado o mandato sendo chamado de genocida — por causa da forma como (não) conduziu o país durante a pandemia de covid-19. Enfim...

Voltando para o que interessa: os registros que ainda existem sobre a escola criada pelo Negro Cosme são dos relatórios da repressão. Vários líderes brancos da Balaiada foram presos e anistiados, mas Cosme foi enforcado em praça pública. Segundo Clóvis Moura, duque de Caxias só se referia ao líder revolucionário como o "infame Cosme".[5] Era medo — não só de Cosme, mas do que ele representava.

> **MNSR:** O que eu acho interessante no Cosme é isso de pensar na questão da educação, pensar no outro. É uma grande lição que ele deixou para nós. Eu não posso mais pensar só em mim. E os outros? E essa liberdade que eu tanto sonho? Se não tiver escolaridade, ela não é completa.

TIAGO ROGERO: E chama muito a atenção que, além de ser um líder de resistência e de destaque, ele tenha criado uma escola em um quilombo. Mas essas iniciativas durante o período da escravidão, de pessoas negras criando escolas de primeiras letras, eram comuns, né?

MNSR: Olha a Maria Firmina como exemplo. Ela criou também.

TR: E a dela, uma escola mista.

MNSR: Pois é, era mais ousado ainda. Juntar menino e menina... Já imaginou? Aí percebemos o grau de consciência política e engajamento dessas pessoas, mesmo em um tempo duro e restrito. Elas gritaram. Quando eu penso na escola de Cosme, penso nessa consciência política incrível que ele tinha, e que essa alteridade social só se passa pela questão da educação.

Maria Natividade se referia a Maria Firmina dos Reis (1825-1917), uma maranhense que foi a primeira mulher brasileira — negra, branca, ou de qualquer outra etnia — a publicar um romance.[6] Isso não é pouca coisa, então vou repetir: o primeiro romance de autoria feminina no Brasil foi escrito por uma mulher negra, filha e neta de ex-escravizadas. E, como se esse já não fosse um feito suficientemente grande, o livro, além de tudo, era abolicionista e foi escrito quase trinta anos antes da Abolição.

Em *Úrsula* (1859), Maria Firmina "dá visibilidade à humanidade do negro africano submetido à escravidão, em contraponto ao pensamento hegemônico que o considerava inferior, desprovido de cultura e ancestralidade",[7] escrevendo, por exemplo, que "a mente! Isso sim ninguém a pode escravizar!"[8] — uma de suas mais célebres frases.

José de Alencar, escritor do romantismo e autor dos clássicos *O guarani* (1857) e *Iracema* (1865), era contemporâneo de Firmina. Em 1867, ele publicou uma "Carta ao Imperador" em que defendia a escravidão e até mesmo o tráfico de escravizados, proibido há dezessete anos: "Não havia outro meio de transportar aquela raça à América, senão o tráfico. [...] Sem a escravidão africana e o tráfico que a realizou, a América seria ainda hoje um vasto deserto".[9] O escravista branco Alencar é infinitamente mais conhecido e celebrado pela *intelectualidade* brasileira do que a abolicionista Maria Firmina.

EDUARDO DE ASSIS DUARTE: Maria Firmina dos Reis foi, antes de tudo, uma precursora. Uma pioneira. Enquanto mulher e enquanto mulher negra. Uma precursora enquanto autora de literatura, e em várias outras instâncias, também no que diz respeito à condição da mulher. Podemos dizer que ela foi uma feminista avant la lettre: uma feminista antes do feminismo realmente desabrochar no século 20.[*]

Firmina nasceu livre, em 1825. A mãe dela, Leonor, era ex-escravizada e mãe solo. Tanto a mãe quanto a avó, Engrácia, foram escravizadas pelo comendador Caetano José Teixeira, um dos mais ricos traficantes de escravizados maranhenses.[10]

Em novembro de 2021, fui ao Maranhão tentar refazer alguns passos dela. Em São Luís, fui recebido pelo juiz e escritor Agenor Gomes e a professora e escritora Dilercy Adler, ambos pesquisadores da vida e da obra de Maria Firmina. "Foi aqui nesta biblioteca, no porão, que Nascimento Morais Filho 'en-

---

* Eduardo de Assis Duarte é escritor, professor e criador do Literafro, o Portal da Literatura Afro-Brasileira.

controu' Maria Firmina", disse Dilercy, enquanto caminhávamos. Um pouco depois, chegamos ao Palácio dos Leões.

AGENOR GOMES: Na época da Maria Firmina, já existia este palácio, que era o palácio do governo. Quando foi aprovada no concurso público para a cadeira de professora de primeiras letras do sexo feminino em Guimarães (MA), ela foi convocada para vir receber o ato de nomeação aqui neste palácio.

Na biografia que publicou sobre a escritora, Gomes conta que o concurso exigia que o candidato tivesse no mínimo 25 anos para assumir a vaga. Só havia um problema: Firmina tinha 22. A solução veio graças a um erro no registro de batismo dela: o pároco tinha deixado de anotar a data do nascimento. Ela, então, apresentou um pedido de "justificação" para inserir a informação no registro e apontou uma data anterior, 1822. Três anos "mais velha", conseguiu ser nomeada professora.

No dia da assinatura do ato de nomeação, a mãe dela quis alugar um palanquim — um tipo de liteira: uma cadeira portátil suportada por varas e carregada por escravizados — para levar Firmina até o palácio. "A filha não aceitou", escreveu Gomes, citando a resposta dela à mãe: "Negro não é animal para se andar montado nele".[11]

AG: Em 1847, olhe lá, essa mulher negra, filha de uma ex-escravizada, fez um concurso, em plena escravidão, e conseguiu ser aprovada mesmo com todas aquelas barreiras.

EAD: E isso é absolutamente revolucionário porque havia escolas para professores de ensino básico, mas essas escolas eram todas destinadas aos rapazes. A maioria dos professores primários eram homens.

O concurso era para uma vaga em Guimarães (MA), a mais ou menos duzentos quilômetros de São Luís. Na prática, parece até mais longe porque, para chegar lá, precisa atravessar a baía de São Marcos em um ferryboat e, depois, mais três horas de carro.

ANTÔNIO MARCOS: Estas duas casas eram a casa dela.

TIAGO ROGERO: Ah, era bem no Centro. Bem na praça, né?

AM: Isso. E aqui foi colocada uma placa: "Esta casa foi escola e residência de Maria Firmina dos Reis".

O cientista social Antônio Marcos me recebeu em Guimarães, onde Firmina morou e deu aula.

AM: Havia várias fazendas aqui. E, em uma delas, tinha um barracão para armazenar produtos. Já aposentada, Maria Firmina teria pedido o lugar para lecionar a meninos e meninas, pessoas de diversas origens sociais. Dizem que ela também foi pioneira no transporte escolar, porque alugava um carro de boi ou chamava o pessoal do carro de boi para levar os alunos para assistir aula.

Na mesma sala de aula, os filhos dos trabalhadores estudavam juntos com os filhos do fazendeiro. E em uma escola mista. Não era só questão de juntar meninos e meninas, algo já revolucionário para a época. Naquele tempo, os currículos eram diferenciados de acordo com o sexo da criança: meninas praticamente eram educadas para serem donas de casa e nada mais. As que podiam estudar, claro.

EAD: A criação de uma sala de aula mista, naquela época, implicava algo absolutamente novo: fornecer a meninas e meninos o mesmo conteúdo. Isso era absolutamente revolucionário para a época, já que o currículo da educação feminina mal passava das primeiras letras e das primeiras operações aritméticas e incluía bordado, música e tudo mais o que fosse necessário para uma futura mãe de família da época.

A escola mista ficava em Maçaricó, um povoado de Guimarães. Durante a vida, Maria Firmina era reconhecida na cidade. Mas, quando morreu, ficou por muito tempo esquecida.

CLAUDIA CRISTINA RODRIGUES DA SILVA: Não faz muito tempo que a gente desenvolve um trabalho voltado a falar da professora Maria Firmina.

Claudia é professora de língua portuguesa do Centro de Ensino Nossa Senhora da Assunção, em Guimarães.

CCRS: Tínhamos muito pouco material sobre Maria Firmina. Até os nossos livros quase nem falam de mulheres. Os escritores são todos homens, né? [ri]

TIAGO ROGERO: É. Todos homens e brancos.

CCRS: E brancos. Não vemos a mulher. Eu estudei literatura, me formei aqui, e nunca estudei nenhuma mulher.

TR: E para os alunos daqui de Guimarães, que diferença faz saber que teve essa intelectual totalmente à frente do seu tempo que morou na cidade e escreveu um romance abolicionista?

CCRS: É uma diferença muito grande porque eles se identificam com ela. Temos aqui muitas comunidades quilombolas e nossos alunos vêm dessas comunidades. Então, ter alguém como referência nacional e até mundial... eles se sentem valorizados. Maria Firmina negra, morou em Guimarães... Os alunos se sentem importantes. Ainda mais porque as famílias daqui são todas afrodescendentes.

Há centenas de comunidades quilombolas nessa região entre São Luís e Guimarães. É onde fica, por exemplo, Alcântara, onde dezenas de comunidades lutam contra a instalação do Centro de Lançamento,[12] um complexo da Força Aérea Brasileira construído na ditadura militar e que foi objeto de acordo assinado entre Bolsonaro e Donald Trump, em 2019.[13]

Para que não haja mais remoções dessas famílias, as comunidades resistem há anos no Judiciário, inclusive em tribunais internacionais. E a base para uma dessas ações foi a pesquisa e o livro do historiador Davi Pereira Júnior, nascido e criado no quilombo Itamatatiua.[14] Graduado em história, com mestrado em antropologia e doutorado em estudos da América Latina e da diáspora africana, Davi estudou os primeiros anos na própria comunidade, onde gravamos a entrevista.

DAVI PEREIRA JÚNIOR: Os pais vieram e construíram a escola para que os filhos pudessem estudar. Porque a prefeitura nunca tinha se ligado de fazer um prédio de alvenaria. A escola era aqui: era de taipa e tinha mais ou menos uns quatro metros de frente com uns oito metros de fundo. Era uma sala com cadeiras de madeira. Umas vinte, 25 cadeiras de madeira e um quadro-negro lá atrás. Era coberta de palha e tapada de barro. O chão batido também era de barro.

Na época do Davi, a escola só ia até a terceira série. Então, para continuar os estudos, os jovens precisavam ir até a cidade de Alcântara, a uns sessenta quilômetros de Itamatatiua. Precisavam ir e voltar todo dia, sem transporte público escolar fornecido pelo poder público. Havia uma outra opção:

DPJ: Terminar a terceira série e ficar repetindo, repetindo, repetindo... Eu repeti três vezes. A maioria das pessoas acabava desistindo de fazer isso porque a escola perdia a graça: é como se você acordasse de manhã e repetisse todo o seu dia, um déjà-vu todo ano. E acho que muito da minha não desistência do processo de educação veio do fato de a minha mãe ser professora e não deixar que eu evadisse. Isso me abriu a possibilidade de continuar.

TIAGO ROGERO: Qual que era o nome dela?

DPJ: Maria Teresa de Jesus Pereira.

TR: Ela nasceu aqui?

DPJ: Nasceu aqui. Essas formas de organização eram bem interessantes. Porque aí você se organiza em torno da escola. A escola também é um movimento de mobilização da comunidade. [...] Pessoas que nunca foram à escola tinham consciência da necessidade de os filhos poderem estudar.

Isso fazia com que o processo de construção da escola fosse um em que as pessoas se engajavam.

Contar histórias de superação traz o risco de cairmos no discurso raso da *meritocracia*. Como se esses casos — que são a exceção — fossem a resposta para tudo. Como se todos os anos de impedimento de acesso ao ensino antes da Abolição, e a sequência de ensino precarizado e racista; como se tudo isso pudesse ser resolvido se as pessoas tivessem *força de vontade*.

É uma obviedade, mas precisamos sempre lembrar: educação é um dever do Estado para com todos os cidadãos. Se a balela da meritocracia fosse verdadeira, difícil imaginar mérito maior do que o de quem realmente trabalhou para produzir todas as riquezas do Brasil; para possibilitar que filhos de brancos pudessem fazer faculdade, até fora do país; para gerar as heranças que hoje pagam a educação dos descendentes desses senhores e sinhás.

Força de vontade, esforço, luta, *mérito*... Nada disso faltou para as pessoas negras no Brasil. Se não fosse por isso, hoje nem estaríamos aqui.

Mas estamos: mais da metade da população. A maioria. E o próprio *projeto Querino* é um resultado direto dessas pessoas que nunca desistiram de lutar. E está na hora de relembrar por que o projeto tem esse nome.

Parte 3

Em 1851, nasceu um menino em Santo Amaro da Purificação, na Bahia. Aos quatro anos, ele perdeu os pais, vítimas de uma epidemia de cólera que atingiu o sertão baiano. Negro e livre, o menino foi levado a Salvador e entregue a um tutor.

SABRINA GLEDHILL: Manuel Correia Garcia, que era o tutor, foi um dos primeiros professores e fundadores de uma Escola Normal, ou seja, uma escola que treinava professores.*

Foi esse tutor que ensinou para o menino as primeiras letras.

SG: E, naquela época, era extremamente raro que qualquer pessoa, branca ou negra, soubesse ler e escrever.

Nem 20% das pessoas livres sabiam.[1]
Em 1864, teve início a Guerra do Paraguai. O país vizinho era governado por um ditador, Francisco Solano López (1827-

---

* Sabrina Gledhill é uma pesquisadora e escritora inglesa que, por muitos anos, morou no Brasil.

-1870). Havia uma disputa de poder rolando em outro país, o Uruguai, e o Brasil interveio; ao mesmo tempo, o Paraguai decidiu invadir uma parte da Argentina — sim, mais um país para a conta. Em resposta, as três nações se uniram e partiram para cima dos paraguaios.

E o nosso menino, agora um adolescente, acabou sendo recrutado para a guerra.

SG: Foi enviado primeiro para Pernambuco, depois acabou num batalhão no Rio de Janeiro. Mas, quando descobriram que ele sabia ler e escrever, ele ficou lá [no Rio de Janeiro], não foi mandado para o front, onde muita gente morreu ou voltou sem um braço, sem uma perna.

Depois, o rapaz conseguiu liberação do Exército e voltou para a Bahia.

SG: Na Bahia, ele passou a trabalhar como pintor/decorador para poder custear os estudos à noite. Ele acabou sendo aluno-fundador da Escola de Belas Artes. Foi também aluno-fundador do Liceu de Artes e Ofícios.

Na vida adulta, ele foi professor, principalmente de desenho geométrico. Também foi sindicalista, fundou dois jornais, foi carnavalesco, um dos diretores de um grupo afro chamado Pândegos da África, um dos precursores nos estudos sobre o candomblé... Você vê que é difícil resumir a vida dele. E, num determinado momento, ele começou a escrever.

SG: Ele escreveu dois textos sobre desenho geométrico que foram usados nas escolas. Escreveu um livro de folclore, *A Bahia de outrora*, que acredito ser o livro dele mais conhecido fora do Brasil. Começou a escrever sobre história da arte, publicou dois livros: *Arte na Bahia* e *Artistas baianos*.

Escreveu muita coisa. O nome dele é Manuel Raimundo Querino (1851-1923).

Manuel Raimundo Querino

SG: Um intelectual negro que também foi militante, jornalista, abolicionista, líder operário, político, vereador, funcionário público... E isso antes de começar a escrever. Porque ele só publicou depois de se aposentar. E aí tornou-se o primeiro historiador da arte baiana. Foi o pioneiro dos estudos da antropologia culinária da Bahia. E o que mais me interessa é que ele também foi o primeiro negro, o primeiro intelectual negro, a reivindicar a contribuição positiva do africano e seus descendentes à civilização brasileira. Porque ele exigiu respeito pelo africano e o afrodescendente, algo de que parece que ele sentia falta na própria vida, também. Porque, quando não era tratado com preconceito, era tratado com paternalismo, que é o lado inverso da moeda, né? Nenhum dos dois é bom.

Querino fez tudo isso num momento em que reinava no Brasil a ideia do racismo dito *científico*. Eu uso o "dito" porque não havia comprovação científica para nenhuma das teorias. Em suma, seus defensores eram racistas, entendidos pela sociedade da época como cientistas por causa de diplomas que tinham, espalhando hipóteses furadas sem nenhuma comprovação. Mas faziam isso de forma rebuscada, abusando do *academiquês*. No fim, era balela fantasiada de ciência.

SG: Os cientistas achavam que negros e mestiços estavam fadados a sumir. Eles pensavam — indo completamente contra todas as regras da botânica e da biologia — que a mistura enfraquecesse. E que o negro e o africano não conseguiriam resistir frente à "superioridade da civilização branca". [...] Mas, como podemos ver, a situação foi contrária: o negro resistiu e está presente até hoje. Foi aí que Manuel Querino entrou porque, quando ele começou a trabalhar, a fazer as suas pesquisas, quis usar o seu próprio exemplo para mostrar que essa ideia do negro como boçal ou burro era justamente por falta de oportunidade de estudar.

Jogando o jogo dos brancos, Querino foi derrubando os argumentos dos racistas.

Aliás, um outro nome importantíssimo no combate ao racismo dito científico foi Juliano Moreira (1873-1933), o genial médico negro que revolucionou a psiquiatria brasileira.² A atuação de Moreira era na arena do conhecimento científico: derrubando cada falácia com dados.³ Já Querino tinha uma abordagem mais historiográfica e imagética, atuando na formação de memória. Os dois lutaram fortemente contra os racistas, cada um na sua área.

Juliano Moreira

Uma publicação de Querino, de 1918, é um dos documentos mais incríveis que eu já li. A começar pelo nome: *O colono preto como fator da civilização brasileira*. Olha a palavra que ele escolheu: "colono", aquele que habita uma colônia; que é membro, que é parte. Querino colocou o negro para dentro da história *oficial*: não como o escravizado subserviente, sem agência e conhecimento, que só servia para executar ordens; mas como parte do todo, e uma parte crucial. Como protagonista.

Nesse livro, ele escreveu que "o colono preto é a principal figura, o fator máximo" da nossa riqueza econômica, "fonte da organização nacional";[4] e

> que foi o trabalho do negro que aqui sustentou por séculos a nobreza e a propriedade do Brasil: foi com o produto do seu trabalho que tivemos as instituições científicas, letras, artes, comércio, indústria etc., competindo-lhe, portanto, um lugar de destaque, como fator da civilização brasileira.[5]

Ele cita o nome de vários intelectuais negros, como Machado de Assis (1839-1908), a família Rebouças, José do Patrocínio (1853-1905) e Cruz e Sousa (1861-1898), e escreve que eles representam "o que há de mais seleto nas afirmações do saber. Verdadeiras glórias da nação". Querino dizia que o Brasil possui duas grandezas reais: a uberdade do solo — a abundância fértil, fecunda do solo — e o talento do mestiço.[6]

E o intelectual também foi bem direto ao tratar dos senhores brancos, que, segundo ele, eram dotados de cobiça, de parasitismo. Para Querino, à exceção dos funcionários da alta administração, as primeiras levas de colonos portugueses que chegaram ao Brasil eram de "degredados, de indivíduos viciosos e de soldados de presídio".[7]

Já os africanos eram "heróis", lutando "com heroísmo inigualável, em favor de sua liberdade", como ele escreveu em outro texto, de 1916. Segundo Querino, a primeira vez que a ideia de república foi aplicada no Brasil foi pelo quilombo dos Palmares, no começo do século 17, quando ainda "não se conhecia tal forma de governo, nem dela se falava no país".[8]

Querino fez isso na virada do século 19 para o 20, quando as autoridades e a academia viam o negro apenas como um problema a ser resolvido. Por isso que ele é tido como o primeiro intelectual brasileiro a tratar positivamente o africano e o afrodescendente na nossa história, a reconhecer o protagonismo das pessoas negras na formação do Brasil. Em sua dissertação, Hélio Menezes traz uma excelente definição de Querino feita pelo historiador estadunidense E. Bradford Burns (1932-2000):

> Querino foi o primeiro brasileiro — negro ou branco — a detalhar, analisar e fazer justiça às contribuições africanas no Brasil. Ele apresentou suas conclusões em meio a um ambiente de opinião no melhor dos casos indiferente, no pior, preconceituoso ou mesmo hostil. Querino, então, trouxe para a historiografia brasileira a perspectiva de um homem negro.[9]

E por isso decidimos dar ao projeto o nome de Querino. Como uma forma de homenagem, de reconhecimento a alguém que veio antes e que abriu os caminhos.

Parte 4

Apesar de tudo o que você leu nas últimas páginas, Manuel Querino — cujo falecimento completou cem anos em 2023 — não é tão lembrado ou reconhecido quanto deveria.

SABRINA GLEDHILL: Infelizmente, tenho que dizer, e parece simplório, mas: se Manuel Querino não é reconhecido e conhecido como deveria, é por puro preconceito.

Um homem negro, nascido 37 anos antes da Abolição, que possibilitou toda uma revolução na produção de conhecimento porque, a uma criança negra, foi dada a chance de estudar.

SG: Certamente, ele tentou incluir — e, a meu ver, conseguiu — o africano na história do Brasil, e de forma positiva. Porque imagens do negro sempre existiram, mas geralmente eram como uma péssima influência. [...] Ele foi um educador. Era professor, produziu livros didáticos, mas também queria educar, instruir os brasileiros sobre o papel e a cultura dos africanos. E porque ele acreditava no valor da educação. Usava sua própria história de vida como referência. Ele fez questão de colocar a sua biografia no prefácio de suas obras, porque acreditava que a instrução era a única maneira de fazer o negro progredir.

Esse ideal da educação como forma de ascensão socioeconômica foi central para todos os movimentos negros que surgiram no pós-Abolição. Era um dos pilares da Frente Negra Brasileira, por exemplo, fundada em 1931. O jornal da Frente Negra fazia críticas constantes à forma como as crianças negras eram tratadas nas escolas por professores brancos: "Se o indivíduo não está em condições de ensinar o negro, é conveniente que deixe a sua cadeira a outro que o suporte, pois o governo paga aos mestres para ensinar as crianças e não para ensinar as crianças brancas". E criticava também o conteúdo dos livros didáticos, que "têm dado ao negro a impressão de que os seus antepassados foram uns desgraçados e de que os jovens negros, só por isso, têm de ser sempre uns vencidos".[1]

A entidade tinha uma escola própria e recebia não só crianças negras, mas também os filhos de imigrantes — por exemplo, de japoneses que já começavam a se instalar na Liberdade, em São Paulo, onde ficava a sede da Frente Negra.

Na educação, quem sempre quis dividir, segregar e separar foi o branco. Quem entregou a educação brasileira para a iniciativa privada, na ditadura militar, enfraquecendo ainda mais a já combalida educação pública,[2] foi o branco.

Mas, de novo, o negro não cruzou os braços. Não esperou sentado.

Em 1995, quando o assassinato de Zumbi dos Palmares completou trezentos anos, os movimentos negros reuniram 30 mil pessoas em Brasília, num 20 de novembro, na marcha Contra o Racismo, Pela Cidadania e a Vida. O Movimento Negro Unificado entregou ao presidente da época, Fernando Henrique

Cardoso, um documento histórico com um diagnóstico da desigualdade no Brasil e propostas para reverter esse quadro. Entre elas, estava a criação de ações afirmativas para o acesso de negros aos cursos profissionalizantes, às universidades e às áreas de tecnologia de ponta.[3]

No ano seguinte, o governo federal publicou o Programa Nacional de Direitos Humanos, que reconheceu "a existência de desigualdades raciais e do racismo no país". Também em 1996, o Ministério da Justiça fez um seminário e Marco Maciel (1940-2021), então vice-presidente, disse que "medidas compensatórias em favor dos negros não representam apenas uma etapa da luta contra a discriminação, mas o fim de uma era de desigualdade, de exclusão, se pretendemos uma sociedade mais igualitária e mais justa".

Em 2000, foi aprovada a primeira lei estadual de cotas: no Rio de Janeiro, com 50% das vagas para egressos da rede pública. Em 2003, a Universidade Estadual do Rio de Janeiro (Uerj) foi a primeira a aplicar cotas: para estudantes da rede pública, negros e indígenas. Naquele mesmo ano, a Universidade de Brasília (UnB) foi a primeira federal a adotar o sistema.

Também em 2003, na gestão de Luiz Inácio Lula da Silva, foi sancionada a lei nº 10 639, que tornou obrigatório, em todas as escolas de ensino médio e fundamental, públicas e particulares, o ensino de história e cultura africana e afro-brasileiras — resultado de décadas de lutas e pressão dos movimentos negros. Na prática, contudo, a legislação ainda é ignorada por uma quantidade absurda de escolas. Um estudo publicado em 2023 revelou que 71% das secretarias municipais de Educação "realizam pouca ou nenhuma ação para implementar a lei".[4] Em 2008, uma nova lei[5] incluiu a obrigatoriedade de ensino também da história indígena — mas, tal qual a anterior, a legislação é descumprida na maior parte dos casos.

Em 2009, o partido Democratas ajuizou uma ação no Supremo Tribunal Federal (STF) questionando a constitucionalidade das políticas de ação afirmativa. Houve uma audiência pública no STF, antes da votação, e um dos discursos foi de Sueli Carneiro, ativista e filósofa, precursora do feminismo negro brasileiro. Ela disse que estavam em jogo dois projetos distintos de nação: um ancorado no passado; outro, que dialogava com o futuro.

> Os que vislumbram o futuro acreditam que, se as condições históricas nos conduziram a um país em que a cor da pele ou a racialidade das pessoas tornou-se fator gerador de desigualdades, essas condições não estão inscritas no DNA nacional, pois são produto da ação ou inação de seres humanos e, por isso mesmo, podem ser transformadas intencionalmente pela ação dos seres humanos de hoje. É o que esperamos desta Suprema Corte: que ela seja parceira e protagonista de um processo de aprofundamento da democracia, da igualdade e da justiça social. E, num esforço cívico de tamanha envergadura, as cotas para negros, mais do que uma conquista dos movimentos negros, são parte essencial da expressão da vontade política da sociedade brasileira para corrigir injustiças históricas e contemporâneas que permitem que talentos, capacidades, sonhos e aspirações sejam frustrados por processos de exclusões que comprometem o nosso processo civilizatório.[6]

Em 2012, os ministros do STF decidiram por unanimidade que as políticas de ação afirmativa são constitucionais. Havia um único ministro negro naquela sessão. Ele também é a única pessoa negra a já ter ocupado a presidência do Supremo: Joaquim Barbosa. Ao dar o voto, disse:

> É natural, portanto, que as ações afirmativas, mecanismo concebido com vistas a quebrar essa dinâmica perversa, sofram o influxo

dessas forças contrapostas, e atraiam considerável resistência, sobretudo, é claro, da parte daqueles que historicamente se beneficiam ou se beneficiaram da discriminação de que são vítimas os grupos minoritários.[7]

Sabe qual foi a primeira "lei de cotas" do ensino brasileiro? Uma lei de 1968, da ditadura militar, que reservava metade das vagas nas escolas técnicas de ensino médio e nas faculdades, nos cursos de agronomia e veterinária, para candidatos que comprovassem relação com a agropecuária. Na prática, quem acabou beneficiado foram os filhos dos grandes proprietários rurais: a elite branca rural.[8] Agro é tudo, agro é pop. Em 1985, com o início da redemocratização, a lei foi revogada.

Mas voltando a 2012: depois que o STF confirmou a constitucionalidade das políticas de ação afirmativa no ensino, a então presidente Dilma Rousseff sancionou a chamada "Lei de Cotas", que está em vigor desde então. E um monte de gente fala uma porção de bobagens sobre essa lei. Dizem, por exemplo, que as cotas "deveriam ser sociais, mas não raciais".

Só que as cotas já são sociais. De todas as vagas oferecidas, metade são para estudantes das escolas públicas. Dentro dessa fatia — percebam: dentro dessa fatia — é que são reservadas as vagas para negros, indígenas e pessoas com deficiência (e, desde a atualização da lei, em 2023, também quilombolas), proporcionalmente, de acordo com a porcentagem desses grupos em cada estado. Mas é só uma parte dentro dos 50%. Ou seja: uma pessoa branca, pobre, que estudou em colégio público, está também contemplada nesses 50% reservados para quem estudou na rede pública.

Mas a extrema direita vai continuar espalhando mentira porque, bom, é isso o que costuma fazer, usando informações falsas e ódio para criticar não só as cotas, mas o Fies, o ProUni... qualquer coisa que tente tornar o acesso a oportunidades menos desigual.

DAVI PEREIRA JÚNIOR: A minha mãe sempre dizia: "É muito difícil [passar], universidade é coisa para branco. Preto, para entrar na universidade, é muito difícil". Porque uma vez, ela trabalhava na casa de uma pessoa que disse que o [resultado do] vestibular sairia numa segunda-feira, mas na sexta-feira anterior eles já sabiam que o filho tinha entrado na universidade. Então minha mãe ficou com isso: "Para nós é muito difícil porque essa elite controla a entrada da universidade". Mas, ainda assim, a preocupação dela era dar educação e a oportunidade de você ler e estudar.

Em 2021 e 2022, o número de inscritos no Exame Nacional do Ensino Médio (Enem) foi o menor desde 2005 — ano em que a prova ainda não era a principal porta de acesso à maioria das universidades.[9] Naqueles dois anos, a participação de estudantes negros despencou: de 63% de inscritos em 2020 para 56% em 2021. Por outro lado, a participação de brancos subiu de 35% para 41%. Tudo graças a uma regra que o governo Bolsonaro criou, segundo a qual candidatos que faltaram à edição de 2020 — no primeiro ano da pandemia de covid-19 — não teriam direito à gratuidade de inscrição. Por causa disso, houve uma queda de 77% no número de inscritos com renda familiar de até três salários mínimos. Entre os que pagaram a inscrição, por outro lado, o movimento foi contrário: um aumento de 39%.[10]

A olhos vistos, aquela gestão cumpriu a promessa de barrar o filho do porteiro,[11] da trabalhadora doméstica, e de devolver os descendentes dos senhores e sinhás a seus lugares de privilégio irrestrito.

Como lembram Cida Bento e Flavio Carrança, "até bem pouco tempo atrás tínhamos nas universidades uma cota não explicitada de quase 100% para a juventude branca".[12] Isso não incomodava na época, e parece não incomodar hoje, os que ainda insistem em atacar — usando os mesmos argumentos dos anos 2000, ultrapassados e já amplamente rebatidos com fatos — as cotas. Haja paciência para lidar com tanta desonestidade intelectual.

O que seria do Brasil sem Manuel Querino, Maria Firmina dos Reis, Machado de Assis e Sueli Carneiro? Quantos talentos brasileiros já não se perderam, quantos ainda se perdem e quantos se perderão simplesmente por oportunidades que estão sendo negadas?

A cientista e professora de física Katemari Rosa uma vez me disse algo que nunca esqueci: "Não precisamos de muito incentivo para encontrar genialidades entre as pessoas negras. Só precisamos que não nos barrem, não nos matem, não nos tirem dos espaços".[13]

Os piores patrões

Parte 1

Em 1986, a novela *Sinhá Moça* fez sucesso na TV Globo. A trama se passava em uma cidade fictícia do interior de São Paulo, nos anos que antecederam a Abolição. E o protagonismo, claro, como em toda *boa* novela brasileira, era branco. Um dos personagens era o Irmão do Quilombo, um sujeito mascarado que entrava na senzala da fazenda e libertava os escravizados. Daí, em certo ponto, finalmente revelam a identidade dele e era um homem... branco. Nem o protagonista do quilombo — do quilombo! — poderia ser negro.

Mas eu quero mesmo é escrever sobre a cena final: ao som de uma música folclórica cantada em italiano,[1] um grupo enorme de pessoas anda em direção à fazenda. Os homens estão de terno e chapéu, alguns de boina; as mulheres, de camisa de linho, saia comprida e lenço no cabelo. Todo mundo é branco.

Baronesa de Araruna **(Elaine Cristina):** Meu Deus! Os italianos![2]

A única personagem negra na cena é a Bá, interpretada pela grande Chica Xavier (1932-2020). A Lei Áurea já tinha sido assinada, mas Bá continuava trabalhando na fazenda: antes, ela tinha sido uma escravizada doméstica — à época se dizia também "mucama" — e ama de leite da protagonista, a Sinhá Moça. Na cena, ela segura um bebê branco dos patrões, na sacada, enquanto olha para os italianos que estão chegando.

> *Bá* **(Chica Xavier):** O que que eles estão falando, sinhá?
> *Baronesa de Araruna* **(Elaine Cristina):** Eu não sei, Bá.
> *Bá* **(Chica Xavier):** Que diacho de língua é essa?
> *Baronesa de Araruna* **(Elaine Cristina):** É italiano, Bá [*ri*]. Italiano.
> *Bá* **(Chica Xavier):** Hum... Eu não gostei deles.

Bá sai andando pela sacada, olhando feio para os italianos; dá um último "hum" e, com um muxoxo, entra na casa. E a Sinhá Moça pede que alguém traduza a fala dela para os recém-chegados:

> *Sinhá Moça* **(Lucélia Santos):** Diga a eles que são todos bem-vindos à fazenda Araruna; que eles ficarão alojados da melhor maneira possível por enquanto, mas nós cuidaremos para que todos possam construir as suas casas. Diga a eles que eles são livres pra andarem pela fazenda; as crianças, para brincar... mas tomem cuidado com o rio. Diga também que depois que eles descansarem eu chamarei um a um para conhecê-los melhor. Daremos um jeito de nos entender.[3]

Daí a Sinhá Moça fala mais um pouquinho, entra uma música "triste" de fundo — um dedilhar do violão acompanhado de um lamento musicado de "ó-ó-ó-ó-ó..." — e a câmera começa a mostrar um monte de pés, caminhando. Pés descalços. A câmera depois se move para uma contraluz e dá para ver somente as silhuetas das pessoas, mas é possível perceber que os homens não têm chapéu, terno e nem camisa. A câmera finalmente mostra os rostos: agora, são todos negros. Os ex-escravizados da fazenda. Os italianos chegaram; os negros estão indo embora.

O que mais me incomoda na cena é a ideia, cristalizada até hoje na mente de algumas pessoas, de uma transição quase que "automática" entre o trabalho escravo e o trabalho livre. Como se tivesse sido de uma hora para outra; como se já não tivesse começado muito antes — porque muitas pessoas negras já tinham conquistado a própria liberdade e trabalhavam livres há muito tempo.

Como se o europeu tivesse sido trazido para finalmente superar uma suposta *inaptidão* do trabalhador africano e afrodescendente. Como se o negro fosse um incapaz, um preguiçoso; como se agora o país enfim pudesse avançar — não porque acabaram com a obscenidade que foi a escravidão, mas — porque o trabalho seria finalmente executado por mãos mais capazes: o *grande trabalhador europeu*.

Você sabe por que houve um incentivo à migração europeia? Já que não dava mais para explorar os negros escravizados, a elite branca e as autoridades queriam dizimar essa parcela da população. Branquear. E, olha, nada contra os italianos que vieram, muitos de origem humilde. E nem foram só italianos que vieram nessa época: espanhóis e portugueses também. Muitos deles também foram explorados pela *boa* gente rica, trabalhando muito e ganhando quase nada.

Mas sabemos também que, em um país construído graças a mais de trezentos anos de escravidão, o simples fato de um trabalhador ser branco, europeu, de ter os olhos claros e o cabelo liso, já representava um privilégio e um baita diferencial na hora de disputar uma vaga de emprego com uma pessoa negra.

Depois da Abolição, patrões e patroas por muito tempo não tiveram a menor vergonha de incluir, em anúncios de vagas — mesmo as de pior remuneração —, a exigência da cor. "Precisa-se com urgência de uma cozinheira para família pequena. Paga-se bem. Prefere-se branca." "Precisa-se com urgência de uma criada para serviços de uma família pequena. Prefere-se branca", diziam anúncios publicados no jornal *O Estado de S. Paulo*, em 1912.[4]

Na *Folha de S.Paulo*, um anúncio parecido procurava uma "doméstica" que deveria fazer "toda a rotina" da casa, inclusive "cuidar de crianças", e que, preferencialmente, deveria ser "branca, sem filhos, solteira, maior de 21 anos". Só que isso não foi no pós-Abolição — o que já seria um absurdo — e, sim, em 1997.

São *exigências* que vêm desde os tempos da escravidão, conta Taís de Sant'Anna Machado:

> Havia algumas especificações mais comuns, como a exigência de que a cozinheira residisse na casa onde trabalharia e a preferência por mulheres de meia-idade, que não tivessem marido ou filhos. Era evidente a expectativa de que elas estivessem à disposição para o trabalho a qualquer hora e de que sua existência girasse apenas em torno de sua execução, o que fazia com que relações familiares ou de afeto das cozinheiras fossem vistas como um incômodo desnecessário ao trabalho.[5]

No caso de 1997, uma trabalhadora decidiu ligar para o número do anúncio. Após ser informada que, por ser negra, não cumpria com os requisitos do cargo, Simone André Diniz registrou queixa por racismo na Polícia Civil de São Paulo. Em depoimento, a patroa branca, Aparecida Gisele Mota da Silva, "declarou que a preferência era em razão do fato de haver tido uma empregada doméstica negra que havia maltratado seus filhos". A polícia concluiu o inquérito e o encaminhou ao Ministério Público de São Paulo (MP-SP), que levou somente catorze dias para analisar tudo e se manifestar. Alegando falta de provas, o MP-SP pediu o arquivamento do caso: "Não se logrou apurar nos autos que Aparecida Gisele tenha praticado qualquer ato que pudesse constituir crime de racismo, previsto na Lei nº 7 716/89".[6]

Embora tenha sido mal utilizada no caso, essa lei é muito importante. Na Constituição de 1988, foi estabelecido que "a prática do racismo constitui crime inafiançável e imprescritível, sujeito à pena de reclusão, nos termos da lei". No começo do ano seguinte, foi sancionada a lei nº 7 716/89, que tipificou os "crimes resultantes de preconceito de raça ou de cor", como "proporcionar ao empregado tratamento diferenciado no ambiente de trabalho, especialmente quanto ao salário" ou "recusar ou impedir acesso a estabelecimento comercial, negando-se a servir, atender ou receber cliente ou comprador", entre muitos outros.[7] A legislação ficou conhecida como a "Lei Caó" numa menção ao seu autor: o deputado e jornalista Carlos Alberto Oliveira dos Santos (1941-2018), o Caó, um homem negro. Até a Constituição e a Lei Caó, racismo era apenas uma contravenção penal no Brasil. Desde então, é crime.

Em 1997, nada disso importou. O juiz acatou o pedido do promotor e arquivou o caso.

Um grupo de juristas e de movimentos negros[8] denunciou o caso à Corte Interamericana de Direitos Humanos da Organização dos Estados Americanos. Em 2006, a Corte responsabilizou o Estado brasileiro por violações aos direitos humanos de Simone. Na decisão, doze recomendações foram feitas ao país: entre elas, a de promover a "educação" de funcionários do Judiciário e das polícias para "evitar ações que impliquem discriminação nas investigações ou no processo" em casos de denúncias de racismo.

Sorte a nossa que o Brasil de hoje é outro.

Em 1º de novembro de 2019, a cuidadora Eliangela Carlos Lopes estava no trabalho, na casa de uma paciente, quando recebeu uma mensagem pelo WhatsApp, em um grupo de divulgação de vagas para cuidadores:

> Pessoal!!! A Home Angels Centro Sul me ligou agora requisitando dez folguistas para trabalhar como plantonistas... Eles pagam cem reais por plantão com VT [vale-transporte] incluso. Únicas exigências: não podem ser negras, gordas e precisam de pelo menos três meses de experiência.[9]

ELIANGELA CARLOS LOPES: Quando eu recebi a mensagem, eram 11h05 da manhã. Eu tremi de cima a baixo. Eu olhava para o celular, olhava, olhava e pensava: "Meu Deus, quem é que vai me ajudar? Será que eu estou lendo isso mesmo?".[10]

A mensagem tinha sido enviada pela administradora do grupo, a psicóloga Fernanda Marinho Correa. Cinco minutos depois, Eliangela respondeu: "Mas que tamanho preconceito. Não pode ser negra nem gorda. Tô chocada". E Fernanda retrucou: "Exigência deles e não minha! Não posso fazer nada!". Eliangela tirou *print* da conversa e decidiu registrar um boletim de ocorrência.

ECL: Quando fui à Polícia Militar para registrar a ocorrência, à noite, mais um problema: ninguém sabia fazer o registro. Fiquei duas horas na base da praça Sete [no Centro de Belo Horizonte], porque ninguém sabia como fazer o meu boletim de ocorrência. Ligaram para vários quartéis, para vários lugares, para saber como deveria ser feito.

Demorou, mas ela conseguiu. Dias depois, o caso virou notícia.[11] Em depoimento à Polícia Civil, Fernanda disse que tinha recebido a mensagem de uma funcionária de uma unidade da Home Angels,[12] empresa brasileira que, em seu site, anuncia-se como "a maior empresa de cuidadores da América Latina", "com mais de 150 franquias no Brasil".[13]

Tanto no depoimento quanto à imprensa, a dona da unidade em questão, Taís Oliveira Arantes, disse que as mensagens teriam partido do celular da funcionária responsável pelo setor de RH da empresa. À polícia, a funcionária do RH admitiu ter enviado o texto, mas disse que o "perfil" das contratadas tinha sido determinado pela dona da unidade, Taís.

E a polícia fez o que não costuma fazer em denúncias de racismo:[14] investigou. Houve uma operação de busca e apreensão, os celulares foram confiscados e, no aparelho de Taís, a polícia encontrou mensagens em que ela orientava a funcionária do RH:

a partir de hoje: NÃO CONTRATAR MAIS func de cabelos dread/ black power ou do gênero, funcionárias negras (azuis). Nossos clientes são mega exigentes, e dps que elas entram na empresa não temos mais o que fazer, a não ser ver os nomes delas no quadro como "A DISPOSIÇÃO". Pq não tenho $$$ pra demitir essa qt de gente [sic].[15]

Em fevereiro de 2020, a delegada Stefhany Karoline Martins Gonçalves concluiu o inquérito: "Não há dúvidas de que há indícios de autoria e materialidade da prática do crime". E indiciou duas mulheres com base na Lei Caó: Taís (a dona da unidade), por "negar ou obstar emprego em empresa privada"; e Fernanda (a administradora do grupo no WhatsApp), por, "em anúncios ou qualquer outra forma de recrutamento de trabalhadores, exigir aspectos de aparência próprios de raça ou etnia para emprego cujas atividades não justifiquem essas exigências".

ECL: Quando eu vi aquela mensagem, foi como se tivesse um copo d'água na minha frente, eu estivesse morrendo de sede, e alguém me tirasse ele. Eu pensei: "Cara, com 42 anos, preta, semianalfabeta, gastei um dinheirão para fazer curso de cuidadora, e agora, já envelhecendo, eu não posso mais trabalhar porque o requisito será o de não poder ser preta?". E isso me doeu. Fiquei mal, entrei em um processo depressivo. E aí veio a pandemia, que tornou o processo ainda mais melancólico. Passa a pandemia, vem a primeira audiência e, junto, a sensação de que agora vai acontecer. E aí entendemos que "não é crime" o que elas fizeram. Elas não vão ser presas, podem pagar e continuar vivendo uma vidinha bacaninha.

No fim de 2020, o MP de Minas Gerais considerou que os crimes cometidos por Taís e Fernanda eram passíveis de penas de multa e de serviços prestados à comunidade. O promotor propôs que cada uma pagasse 5 mil reais e prestasse 32 horas de serviços.[16] Com o "rebaixamento" do crime, houve uma indefinição sobre qual deveria ser a vara a julgar o caso. No fim, a ação acabou sendo arquivada.[17]

Na Justiça do Trabalho, um "expediente investigatório" foi aberto. Na primeira audiência, Taís disse que "quem criou o anúncio de recrutamento informado na denúncia, exigindo o determinado perfil físico, havia sido essa psicóloga [Fernanda], que não possuía qualquer vínculo com a empresa e sem a autorização desta", e que "não faz qualquer distinção de cor ou de perfil físico ao contratar novos funcionários, avaliando apenas a competência técnica". O depoimento foi em 23 de junho de

2020, mais de quatro meses depois de a Polícia Civil já ter concluído que Taís era a autora da orientação.

Em junho de 2021, o procurador do Trabalho fez uma nova audiência em que colheu o depoimento de uma funcionária de Taís. O procurador perguntou a ela "se havia discriminação racial ou quanto ao porte físico das cuidadoras". Ela respondeu: "Na casa que eu estou nós somos em quatro. Eu sou morena, mas tem uma senhora negra, tem uma outra que é magrinha, clarinha. Nunca teve problema, não, quanto a isso". O procurador concluiu que "restou provado a inexistência dos fatos alegados na denúncia" e, no mês seguinte, decidiu arquivar a investigação.[18]

TIAGO ROGERO: Você sente que justiça foi feita no seu caso?

ECL: Não, não sinto que foi feita justiça, não.

TR: E você acha que será feita?

ECL: Ah, eu tenho minhas dúvidas. O que me dói é saber que eles não serão presos, porque dinheiro para eles é fácil. E qualquer valor não vai pagar o que eu sinto. Até hoje, quando toca nesse assunto, e você viu, me dá um choro... Porque, cara, é pesado saber que eu saio daqui [ela mora na região metropolitana de Belo Horizonte], dessa distância, para trabalhar, para cuidar das pessoas, e aí, em algum momento da vida, tem alguém que não me quer porque eu sou preta. Isso dói, cara. Isso não sai da mente. Não sai da mente.

Eliangela entrou com uma outra ação, esta pedindo indenização por danos morais, contra Taís, Fernanda e a rede de franquias Home Angels. Pouco depois, fez um acordo com Fernanda, mas manteve Taís e a empresa no processo.

Quando fiz a entrevista com ela, em 22 de dezembro de 2023, a ação ainda corria. Em 29 de fevereiro de 2024, saiu o resultado do pedido de indenização: negado. Na decisão, o juiz escreveu que o fato era "grave, discriminatório, odioso e ilegal", mas que não houve "dano direto e pessoal" a Eliangela porque ela "não chegou a perder o serviço em face da absurda exigência". O dano, segundo ele, seria "à coletividade", e não pessoalmente a ela:

> Não teve entrevista direta de emprego entre a autora e réus.
> Não perdeu a vaga após entrevista por ser negra ou gorda.
> [...]
> No caso, a autora não perdeu o serviço ou deixou de ser contratada pelos abusivos requisitos exigidos para prestar o serviço.
> [...]
> Assim, faltou o nexo da causalidade.[19]

Ao tomar conhecimento da decisão, Eliangela enviou uma mensagem pelo WhatsApp para jornalistas (eu entre eles) que acompanhavam o caso: "Saiu minha sentença e, pasmem, não deu em nada. Eu estou desolada, me sentindo açoitada, silenciada. Não tem coisa pior. Estou envergonhada de ter feito tudo o que fiz em busca de justiça, e ela não faz nada".

Vinte e dois anos separam os casos de Simone André Diniz e de Eliangela Carlos Lopes. Ambos só vieram à tona porque duas mulheres negras, ao se depararem com anúncios racistas, reagiram. A forma como o Judiciário agiu em ambos os casos chama a atenção, claro, mas e as pessoas brancas que viram os mesmos anúncios e cruzaram os braços diante dos crimes?

ECL: Eu fiz isso para me libertar. Quando decidi falar, perdi várias amig... colegas de trabalho. Várias pessoas vieram me julgar: "Você nunca mais vai conseguir trabalho porque vai ficar conhecida como a cuidadora problemática". Em algumas circunstâncias, sim; em outras, não. Então preferi pagar o preço. E eu pago o preço até hoje, me custou caro fazer essa denúncia. Mas, ao mesmo tempo, me abriu muitas portas. Eu virei tema de samba-enredo [do bloco Real Grandeza, de Belo Horizonte], escrevi o capítulo de um livro[20] e hoje sou exemplo para muitas colegas fazerem denúncias. Se não tivermos conhecimento, seremos só a cuidadora que precisa também fazer o papel de empregada doméstica, de cozinhar para a família toda, de passear com o cachorro, de lavar o banheiro, e sem receber nada a mais por isso. Precisamos de dignidade para trabalhar. Nós cuidamos do bem mais precioso das pessoas: um pai, uma mãe, um tio. Por que não somos reconhecidas por isso? E por que nosso tom de pele muda alguma coisa?

Casos de racismo não têm um "lado bom". Mas, em meio a todo o sofrimento imposto a Eliangela, um aspecto é interessante: foi por já ter uma consciência racial e política que ela não aceitou o racismo e denunciou o crime. E essa informação ela adquiriu quando trabalhava na casa de uma família negra, de uma médica negra de Belo Horizonte.

ECL: Todos os funcionários dela, ela ajuda. Ela instrui, apoia, direciona... Ela se preocupa com o bem-estar e a saúde dos funcionários. É uma mulher fora do comum. Eu cuidava da mãe dela. E o sobrinho dela, neto da paciente, ficava na casa me auxiliando. Ficamos amigos e, nesse tempo em que cuidei da avó dele, ele me nutriu de conhecimento sobre a questão racial. A minha desconstrução vem daí, desse contato: de saber que, ao mesmo tempo em que eu estava sendo profissional, eu também estava sendo orientada.

E isso sempre foi comum no Brasil: pessoas negras, quando têm alguma oportunidade e conseguem alguma ascensão socioeconômica, geralmente não ascendem sozinhas — costumam ajudar também outras pessoas do seu entorno.

TR: E você faria tudo de novo?

ECL: Com certeza, sem sombra de dúvida. Faria com mais conhecimento ainda, e com mais força. Com mais força. Foi tirar um peso de cima de mim, sabe? Eu consegui falar. Não briguei; eu falei, e falei certinho. E eu tenho razão. Então eu faria tudo de novo, sim. Faria aqui, faria em outro lugar, em outro planeta e sempre. Sempre vou continuar fazendo. Enquanto eu tiver voz, vou continuar falando sobre isso.

Parte 2

Diferentemente do que está cristalizado no imaginário das pessoas, o trabalho no Brasil não começou quando foi assinada a Lei Áurea. E esse é um erro cometido até por algumas pessoas que estudam a história do trabalho:

> a história social do trabalho no Brasil contém, em si mesma, um processo de exclusão: nela não figura o trabalhador escravo. Milhares de trabalhadores que, durante séculos, tocaram a produção e geraram a riqueza no Brasil ficam ocultos, desaparecem num piscar de olhos.[1]

Se teve um povo que sempre trabalhou no Brasil, foi o negro.
Outra ideia que também precisa acabar é a de que o escravizado seria desprovido de conhecimento; um "bicho" que foi trazido para o Brasil só para executar o que era mandado. Os povos africanos trouxeram consigo suas tecnologias, e isso ficou marcado logo que foram aportados aqui, lá no século 16: eram povos de sociedades que já desenvolviam a pecuária e sistemas agrícolas complexos. Nos engenhos, muitos africanos assumiam o posto de mestre de açúcar, a principal função na

etapa de beneficiamento da cana, a transformação de melaço em açúcar refinado.²

No começo do ciclo do ouro, os exploradores eram basicamente catadores que encontravam pepitas aqui e ali, até que uma técnica, trazida pelos africanos, mudou esse jogo: a bateia, que servia para tirar ouro do curso dos rios. Também graças aos africanos foi possível extrair ouro do cascalho e das encostas dos morros — uma atividade que eles já desempenhavam em seus países de origem. Na África Central, onde hoje é o Zimbábue, o processo de fundição do minério de ferro já era conhecido desde antes de 1500.³

LUCILEIDE MAFRA: Eu nasci em Cururupu, no interior do Maranhão, a mais ou menos seis horas de São Luís, e meus pais eram camponeses. Até os doze anos, eu trabalhava na roça com eles. Nunca tivemos [celebração de] Natal porque passávamos o Natal dentro daquele poção de mandioca, tirando mandioca para fazer farinha. Então não temos essa tradição lá em casa. Eu nunca armei uma árvore de Natal na minha vida. Aos doze anos, eu vim para o Pará morar com meu irmão e ser babá do meu sobrinho.

O alemão Wilhelm Ludwig von Eschwege, o barão de Eschwege (1777-1855), fundou a primeira siderúrgica do Brasil: a Patriótica, em Minas Gerais, em 1812. Os trabalhadores, claro, eram escravizados. Um método trazido por esses africanos e conhecido como "cadinho" foi adaptado, potencializando a capacidade de produção dos fornos. Foi uma revolução tecnológica na época. Hoje, há livros e faculdade de engenharia que homenageiam o barão, chamado de o "pioneiro da siderurgia no Brasil".⁴ Dos africanos que ensinaram a técnica a ele, não se sabe nem os nomes.

LM: Meu irmão era sargento do Exército e passava muito tempo longe, uns três meses na mata. E eu ficava com a minha cunhada e a família dela, que morava com eles, na casa do meu irmão. Eu tinha que lavar roupa de quinze pessoas na casa. Eu limpava a casa e não podia comer as comidas que eles comiam normalmente. Um dia, o ferro de passar me deu um choque e, no susto, joguei o aparelho no chão. O ferro quebrou e ela [a cunhada] me botou na rua.

A historiadora Natália Garcia Pinto analisou 244 anúncios de compra, venda e aluguel de escravizados homens publicados entre 1848 e 1852, no Rio Grande do Sul, e listou 44 profissões diferentes:[5] cozinheiro, pintor, marinheiro, alfaiate, marceneiro, ferreiro, charqueador, tanoeiro... Ou seja: não dá para dizer que faltava qualificação.

Há vários relatos de viajantes estrangeiros que se impressionaram com a forma exagerada com que a mão de obra escrava era empregada no Brasil. Por exemplo: mesmo não faltando animais de carga, os senhores preferiam que o transporte fosse feito por pessoas escravizadas puxando as carroças. Eram muito comuns também umas cadeirinhas, como o palanquim — aquele, citado no último capítulo, que a mãe de Maria Firmina quis alugar, mas a filha não deixou —, para que os brancos ricos não precisassem sequer pisar na rua. Há um relato de um viajante específico que é perfeito para ilustrar tudo isso. Está numa pesquisa do historiador Cláudio Honorato: esse viajante, que era estadunidense, passava uns dias no Rio de Janeiro. Certo dia, presenciou uma cena em um escritório de advocacia: um dos sócios entregou um pacote pequeno para um rapaz de dezoito anos, filho de uma *boa família*, que tinha começado a trabalhar por lá. O pacotinho deveria ser levado a uma outra firma nas redondezas.

o jovem olhou o pacotinho, olhou o comerciante, segurou o pacote entre o polegar e o indicador, tornou a olhar novamente para o comerciante e o pacote, meditou um momento, saiu porta afora e, depois de dar alguns passos, chamou um negro que, atrás dele, levou o pacote ao destinatário.[6]

E, como você já leu, as pessoas negras não trabalhavam só na condição de escravizados, mas também quando livres. Afinal, mesmo durante o período da escravidão, um contingente enorme de pessoas negras conquistou a própria liberdade.

E frisar isso é importante para subverter a imagem única do escravizado subserviente, sendo torturado no tronco. Não se trata de negar as dores da escravidão, que obviamente existiram, mas de confrontar essa "matriz de sentido" que coloca as pessoas negras somente no lugar de "escravizadas". A historiadora e jornalista Ana Flávia Magalhães Pinto, primeira mulher negra a ocupar como titular[7] o cargo de diretora-geral do Arquivo Nacional, diz que

> aprendemos a pensar a população negra a partir dos lugares da escravidão, [mas] onde entram as experiências negras de liberdade? Nós lidamos com o fato de que esse mesmo país que parece ser tão eloquente na sua ação escravista também foi o país que, no início do século 19, respondia pela maior população de gente negra livre e liberta das Américas, mesmo após a Revolução do Haiti? [...] Quais são as histórias sobre a liberdade negra que mobilizamos quando pensamos o Brasil do século 19?[8]

Em 1872, havia 5,8 milhões de africanos e afrodescendentes no Brasil — cerca de 60% da população. Desses, 1,5 milhão ainda eram escravizados e 4,2 milhões eram livres ou libertos. Ou seja: dezesseis anos antes da Abolição, de cada quatro pessoas negras no Brasil, três eram livres.[9]

Como os escravistas não largavam o osso, era frequente que brancos submetessem pessoas negras livres à escravidão ilegal: "Tão comum que era um crime previsto no Código Criminal do Império e bastante praticado".[10]

Às vésperas da Abolição, em 1887, o jornal abolicionista *Gazeta da Tarde* denunciou o caso de uma mulher chamada Luiza. Ela contou que anos antes, ao ficar gravemente doente, havia recebido a carta de alforria do senhor, Fuão Leite Júnior. Não era um ato de benevolência: "A ideia [dele] era tão somente se isentar de quaisquer custos médicos", escreveu Pinto. Só que Luiza sobreviveu, curou-se e passou a trabalhar por conta própria.

> Certo dia, Leite Júnior topou com a liberta exercendo suas atividades profissionais numa rua da Corte. Refeito bem depressa da surpresa, logo teria perguntado: "Ah! Onde está a tua carta?". Em Luiza dizendo que trazia o documento consigo, ele se apossou do papel, "reduzindo pessoa livre ao cativeiro". [...] Só que, mais uma vez, a imprensa abolicionista teria prova de sua força perante a sociedade. Três dias depois, o próprio Fuão Leite Júnior iria à redação do jornal apresentar a carta de liberdade de Luiza, que se achava "registrada no cartório do tabelião Mathias", e declarar aos leitores que a entregaria pessoalmente à sua ex-escravizada.[11]

Os trabalhadores negros livres foram responsáveis pela criação dos primeiros sindicatos do país, como o dos estivadores do porto do Rio de Janeiro, fundado em 1903.

LM: Aí eu comecei também a trabalhar em casa de família, cuidando de uma senhora, limpando quintal, enfim... e como babá, também. Como eu tinha bastante facilidade, aprendi a cozinhar muito rápido. E com dezesseis anos eu já era chefe da cozinha de um dos melhores restaurantes lá de Altamira (PA).

O que marcou a contribuição portuguesa, europeia e branca nos séculos de formação do Brasil foi, sobretudo, a preguiça. A balela de que o escravizado era preguiçoso surgiu com o projeto político de desqualificação da população negra para legitimação das políticas públicas de imigração.

A preguiça das elites era tanta que as mães brancas não podiam nem amamentar os seus próprios bebês. E isso está representado na figura da ama de leite. De início, havia até uma crença de que o leite das africanas era mais forte. Depois, a classe médica começou a espalhar que, na verdade, o leite das mulheres negras seria perigoso para os bebês brancos. Mas ter uma ama de leite era uma prática tão enraizada que as madames continuaram obrigando mulheres escravizadas a amamentar. Era um sinal de *status*.

Com o tempo, tornou-se outra fonte de lucro. Quando a escravizada ficava grávida, era anunciada em jornais: colocada para aluguel. As amas de leite mais valorizadas eram as que tinham acabado de dar à luz, que não podiam levar junto o próprio filho. Se a ama de leite estivesse desacompanhada, valeria até o triplo. Então, para poder lucrar ainda mais, muito senhor simplesmente desaparecia com essas crianças: vendia, abandonava na rua, deixava na roda dos expostos — uma instituição da Igreja que cuidava das crianças abandonadas.[12]

Não é muito diferente do que acontece hoje com a figura da babá. Não essa parte de desaparecer com os filhos, claro, mas quantas babás não passam a vida inteira tomando conta dos filhos dos outros, sem poder cuidar dos seus? Ou então sem poder ao menos estar tão próximas quanto gostariam das próprias famílias?

LM: E foi quando eu vim para Belém (PA) para continuar meus estudos e trabalhar. Até os quinze anos de idade eu não sabia nem assinar o meu nome, porque lá em casa o meu pai não deixava as mulheres estudarem. Aos dezesseis anos eu vim para Belém e continuei meus estudos, trabalhando sempre em *casa de família*.

A profissão de babá ainda guarda muitos elementos do período da escravidão. Mas não é a única. Em boa parte dos casos, a babá também precisa ser cozinheira, passadeira, faxineira... Precisa ser até gestora do lar e da vida das pessoas que moram ali. É uma trabalhadora doméstica, profissão que nem de longe recebe a remuneração ou o reconhecimento por todo esse acúmulo de funções.

DANILA CAL: A origem do trabalho doméstico no Brasil está na escravização. Durante o período escravocrata, tínhamos a separação de algumas meninas, de algumas mulheres, para trabalharem nas casas dos senhores. E esse trabalho incluía serviços domésticos e apoio às sinhás. [...] Hoje ainda existe essa cultura da servidão, de que uns devem ser servidos enquanto os outros servem. Existe uma cultura também que desclassifica esse tipo de trabalho como digno e que não deve ser bem remunerado, como se esse tipo de função nem fosse um trabalho.*

A sociedade brasileira tem muitos resquícios da escravidão. Muitos. Mas é difícil pensar em uma relação profissional em

---

* Danila Cal é professora e pesquisadora.

que patrões assumam tanto a postura de *senhor* e de *sinhá* quanto na do trabalho doméstico.

Não sei se existe algo mais *brasileiro* do que a dependência que a classe média e as elites têm do trabalho doméstico.

DC: Sueli Carneiro, que é muito importante para a nossa pesquisa, diz que o trabalho doméstico é um elemento heurístico para compreendermos as relações sociais no Brasil. Então, olhando para o trabalho doméstico, podemos entender muito de como são constituídas as hierarquias sociais e de valor na nossa sociedade. [...] Tem uma outra autora que é muito importante para nós, a Lélia Gonzalez. Ela fala sobre como as mulheres negras tipicamente são vistas e consideradas no Brasil. A ideia da mucama, que permeia ainda o imaginário: é a mulher negra que deve prestar serviços para a família nessa lógica da cultura da servidão, do racismo e tudo mais. Mas há ainda as violências relacionadas, como a violência sexual, por exemplo: de acharem que aquela mulher está ali não para prestar um serviço de cuidar da casa ou dos serviços domésticos, mas para "servir" aquela família. Com toda a amplitude que esse termo pode gerar.

LM: Quando eu vim para Belém, fui trabalhar numa residência onde eu dormia na cozinha, numa rede, e o patrão me assediava direto. Ele deixava a esposa sair, voltava para casa e me assediava.

Desde o começo da Parte 2 você tem lido trechos de uma entrevista com Lucileide Mafra.

LM: Quando anoitecia, era um terror para mim. E eu não podia falar nada porque a patroa acordaria. Com medo de ela me mandar embora, eu não sabia o que fazer. Até que em um dia eu falei para a vizinha e ela me disse: "Conta para a esposa dele". Quando a patroa chegou, eu contei. E ela me botou na rua, às nove horas da noite, eu praticamente sem conhecer ninguém na cidade. E ela ainda prendeu as minhas coisas, eu só peguei parte das minhas roupas que ela jogou no chão, na rua. E ela disse que eu era uma sem-vergonha que estava dando confiança para o marido dela, e que o marido dela não tinha feito isso. Eu tinha dezesseis anos. Não tinha para onde ir, tive que ficar na calçada. Em muitas outras casas eu tive que passar por isso. Não foi só uma vez. Teve uma casa em que, à noite, eu tinha que escorar a porta com uma máquina de costura porque o patrão fazia isso com todas as trabalhadoras. Éramos cinco empregadas, mas em compensação era um salário mínimo dividido por todas. Não podíamos nos sentar no sofá deles, eu tinha que me sentar em um banquinho de madeira; não podia sentar em nenhuma outra cadeira para não "contaminar" eles. Então, assim, eu não digo que o trabalho doméstico é um dos piores trabalhos. Mas que tem os piores patrões, tem.

No período da escravidão, com jornadas que podiam chegar a dezoito, vinte horas de trabalho por dia, sete dias por semana,[13] trabalhadoras domésticas — escravizadas ou não — tinham rotinas semelhantes ou até maiores do que as de escravizados que trabalhavam nas grandes plantações de café, por exemplo. Mas, quando se fala em trabalho forçado nesse período, não é a trabalhadora doméstica quem costuma ocupar o imaginário. É como se fosse uma ocupação "menor" até mesmo para figurar como signo de crueldade.

Segundo Taís de Sant'Anna Machado,

estudos sobre o tema demonstram como a ideia da indignidade do trabalho manual é uma herança portuguesa, aprofundada por sua exploração do trabalho escravizado, e como esse estigma tem desdobramentos ao longo do século 20. A degradação racializada de determinados ofícios é visível quando mesmo trabalhadores brancos e pobres, que não tinham muitas opções, tentam evitar ocupações como o trabalho doméstico. Entre as elites, a recusa ao trabalho manual se dava de tal forma que em Salvador, já no início do século 20, o ditado "trabalho é para cachorro e negro" ainda era bastante comum.[14]

Outro exemplo de como o trabalho doméstico é visto no Brasil como "menos" trabalho é a Consolidação das Leis do Trabalho (CLT), que regulamentou as relações trabalhistas no Brasil, em 1943. O trabalho doméstico simplesmente ficou de fora. E foi assim por mais setenta anos. Só em 2013, com a aprovação da "PEC das Domésticas" — que sofreu ataques de patroas, patrões, da classe política e da mídia —, as trabalhadoras domésticas finalmente tiveram seus direitos equiparados aos das demais profissões.

ELISABETE PINTO: Foi uma conquista das mulheres negras, empregadas domésticas. Não foi uma conquista dada por algum homem branco ou mulher branca. Foram as próprias trabalhadoras domésticas, foram as próprias mulheres negras.*

Elisabete Pinto é biógrafa de uma mulher que simboliza toda essa luta. A mulher que começou tudo isso. Se não fosse

---

* Elisabete Pinto é professora e pesquisadora.

por essa mulher, talvez até hoje as trabalhadoras domésticas ainda estivessem sem esses direitos.

EP: D. Laudelina de Campos Melo é uma heroína da nossa história. E ela conseguiu não só elaborar teoricamente, mas intervir politicamente. Foi uma mulher que esteve à frente do seu tempo, mas também no front de várias áreas e não só do trabalho, com a questão das empregadas domésticas. Uma mulher que lutou pela sua dignidade e pela dignidade do povo negro. D. Laudelina era uma mulher de coragem, que teve coragem de defender a sua dignidade pessoal e a dignidade do seu povo.

Parte 3

Primeiro, vale explicar por que Laudelina de Campos Melo é revolucionária. Se a profissão de trabalhadora doméstica — mais de 90% delas são mulheres e a maioria, negras — enfrenta enormes desafios hoje, imagine quase cem anos atrás.[1]

Certa vez, em 1914, portanto quase trinta anos após a Abolição, Laudelina viu a mãe sendo chicoteada pelos patrões.

ELISABETE PINTO: D. Laudelina nasceu numa família de empregadas domésticas, como a maioria das nossas antepassadas, nossas bisavós, tataravós. Raras foram aquelas que tiveram outras oportunidades. Então, a mãe da Laudelina era empregada doméstica.

Após se tornar também ela trabalhadora doméstica, Laudelina criou em 1936 o que é considerado o primeiro sindicato da categoria no Brasil: a Associação de Empregadas Domésticas de Santos (SP).

EP: Ela era uma pessoa que tinha o máximo de consciência possível para a sua época. Não admitia a injustiça e a humilhação. Sempre trabalhou e defendeu as domésticas. [...] Vendo a realidade da classe trabalhadora, Laudelina começou a lutar pelas empregadas domésticas e pelos direitos delas, para que essas mulheres pudessem ter os mesmos direitos dos demais trabalhadores.

A história de Laudelina é tão incrível que, durante a Segunda Guerra Mundial, ela se alistou e serviu no Exército Brasileiro. Em entrevista a Elisabete Pinto, Laudelina contou que ficava de prontidão no Brasil, em um forte em Praia Grande, na Baixada Santista:

> Hitler foi o maior carrasco que existia naquela época. Dizia... que ele eliminaria todas as raças que não fossem arianas, principalmente a raça negra seria eliminada. Então aquilo me levou, me trouxe uma revolta dentro de mim, então resolvi me alistar para servir à Pátria.[2]

Daí, nos anos 1950, Laudelina se mudou para Campinas (SP), onde criou uma outra associação para as trabalhadoras domésticas. Quando os militares deram o golpe de 1964, a associação foi fechada.

EP: Ela era uma mulher que estava no meio dos homens, lutando, pressionando politicamente, e que também pensava em educação e saúde. Pensava em questões que as mulheres negras dos sindicatos estão começando a pensar agora: por exemplo, na saúde mental das empregadas domésticas. Ela trabalhou muito com uma questão que acabamos não discutindo: o assédio sexual.

Laudelina de Campos Melo

Laudelina também organizava bailes, já que os negros não eram bem recebidos nos clubes brancos da cidade. Nos bailes de Laudelina, havia concursos de beleza negra e festas de debutantes.

EP: Porque as meninas negras das famílias de classe média [...] não podiam participar dos bailes de debutantes dos brancos.

E há quem diga que o racismo no Brasil é mais *brando* do que nos Estados Unidos. Aqui, leis segregacionistas nunca foram necessárias. A separação entre negros e brancos foi sempre na prática, como lembra Ynaê Lopes dos Santos.[3]

Bom, com a redemocratização, a associação de Laudelina foi reaberta em Campinas e, com a Constituição de 1988, transformada em sindicato. A ativista morreu em 1991, aos 86 anos, mas antes doou sua casa para o sindicato das trabalhadoras domésticas.

TIAGO ROGERO: Ó, gente, estamos gravando. Primeiro eu pergunto para vocês, para tentarmos situar o ouvinte: onde estamos agora?

TERESINHA DE FÁTIMA DA SILVA: Estamos em Campinas. Na casa da Laudelina, onde ela morou por muitos anos.

TR: Vocês chegaram a conhecer ela?

TFS: Sim. Eu convivi com ela uns dez anos, eu acho.

TR: E como que ela era?

TFS: Não pode falar tudo, né? Vou pegar só a parte boa [ri]. Não, assim, como [integrante do] movimento, Laudelina era extraordinária. Acho que não existe — eu não conheço a nível de Brasil nem de América Latina, onde participei de encontros das trabalhadoras — alguém com um poder de fala como o da Laudelina. Porque ela tinha uma oratória fantástica. E era muito brava, então o pessoal tinha o maior respeito, né? Onde ela chegava, tinha a moral de descascar a gente ou qualquer político.

TR: E é por isso que você falou que não dá para falar tudo, por causa desse lado mais casca dura dela?

TFS: É, esse lado casca dura era difícil... [ri]

TR: Você tinha quantos anos quando conheceu d. Laudelina?

TFS: Ia fazer vinte. Eu não tinha ensino nenhum porque meu pai mudava de fazenda para fazenda, então, quando matriculava na escola você ia um dia, dali a pouco já mudava para outro lugar e não ia mais. Juntando todos os dias que fui à escola, acho que dava mais ou menos meio ano [ri]. Eu me sentia muito mal. E aí, quando vim para a associação, foi um aprendizado maravilhoso. Porque dessas rodas de conversa e com as broncas de Laudelina é que eu pude crescer um pouco. E eu pude ir para a escola estudar — porque eu era analfabeta de pai e mãe —, depois de velha, para poder dialogar de igual para igual com os demais. Ela sempre falava que a única coisa que ninguém pode tirar de você é o conhecimento. Eu, por exemplo, voltei a estudar por causa da organização sindical e sou bacharel em direito. E por isso que eu ainda estou aí no apoio às companheiras.

Eu já tinha lido a transcrição de uma entrevista que Laudelina deu, nos últimos dias de vida, ao Museu da Imagem e do Som de Campinas, e sempre fico muito empolgado com a possibilidade de ouvir a voz de uma pessoa "histórica", algo que infelizmente é bem raro no Brasil. Se documento de papel já é difícil de achar, imagine gravações em áudio e vídeo.

ORESTES AUGUSTO TOLEDO: Trabalho no Museu da Imagem e do Som de Campinas desde 1990. Tinha um funcionário aqui que eu já conhecia de longa data, o Juvenal, que era projecionista. Ele conversou comigo e falou: "Ah, lá no bairro", um bairro da periferia, "tem uma senhora negra, uma referência". Eu achei interessante: "Vamos entrevistar". Quando eu fui recebido por ela — estavam presentes também algumas diretoras do Sindicato das Trabalhadoras Domésticas —, acho que não passaram nem vinte, quinze minutos, e eu percebi que estava diante de uma pessoa fascinante. Não só do ponto de vista do conteúdo, da vivência, da biografia: o que me impressionou e me impressiona até hoje é a força, a energia, a convicção dela. E por isso é importante o audiovisual, porque não é só o som, você vê o brilho nos olhos dela.

Não dá para mostrar aqui o brilho nos olhos de Laudelina, mas abaixo você pode ler trechos da transcrição:

Laudelina de Campos Melo: As empregadas domésticas tinham sido destituídas das leis trabalhistas, né? Porque eles achavam, e até hoje eles acham, que a empregada doméstica não contribui para a nação e que a empregada doméstica não traz, dentro do bojo da nação, economia. Ela não traz economia para a própria nação, mas traz para o patrão dela, porque é ela quem dá cobertura para a riqueza do patrão. Porque ela que cria os filhos do patrão, ela que cuida da casa, [...] ela que fica tomando conta dos filhos, [...] toma conta do patrimônio do patrão, e sem direito a nada, né? Que a maioria daquelas antigas trabalhou vinte, trinta anos, morreram na rua pedindo esmola. Várias delas a gente teve... cuidou delas, tratou delas e cuidou até a morte porque elas não tinham condição. Não tinha família, não tinha ninguém por ela. Ainda um... um resíduo de escravidão, né? Porque era tudo descendente de escravo, né?
[...]
Empregada doméstica no dia ela faz vários trabalhos, né? Ela vai tratar um serviço numa casa, ela faz o trabalho de lavadeira, de arrumadeira, de cozinheira, de passadeira e de tudo, né? E ainda

não tem uma profissão, ela não está considerada ainda como profissional. Mas ela é uma profissional. [...] Então ela é profissional dentro da cozinha, ela é profissional lavando roupa, ela é profissional fazendo doce, ela é profissional arrumando uma casa, ela é profissional tomando conta dos filhos. Tomando conta dos filhos ela é uma babá. Tomando conta da casa, guardando patrimônio do patrão, ela é uma dona de casa.

[...]

Eles só consideram profissional aqueles que têm um diploma na mão, aqueles que trabalham numa indústria, aqueles que têm um nome ligado à profissão. Mas a empregada doméstica não é considerada. Está relegada à segunda categoria. [...] Porque foi escrava de vocês. Não tinha profissão para vocês, mas ela nasceu já dentro da profissão. Eu, por exemplo, com sete anos, já cozinhava, já tomava conta de uma cozinha.[4]

Lucileide Mafra, cujo relato você começou a ler na Parte 2, também colecionou histórias duras ao longo de décadas como trabalhadora doméstica.

LM: Lembro muito bem que eu trabalhei numa casa aqui na Cidade Velha [em Belém] e eu comprava aquelas velas de sete dias/sete noites porque eu não podia usar a energia da casa para estudar. Eles [os patrões] diziam que eu sonhava alto igual urubu do Ver-o-Peso e que empregada doméstica é empregada doméstica e não passava disso. E que eu jamais iria conseguir alguma coisa. A esposa dele [do patrão] era muito legal, mas tinha muito medo dele. Ele era aposentado, foi militar e servia na reserva. E ficava em casa o dia inteiro perturbando a minha vida. Mandava eu lavar as janelas duas, três vezes; minha mão ficava em carne viva para limpar aquela janela. E, quando eu passei na faculdade, e eu passei em duas faculdades, levei o jornal para ele e disse: "Olha, eu passei". E o filho dele, que fez vestibular ao mesmo tempo, não tinha passado em nenhuma. Eu dizia: "O senhor conhece aquela frase: para os meus inimigos eu desejo vida longa para que possam assistir minha vitória de pé?". Quando eu me formei, fiz questão de que ele fosse o meu paraninfo. E eu fiz questão de dizer para toda a turma: "Vocês lembram daquela história que eu contei para vocês, que o meu patrão dizia que empregada doméstica era empregada doméstica e que eu sonhava mais alto do que urubu do Ver-o-Peso? Pois é, é aquele senhor que está ali na minha frente, que é o meu paraninfo". E aí ele ficou com a cara no chão [ri]. Eu sei que foi uma forma grosseira, mas eu precisava falar aquilo. Eu precisava, sabe? Porque eu engoli aquilo a seco durante anos. Ele dizia: "A única forma de pobre subir na vida é se colocar um sapato alto". Eu disse: "Eu vou conseguir escrever a minha própria história, tá? Não vou pedir; quando eu quero alguma coisa, vou lá e pego. Não fico esperando que ninguém pegue por mim". Enfim, eu nunca deixei que as pessoas me anulassem, eu sempre lutei por aquilo que eu queria. E desde então eu fui me especializando, investia muito do meu salário em cursos de qualificação profissional, principalmente na área da gastronomia, que eu gosto muito. E fui melhorando o meu salário, sempre estudando. Primeiro, eu me formei em administração de empresas, e depois em turismo. E agora eu estou fazendo direito, fazendo pós-graduação, docência no ensino superior.

A história de Lucileide é incrível. Ela passou por todos os perrengues clássicos de uma trabalhadora doméstica no Brasil e deu a volta por cima. E como? Sambando na cara do patrão.

É como no filme *Que horas ela volta*, mas, no caso de Lucileide, não foi a filha quem passou no vestibular, foi ela mesma.

E ainda tem mais.

Lucileide foi uma das pessoas diretamente responsáveis, ao lado de outras companheiras trabalhadoras domésticas, por uma das leis trabalhistas mais importantes da história do Brasil.

Apresentador: O senado acaba de aprovar por unanimidade a proposta de emenda à Constituição que garante mais direitos trabalhistas aos empregados domésticos.[5]

Parte 4

Em 1972, foi aprovada uma lei estabelecendo algumas proteções às trabalhadoras domésticas.[1]

LUCILEIDE MAFRA: Trabalhadora doméstica tinha direito à carteira assinada, tinha direito às férias de vinte dias... Não tínhamos os mesmos direitos que os trabalhadores celetistas, mas tínhamos algum direito.

Trabalhador "celetista" é quem está protegido pela CLT, publicada em 1943, o que não era o caso das trabalhadoras domésticas.

LM: Não tínhamos nem o direito de reclamar. Não recebíamos férias e nem décimo terceiro.

Em 2006, foi estabelecido o direito ao descanso semanal remunerado e aos domingos e feriados. E, veja, só em 2006 — antes, estava liberado o trabalho de segunda a segunda. Mas ainda faltava muita coisa: por exemplo, a demissão poderia ser sem justa causa e sem pagamento de multa; não havia seguro-

-desemprego nem jornada de trabalho estipulada, muito menos hora extra.

E aí veio a Proposta de Emenda à Constituição (PEC), a "PEC das Domésticas", em 2012. E começou a polêmica: muita gente considerou uma *audácia* a exigência de direitos para a trabalhadora doméstica e a tentativa de finalmente equiparar a profissão às demais categorias profissionais do Brasil.

Apresentadora: Ana Paula é uma das milhares de donas de casa do país preocupadas com as mudanças na lei trabalhista para as empregadas domésticas. Com uma funcionária que dorme em casa todas as noites, ela tem dúvida de como fazer para controlar os horários de trabalho.
Entrevistada 1: Como ela dorme em casa, está comigo há muito tempo e dorme aqui em casa, a gente precisa rever só essa questão dos horários, não passar do que é permitido legalmente e estar também atendendo às necessidades da casa.[2]
Entrevistada 2: Então, qual é o primeiro momento? Vou despedir. Eu já conheço muita gente que despediu. [...] Porque eu lembro do tempo que eu era pequena, os empregados da minha casa, alguns vieram comigo quando eu casei; minha babá me acompanhou... Eu a aposentei, ela morreu com oitenta anos, vinha receber o salariozinho dela... Então ela era uma pessoa da família, a gente dormia na cama abraçada com ela.[3]
Repórter: Na casa da Tatiana é assim: a babá recebe um salário de 1.400 reais por doze horas de trabalho. O custo da empregada doméstica, que trabalha de segunda a sexta, é de mil reais. [...] A Tatiana decidiu não arriscar e, antes mesmo da emenda ser aprovada, demitiu a empregada doméstica, que acabou se tornando diarista.[4]

LM: A "mídia" que o Romero Jucá tentou implantar, a fala dele na mídia, era a de que ia ter desemprego em massa.

O então senador Romero Jucá era o relator da PEC no Senado.

LM: Os senadores e deputados começaram a fazer essa mesma fala. Tivemos alguns problemas no início com as próprias trabalhadoras, de alguém dizer: "Eu perdi o meu emprego por causa desses direitos que vocês acharam que a gente teria que ter". Eu fiquei em Brasília direto. Visitei os 513 deputados, várias vezes. Teve deputado que visitei 118 vezes e ele não queria nos receber. Eu dizia: "Enquanto você não der o voto para o projeto de lei da categoria das trabalhadoras domésticas, você vai ver a nossa cara aqui".

Na Câmara, a relatora foi a então deputada Benedita da Silva — a primeira mulher negra no Brasil a ocupar os cargos de vereadora do Rio de Janeiro (1982), deputada na Assembleia Constituinte (1988), senadora (1994) e governadora (2002) —, que já foi trabalhadora doméstica.[5]

A proposta teve só dois votos contra. Um foi de Vanderlei Siraque, de São Paulo, que depois disse ter apertado o botão errado. O outro, bem... Até hoje ele se vangloria de ter votado contra a PEC das Domésticas. Na campanha presidencial de 2018, Jair Bolsonaro chegou a usar seu voto contrário à PEC como uma espécie de "trunfo".

DANILA CAL: Ele foi abertamente contra a PEC das Domésticas e era um dos que defendiam que ela destruiria as famílias, que o pai de família não teria mais condições de cuidar da dinâmica familiar porque não poderia pagar uma trabalhadora doméstica. No debate público, havia um discurso muito forte de que isso destruiria as famílias porque os patrões não teriam mais como contratar trabalhadoras domésticas e, por isso, não teriam mais como desenvolver bem as suas atividades. A rotina da casa ficaria prejudicada. Imagina: trabalhadora doméstica querer hora extra! "Ela trabalha nas casas de família; não tem hora, gente, não tem hora para o café, para o jantar"... E isso é revelador do ressentimento que os governos de esquerda no Brasil, notadamente os governos de Lula e Dilma, geraram na classe média e na elite em relação à ascensão das classes mais baixas. A PEC das Domésticas, aprovada e sancionada durante o governo da Dilma, é um dos elementos que alimentou o ressentimento — e essa é uma tese que eu defendo — em relação ao antipetismo por causa dessa lógica de que teria destruído a cultura familiar. E, considerando toda a lógica de cultura da servidão que remonta à escravização no Brasil, entendemos de onde vem esse ressentimento. "Como que eu não vou ser servido?!"

Danila organizou um livro sobre o trabalho doméstico, lançado em 2021, em parceria com a também pesquisadora e professora Rosaly de Seixas Brito.[6]

ROSALY DE SEIXAS BRITO: A propósito disso que a Danila disse: o [à época da entrevista] ministro da Economia, Paulo Guedes, enunciou isso de uma forma muito clara com a questão do "agora tem até empregada doméstica indo pra Disney".

Turismo, todo mundo indo pra Disneylândia, empregada doméstica indo pra Disneylândia, uma festa danada. Mas *peraí*. *Peraí, peraí*, vai passear ali em Foz do Iguaçu, vai passear ali no Nordeste, está cheio de praia bonita. Vai pra Cachoeiro de Itapemirim, vai conhecer onde o Roberto Carlos nasceu. Vai passear no Brasil, vai conhecer o Brasil, que está cheio de coisa bonita para ver.⁷

RSB: É um discurso elitista. A elite, exatamente por causa dessa marca colonial, cultuava a ideia de que precisa ser servida, paparicada... Essa cultura do ódio que estamos vivendo no Brasil hoje é marcada sobretudo pelo ressentimento.

Agora, se tem uma coisa que a *boa* classe média e a *boa* gente rica no Brasil sabem fazer — que esses *cidadãos de bem* sabem fazer — é descumprir leis. E é isso o que está acontecendo.

RSB: É evidente que a PEC trouxe benefícios imensos, imensos, imensos e absolutamente urgentes para sanar essa dívida histórica que existia no Brasil com as trabalhadoras domésticas. Porém, as famílias vão encontrando os seus jeitinhos de continuar se valendo do trabalho doméstico ao largo da regulamentação. E eu penso que o contexto da pandemia só agravou isso.

A primeira morte por covid-19 no estado do Rio de Janeiro foi de uma trabalhadora doméstica: Cleonice Gonçalves, de 63 anos. Ela morava em Miguel Pereira, a 120 quilômetros da capital, e trabalhava numa casa no Alto Leblon, um dos metros quadrados mais caros do país. A patroa dela tinha acabado de voltar de uma viagem para a Itália — que, não sei se você se lembra, teve um surto de covid-19 muito antes de o vírus chegar ao Brasil. Quando Cleonice morreu, foi notícia no mundo todo: "Uma mulher brasileira pegou coronavírus nas férias. Agora, a empregada dela está morta".⁸

Em maio de 2020, quando não existia vacina nenhuma e mesmo os cientistas não sabiam praticamente nada sobre o novo vírus, pelo menos quatro estados brasileiros incluíram o trabalho doméstico na lista dos "serviços essenciais" que, mesmo com a pandemia, não podiam parar.[9]

Em junho de 2020, a *socialite* branca Sari Corte Real, então primeira-dama de Tamandaré (PE), não permitiu que a empregada, Mirtes Renata Santana de Souza, cumprisse o distanciamento social em casa e exigiu que continuasse trabalhando. Como a creche não estava funcionando por causa da pandemia, Mirtes precisava levar o filho Miguel, de cinco anos, para o apartamento dos patrões, no Recife. Certo dia, Sari mandou Mirtes passear com o cachorro da família; pouco tempo depois, o garotinho começou a chamar pela mãe. Sari, fazendo as unhas com uma manicure, disse ao menino que fosse sozinho procurar a mãe. Perdido no prédio, ele acabou parando no nono andar, foi até a área onde ficam os aparelhos de ar-condicionado e caiu, morrendo na hora.[10]

Não só Mirtes, mas a mãe dela, Marta, trabalhava para Sari Corte Real e o marido, Sérgio Hacker, que não pagou as rescisões trabalhistas e, na Justiça do Trabalho, sequer reconheceu o vínculo empregatício: alegou que ambas não eram funcionárias do casal, mas, sim, "da prefeitura, à disposição do prefeito em seu apartamento no Recife".[11]

RSB: Infelizmente, o trabalho doméstico é um dos focos desse desrespeito aos direitos trabalhistas. Porque é um trabalho que acontece num ambiente que favorece muito isso. É uma forma mais difícil de ser fiscalizada, porque se dá no interior das casas. Tanto que, quando a gente ouve falar, por exemplo, de trabalho análogo ao trabalho escravo no Brasil, o que se vê é justamente isto: a dificuldade que os fiscais do Ministério do Trabalho têm de chegar a esses casos, justamente porque estão ao abrigo do olhar, digamos assim, das instituições fiscalizadoras.

ELISABETE PINTO: D. Laudelina estaria muito brava com tudo isso. Estaria brava com o presidente da República [à época, Jair Bolsonaro], estaria indignada com a população brasileira pobre e as empregadas domésticas que votaram no [então] presidente da República. Estaria lutando e se organizando para discutir a questão das empregadas domésticas — principalmente na pandemia —, das trabalhadoras que foram mantidas em cárcere privado. Também estaria brigando muito, e expondo — porque d. Laudelina expunha os nomes dos maus patrões. Hoje tem pessoas que, para burlar a lei, registram, mas a trabalhadora tem que trabalhar em duas casas. Por exemplo: eu sou sua parente, contratamos uma empregada, eu a registro, ela trabalha dois dias por semana na minha casa, três na sua, por exemplo. Só que ela tem que dar conta da minha casa e da sua casa. Então isso é uma exploração. Você tem uma empregada doméstica, você acha que ela é sua mucama. Faz a sua empregada comprar o seu cigarro, grita para ela trazer a água; se tem filho, e as crianças estão brigando, grita para ela ir lá acudir essas crianças. E, no fim da tarde, depois dela ter ido duas vezes ao mercado para você, o que era uma obrigação sua; depois de ir comprar cigarro, de ir à quitanda, de atender a porta, de levar água para você... aí ela não deu conta de fazer todo o trabalho. Daí você exige dela o quê? "Ah, você é mole mesmo, não deu conta do trabalho." Então, d. Laudelina sempre trabalhou contra isso: empregada doméstica não é mordomo. Empregada doméstica não é governanta. Ela queria que as empregadas domésticas tivessem orgulho do trabalho. E que pudessem reivindicar o respeito, porque é um trabalho como outro qualquer. Ela lutou para que o emprego doméstico fosse valorizado e para que as empregadas pudessem fazer aquilo que quisessem. [...] Uma aluna minha, uma vez... Eu não entendia por que ela olhava tanto para mim. Pensei: "Será que essa menina não gosta de mim?". Não. Um dia ela falou: "Professora, eu tenho muito orgulho de você porque você fala da sua história, fala da história da sua mãe, com muito orgulho". E a minha mãe foi empregada doméstica, né? E eu tenho muito orgulho disso.

A cor dos faraós

Parte 1

Em 1789, os escravizados de um engenho no Sul da Bahia mataram o mestre de açúcar, foram até o dono do engenho e apresentaram um documento.[1]

Naquela época, era raro que qualquer pessoa soubesse ler e escrever no Brasil. Menos ainda pessoas escravizadas, por causa das proibições e interdições. Mas não era impossível. E os trabalhadores escreveram: "Meu senhor, nós queremos paz e não queremos guerra; se meu senhor quiser paz, há de ser nessa conformidade".[2] E fizeram uma série de exigências por melhores condições de trabalho: queriam ter as sextas-feiras e os sábados livres para cultivar as próprias roças; não aceitavam os atuais feitores do engenho; e exigiam que fosse feita uma eleição para novos feitores. E terminavam assim o documento: "Poderemos brincar, folgar e cantar em todos os tempos que quisermos, sem que nos impeçam e nem que seja preciso pedir licença".[3] Esses "brincar" e "cantar" têm mais significado do que parecem, e daqui a pouco chegaremos lá.

Essa reivindicação foi feita no Engenho Santana, e o documento ficou conhecido como "Tratado do Engenho Santana".

GILMÁRIO RODRIGUES SANTOS: O terreiro Matamba Tombenci Neto foi fundado em 1885, em uma localidade que fica na zona rural da cidade de Ilhéus: o Engenho Santana, onde houve uma revolução escrava. Foi constituído um documento que, dizem, é o primeiro tratado trabalhista entre patrão e empregados, em que os escravos pontuaram em carta algumas das suas reivindicações.*

O dono do engenho pediu ajuda para o juiz do distrito, que enviou mais de oitenta homens armados e conseguiu conter a revolta. Na época da Guerra da Independência, a fazenda estava nas mãos de outro senhor e houve uma nova revolta dos escravizados. Os trabalhadores mantiveram o controle por três anos. Só em 1824 as autoridades conseguiram retomar o engenho, e os revoltosos montaram quilombos nas matas. Foi a partir dos remanescentes desses quilombos que nasceu o terreiro Matamba Tombenci Neto.

GRS: Meu nome é Gilmário Rodrigues Santos, o nome com o qual fui batizado na Igreja católica. Mas eu faço parte também da religião do candomblé. Sou membro do terreiro Matamba Tombenci Neto, no qual recebi o nome de Tata Luanda Nkosi. Eu sou Tata Kambondo aqui do terreiro. O Matamba Tombenci Neto é referência na cidade por ser um dos terreiros mais velhos. Então, quando acontece algum caso de intolerância religiosa, de desrespeito, as pessoas naturalmente nos procuram. Tivemos vários casos aqui em Ilhéus. Vários casos.

Um desses casos foi com parentes dele.

---

* Gilmário Rodrigues Santos é Tata Kambondo do terreiro Matamba Tombenci Neto, em Ilhéus, na Bahia.

GRS: Meu tio era casado com Imbialê Neuzira [...]. E boa parte dos meus primos [filhos dela] são evangélicos.

Imbialê Neuzira é uma ialorixá; uma mãe de santo.

GRS: E aí meu tio faleceu. Ele não era iniciado [no candomblé], mas ajudava a Imbialê Neuzira nas obrigações e tudo. E aí fomos para o funeral dele. Quando chegamos, tinha muitos evangélicos lá, o pessoal da igreja dos filhos. Na hora do sepultamento, o Nkosi, né, o Ogum de Imbialê Neuzira, "pegou": manifestou nela. Na hora de arriar o caixão na cova, o Ogum virou. Pegou ela.

O orixá de Neuzira se manifestou: queria se despedir do marido dela, que tinha falecido.

GRS: E aí esses evangélicos começaram a tentar pegar o Ogum: "Sai, satanás! Sai, seu diabo! Tira ele! Tá repreendido!", e não sei o quê. E gerou aquela confusão.

Esse tipo de "confusão" tem acontecido cada vez mais no Brasil.

Casal evangélico hostiliza mulheres do candomblé dentro de mercado
O homem chegou a justificar a sua conduta alegando estar agindo "por preocupação com a alma" das praticantes da religião de matriz africana.[4]

Denúncias de intolerância religiosa triplicam em 5 anos no estado de SP
[...] Se em 2016 as delegacias de polícia registraram 5 214 boletins de ocorrência relatando intolerância religiosa, em 2021 foram 15 296 denúncias [...].[5]

Terreiro de candomblé denuncia ataque de intolerância religiosa pelo 2º dia consecutivo no sul da BA
Após confusão com grupo de evangélicos, ocorrida no domingo, terreiro teve assentamento de Exu, que fica na frente do local, destruído na segunda-feira (15). Polícia Civil investiga o caso.[6]

Nos últimos anos, os casos de racismo religioso, de terrorismo contra as religiões de matriz africana, têm escalado.

TIAGO ROGERO: Aí a primeira pergunta que eu faço para o senhor nesse sentido é: existe liberdade religiosa no Brasil hoje?

IVANIR DOS SANTOS: Depende para quem. Para entender a liberdade religiosa no Brasil, temos de entender o processo histórico do país. Primeiro temos um país em que, durante a Colônia e o Império, a Igreja católica fazia parte do Estado.*

E aqui há uma questão bem importante: é inegável que boa parte dos ataques a religiões de matriz africana, hoje, sejam cometidos por alguns evangélicos, principalmente os neopentecostais. E trataremos disso em detalhes, com toda a complexidade que o assunto exige. Mas, se pegarmos todos os anos da história do Brasil desde a invasão portuguesa, na maior parte do tempo houve um outro grupo promovendo os ataques.

IS: Nesse período, não tinha para ninguém a não ser a Igreja católica. Não havia liberdade para as manifestações

---

* Ivanir dos Santos é professor, babalaô, pesquisador e ativista na luta contra a intolerância religiosa.

religiosas dos escravizados e dos indígenas. O que havia era a conversão, a catequese forçada desses grupos.

O catolicismo era a religião oficial do Brasil, e nenhuma outra era tolerada, como escreveu Reginaldo Prandi.

Todo brasileiro, fosse branco, indígena ou negro, devia ser batizado católico. Senhores, escravizados e libertos tinham a mesma religião, o catolicismo, embora brancos e negros devessem frequentar igrejas separadas.

Antes de serem embarcados nos navios negreiros, ainda na África, os escravizados eram usualmente batizados e, uma vez no Brasil, minimamente familiarizados com as práticas rituais da Igreja católica.[7]

E não era somente uma questão religiosa, mas também de negócios: a Igreja católica foi a principal sócia de Portugal na empreitada da colonização e da escravidão, da exploração de mentes e corpos negros por mais de três séculos; do genocídio desse povo. A principal *sócia*.

E, por todos esses anos, a Igreja católica foi também a principal responsável por perseguir qualquer manifestação religiosa que não fosse a do catolicismo. Desenvolveu uma "justificativa" ideológica e teológica para a barbárie que foi a escravidão. Algumas dessas ideias permanecem até hoje e são a base do terrorismo contra religiões afro-brasileiras, e do próprio racismo.

Parte 2

A Igreja católica deu subsídio moral e ideológico para que a Coroa portuguesa escravizasse os africanos. Pouco depois do primeiro leilão de pessoas — realizado em 1441 —, quando o comércio de seres humanos já se provava lucrativo, o papa Nicolau V (1397-1455) publicou a bula "Romanus Pontifex", em 1455, autorizando a escravização de africanos. A desculpa era que aquilo salvaria a alma deles, pois os sequestradores estariam convertendo aquelas pessoas ao cristianismo.[1]

FERNANDA THOMAZ: Pensar o continente africano antes do tráfico transatlântico é pensar em diversidade. Porque eram povos diferentes. Não eram "irmãos". Esse papo de "irmãos" é nosso, é atual. A ideia de África nem existia, foi construída pelos europeus, exatamente com o contato ao longo do tráfico de escravizados e, depois, com o colonialismo, que aí sim define o "outro" como o continente africano. Mas essa identidade "africana" não existia. O cara era bacongo, o outro era ovimbundu; o outro era macua, maconde, hauçá... Entende? Em termos culturais, estamos falando de um continente com mais de 30 milhões de quilômetros quadrados. Um continente com dimensões gigantescas, que hoje tem cerca de 2 mil povos.*

Mesmo sabendo da complexidade que é tentar definir como seria a religiosidade num continente tão diverso, com povos tão distintos, perguntei a Fernanda Thomaz se haveria elementos em comum ao menos entre boa parte dessas diferentes culturas.

FT: A primeira coisa é termos a noção de que é da nossa sociedade separar sagrado e profano. E não sei nem se o termo "religião" daria conta para pensarmos nessas práticas espirituais do continente africano, das sociedades africanas. Mas acho que o primeiro ponto a pensarmos é que não há uma separação: o cotidiano está mergulhado em espiritualidade. Pensando abaixo da linha do deserto do Saara, é muito comum o culto aos ancestrais na grande maioria das sociedades africanas. Sociedades em que o pertencimento histórico, o pertencimento a um território, tem a ver com as suas heranças, com a relação de parentesco, com as suas heranças de linhagem. Ou seja: quem cuidou de você, quem trouxe você para o mundo, um dia será o mais velho e um dia será o ancestral. Tem um caso, de um jornalista que lutou pela independência de Moçambique. Ele queria dar um enterro digno para o pai, e o sepultou no cemitério da cidade. Passaram-se vinte anos, o filho teve um AVC e vários outros problemas, inclusive profissionais. Ele procurou todos os meios, desde cuidar do físico, ir ao médico, enfim; mas coisas que não tinham explicação continuavam acontecendo. Então ele decidiu procurar um curandeiro, que disse: "Olha, seu pai

---

* Fernanda Thomaz é historiadora e professora de história da África.

quer falar com você. Você precisa jogar os oráculos para saber o que seu pai quer falar com você". Ele não acreditou, né? "Eu sou um homem da ciência, vou pensar nisso?" Ele acabou jogando os oráculos e o que ele descobriu? O pai dele, que tinha sido enterrado no cemitério da cidade, queria ser enterrado na terra onde estavam os avós, os antepassados, os ancestrais dele. E aí o filho fez a exumação das ossadas e transportou tudo para Inhambane, para a terra onde estavam os ancestrais. Teve todo um ritual, enfim. Após o ritual, a vida dele voltou à normalidade, entende? Tudo voltou à normalidade.

Tem uma palavra de origem banto, "calunga", que quer dizer um monte de coisa. Um significado comum é o de "morte, além". Eu já tinha lido que, para muitos povos africanos que foram escravizados, a travessia pelo mar — aqueles dias todos no porão de um navio negreiro — era encarada como morte. Porque o mar era chamado de "calunga grande". Mas eu tinha entendido errado.

FT: A morte, em muitas sociedades africanas, simboliza uma outra coisa. A morte não é um problema. Não é obscura, é simplesmente uma passagem dessa existência. O mundo do vivo depende do mundo dos mortos e vice-versa, porque o mundo dos mortos é o que me dá sentido, é o que dá sentido à minha existência. A morte só simboliza a passagem, que é ir para esse outro mundo.

A travessia num navio negreiro não era a morte. Era algo pior.

FT: Porque, na verdade, ela corta o seu eixo com seu território. O mar simbolizava esse tempo de ida que não tem volta. E esse mar é o que corta a sua relação com sua linhagem, com o território de onde você veio. Corta a sua relação com a sua história. Ainda que você leve seus ancestrais consigo, a relação não é a mesma com o lugar onde você vive, porque você largou o seu eixo. Esse indivíduo que tinha toda uma relação de coletividade passa a ser individualizado quando é comprado na costa do continente africano e atravessa o oceano. E, quando atravessa, ele emerge numa outra cultura e numa outra posição social porque ele passa a ser mercadoria, ele passa a ser escravo. A morte se dá no processo de travessia. Mas é uma morte feita a partir do desenraizamento. Essa morte da travessia é muito maior do que a morte física.

Na cultura iorubá,[2] o mundo em que vivemos é o Aiyê e o dos mortos, o Orum. O espírito "deve permanecer no Orum à espera de uma oportunidade para ser acolhido por um útero que o trará de novo à Terra", escreveu Reginaldo Prandi. "Todo morto um dia renascerá, mas a condição necessária para reencarnar é não ser esquecido após a morte: o falecido deve ser constantemente homenageado por sua família, pois são essas homenagens que o chamam de volta à vida na Terra." O morto, então, reencarna na própria família — que, com o tempo, torna-se estendida e conta não só com parentes consanguíneos, mas também agregados.

A pior coisa que pode acontecer a um iorubá tradicional, portanto, é morrer antes de realizar uma obra que o torne inesquecível, antes de construir uma família numerosa. Morrer ainda criança é a pior das mortes, porque essa criança não teve tempo de construir uma biografia que justifique seu retorno. A morte de uma criança pode ser o elo final de uma cadeia de muitos renascimentos. A vida que ela representa pode ter se manifestado em várias encarnações, a criança pode até ter sido um rei, e esse ciclo acabaria interrompido, de repente, pelo azar de a última reencarnação terminar em uma criança que morreu cedo e que não será, por certo, lembrada por muito tempo.[3]

Tanto no tráfico quanto no sistema de trabalho forçado, é incontável o número de africanos ou afrodescendentes que morreram ainda crianças.

E sabe quem também participava do tráfico negreiro? A Igreja católica.

Em 1558, havia mais de 10 mil pessoas escravizadas trabalhando em sítios e fazendas dos jesuítas em Angola. E começou a haver críticas dentro da própria Igreja — não à escravidão, mas à participação católica no tráfico. O padre responsável pela missão respondeu que seria impossível que os padres conseguissem se sustentar no continente africano sem o tráfico, "uma vez que a Coroa portuguesa não lhes pagava o suficiente para cobrir suas despesas".[4]

No Brasil, a Igreja ganhava por cada escravizado que fosse batizado. E era lei: todo escravizado deveria ser batizado.[5]

No campo *moral*, a Igreja já tinha tentado justificar a escravidão com aquela desculpa de salvar almas. Para manter de pé o regime escravocrata, a coisa ficou ainda mais complexa: foi criada toda uma pretensa justificativa ideológica e teológica. Havia, por exemplo, a ideia de que os africanos deveriam ser escravizados porque teriam sido amaldiçoados. A Igreja pregava que os senhores teriam nascido para serem senhores e os escravizados, para serem escravizados. Um dos principais nomes da "pedagogia da escravidão" foi o padre Antônio Vieira, que até hoje dá nome a ruas e instituições no Brasil. Ele dizia que não há trabalho nem gênero de vida no mundo mais parecido com a Paixão de Cristo do que o trabalho escravo nos engenhos.[6]

A religião católica não era só a oficial, mas a única permitida. Outras manifestações religiosas foram classificadas como heresia, feitiçaria, coisa do demônio.[7] Aí veio a Independência, o Brasil se separou da Coroa portuguesa, mas estava lá na Constituição de 1824: "A Religião Católica Apostólica Romana continuará a ser a Religião do Império". E mais: "Todas as outras religiões serão permitidas" — e eu chamo a atenção para isto — "com seu culto doméstico ou particular, em casa para isso destinada". Desde que a casa não parecesse um templo do lado de fora.

E a Constituição também dizia que "ninguém pode ser perseguido por Religião, uma vez que respeite a do Estado, e não ofenda a moral pública". E você sabe o que sempre foi uma ofensa à moral pública no Brasil? Qualquer traço de africanidade, como as religiões de matriz africana.

Embora carreguem elementos seculares e até milenares, as religiões afro-brasileiras que conhecemos hoje são relativamente recentes: surgiram a partir da segunda metade do século 19. E são várias, né? Tem as mais conhecidas, candomblé e umbanda, mas também tambor de mina e terecô, no Maranhão; xangô e xambá, em Pernambuco e Alagoas; cabula, no Espírito Santo; batuque, no Rio Grande do Sul; babaçuê, no Pará; quimbanda, no Rio e em São Paulo; omolokô, em Minas, no Rio e São Paulo... São religiões que nasceram aqui. Com elementos de diferentes sociedades e culturas africanas, mas que nasceram no Brasil. Afro-brasileiras.

Tratando especificamente do candomblé de nação ketu, Reginaldo Prandi cita uma definição do sociólogo francês Roger Bastide (1898-1974):

É dele a ideia de que o candomblé representava uma espécie de retorno momentâneo dos negros exilados no Brasil à África da qual foram tirados pelo escravismo. Ou seja, era através do candomblé que o negro podia, eventual e temporariamente, sair da sociedade branca, católica, escravista, dominante e adversa, para voltar à sua civilização de origem, o mundo negro, o mundo da comunidade, da raiz, da família, da origem e assim em diante.

Bastide chamou essa passagem simbólica de "princípio de corte": no momento em que o negro punha o pé no templo africano refeito no Brasil, no momento em que ultrapassava o portão do terreiro, ele se reencontrava com sua antiga civilização, com a família africana, e voltava a ser o que ele havia sido: um africano livre.[8]

E não é que não havia essa religiosidade aqui antes do século 19. Lembra do Tratado do Engenho Santana, quando os escravizados exigiram poder "brincar, folgar e cantar" sem pedir licença? Isso podia tanto significar o puro e simples lazer quanto celebrações religiosas. Chamar de "brincadeira" era uma forma de proteger os ritos. Uma forma de resistência. Com o passar dos anos, até por causa do número cada vez maior de pessoas negras conquistando a própria liberdade, foram surgindo mais casas, mais terreiros.

Daí, olha este caso de 1849, em Porto Alegre: uma mulher negra fez um requerimento para o chefe de polícia.

PAULO MOREIRA: Ela se apresentou para o delegado como Maria José, preta forra, rainha Ginga, de nação angola com predomínio sobre as outras nações da costa da África, e reclamou que tinha uma licença para brincar com as pessoas da sua nação. Pedia, então, que essa licença fosse renovada. É interessante a forma como ela se apresenta e como tenta disfarçar aquela manifestação coletiva, comunitária, como "brincadeira". E aí a polícia ficou toda ressabiada porque, evidentemente, mesmo sendo forra, a presença dessa mulher e a liderança que tinha nessa comunidade atemorizavam a sociedade branca. De tal modo que essa sociedade, durante muito tempo, ficou pensando se renovaria a sua licença, que tinha sido cassada. Num determinado momento, a licença foi renovada, mas desde que as manifestações, as festas, os brinquedos, fossem feitos extramuros da cidade, naquilo que se chamava na época da "várzea de Porto Alegre".*

Não sei se você reparou no nome que Maria José usou quando fez o requerimento para o chefe de polícia.

PM: Quando ela se apresentou como rainha Ginga, não era uma coisa fortuita, por acaso. Ela certamente escolheu aquilo. Talvez estivesse dando até uma intimada no delegado. Como se dissesse: "Veja bem com quem você está falando, eu sou rainha Ginga, sou uma mulher que represento várias nações da costa da África". A rainha Ginga, como a gente sabe, é uma mulher que realmente existiu, se trata de Nzinga Mbandi, uma mulher que viveu ali de 1582 a 1663. Nunca pisou no Brasil. Foi uma rainha nos reinos do Dongo e de Matamba, uma pessoa extremamente importante. E a presença da rainha nessa região Congo-Angola marcou tanto a memória das pessoas trazidas compulsoriamente para o Brasil que a rainha Ginga se tornou uma distinção, um elemento de prestígio. Quando a Maria José disse que era a rainha Ginga, estava chaman-

---

* Paulo Moreira é historiador e professor.

do para si uma certa realeza, mas também uma representatividade ligada a sua ancestralidade. No Rio Grande do Sul, assim como no Brasil, de uma forma geral, temos uma série de territórios negros. E nesses territórios existem uma série de festividades que dialogam com essa memória da África. Atualmente, ainda temos a presença da rainha Ginga e do rei Congo dentro das irmandades, nisso que chamamos de "afro-catolicismo".

As irmandades negras, dentro da Igreja católica, são consideradas a primeira forma de "associativismo negro" a surgir no Brasil.

PETRÔNIO DOMINGUES: Associativismo negro foram as formas encontradas pela população negra de adaptação a este novo continente, às Américas. Essa população desenvolveu várias formas e estratégias de resistência. As irmandades negras remontam ao período colonial, criadas como uma iniciativa da população escravizada que buscou seu espaço na Igreja católica, que buscou um lugar em que pudesse professar sua fé.*

A Igreja tolerava e até fomentava o surgimento de irmandades negras, que precisavam de autorização para funcionar. Do ponto de vista da Igreja, não deixava de ser uma forma de controle e de catequização.

PD: Isso pelo olhar da Igreja católica, né? Porque, pelo ponto de vista dos escravizados, as irmandades negras eram um espaço de resistência, em que eles se sentiam

---

* Petrônio Domingues é historiador e professor.

fortalecidos, unidos e fortes [...]. Você teria não só um espaço de culto, para professar a sua fé, fazer a sua prece, cultuar o seu santo; mas também encontraria os seus irmãos de cor. Era um espaço em que essa população se unia, fortalecia-se do ponto de vista da sua identidade. E era um espaço em que também se articulava a luta pela conquista da liberdade. As irmandades negras também foram responsáveis por comprar muitas alforrias [por meio de "vaquinhas" entre os membros].

As irmandades também construíram igrejas porque os negros, mesmo livres, não eram aceitos nas igrejas dos brancos. Várias dessas igrejas erguidas por irmandades ainda existem, e em geral podem ser identificadas por uma extensão no nome: "Dos Homens Pretos". No Brasil, os africanos e seus descendentes acabaram criando um "catolicismo popular",[9] muito permeado pelo sincretismo, a mistura de elementos com as religiões de matrizes indígena e africana.

E houve muitos casos de seguidores de religiões afro-brasileiras que também fizeram parte de irmandades católicas. E não só de seguidores, mas também de líderes dessas religiões: Mãe Aninha (1869-1938), batizada Eugênia Anna dos Santos, uma das mais importantes mães de santo da nossa história, fez parte de duas irmandades.

E, além da compra de alforrias, as irmandades garantiam também uma "boa morte": um enterro digno, com direito a funeral e missa.[10] Quando João Cândido (1880-1969), o Almirante Negro, foi julgado pela Marinha do Brasil por se revoltar contra os castigos corporais e liderar a Revolta da Chibata, ele e os outros marinheiros que sobreviveram — os que não foram assassinados pela Marinha — foram defendidos por advogados contratados por uma irmandade do Rio de Janeiro. E isso já na

República porque, mesmo depois da Abolição, as irmandades continuaram a existir.

Assim como continuou, na República, a perseguição às religiões de matriz africana.

IVANIR DOS SANTOS: É interessante observar que a Abolição se deu em 1888, a República veio em 1889, e em 1890 nasceu o Código Criminal.

Em 1890, depois do golpe que derrubou o Império e instituiu a República, o governo provisório publicou um decreto que tornou o Brasil, pela primeira vez, um Estado laico. Ao menos na teoria. Ainda naquele ano veio o Código Penal, que determinava como crimes à saúde pública "praticar o espiritismo, a magia e seus sortilégios, usar de talismãs e cartomancias para despertar sentimentos de ódio ou amor, inculcar cura de moléstias curáveis ou incuráveis, enfim, para fascinar e subjugar a credulidade pública".

IS: Na história do país, sempre teve um grupo religioso sendo perseguido pelo Estado na Colônia, no Império e no início da República, e isso perdurou também para depois da República. Tanto que esses objetos sagrados que estão hoje no Museu da República são a maior prova concreta de como o Estado republicano nos tratou.

No começo do século passado, a própria imprensa comemorava os ataques da polícia aos cultos de matriz africana. Os jornais chamavam de "limpeza".[11] A Polícia Civil do Rio de Janeiro tinha uma Delegacia de Costumes e Diversões só para lidar com esse tipo de caso. Durante décadas, policiais apreenderam objetos religiosos como atabaques, guias, imagens, velas, quadros e anéis. E, por outras tantas décadas e até muito recentemente, essas peças sagradas estavam expostas num "Museu de Magia Negra", dentro da sede da Polícia Civil. Até que a campanha Liberte Nosso Sagrado — sob a liderança da mãe de santo Iyá Meninazinha de Oxum —, depois de anos de luta, finalmente conseguiu a transferência de 523 artefatos para o Museu da República, em 2020.[12]

IS: Nos últimos trinta anos, o Estado deixou de perseguir diretamente. Mas aí surgiram os neopentecostais e agora a pressão vem desses grupos, com a omissão do Estado. O Executivo e também uma boa parcela do Judiciário se omitem diante do combate sistemático feito contra os cultos afro-brasileiros. Sistemático. Chegando ao absurdo de termos casas sendo queimadas, sacerdote sendo assassinado, tráfico de drogas "evangelizado", que é uma coisa que nunca se pensou em ter, que expulsa e que obriga as pessoas a destruírem o seu próprio sagrado. E tudo isso sob o silêncio das autoridades. Então não tenho dúvidas de que, se fosse contra um outro grupo, [as autoridades] agiriam mais rápido. E é por isso que eu digo que, para nós, essa liberdade religiosa nunca existiu.

Parte 3

Em 2018, foi publicado um estudo sobre os casos de intolerância religiosa no Brasil: 35% das vítimas eram de religiões afro-brasileiras; 19%, evangélicas; 8%, católicas; 4%, espíritas; 2%, muçulmanas; 9%, de outras religiões; e quanto a 23% não havia informação sobre religião. Nos registros em que se sabia tanto a religião da vítima quanto a do agressor, 78% dos ataques a religiões de matriz africana foram promovidos por evangélicos e 16%, por católicos. Nas agressões a evangélicos, 70% dos agressores foram outros evangélicos e 15%, católicos. Nos casos em que católicos eram as vítimas, 73% dos ataques foram promovidos por evangélicos e 20%, por outros católicos.[1] "Não há registro de agressores das religiões afro-brasileiras contra evangélicos, católicos ou espíritas", escreveu Reginaldo Prandi.[2]

> É fato sabido que o evangelicalismo é hoje o principal concorrente das religiões afro-brasileiras e que o declínio das religiões de origem negra é em grande medida explicado pela atuação dos evangélicos em seus agressivos proselitismo e entusiasmo expansionista. Religiões evangélicas não só convertem com sucesso seguidores do candomblé e da umbanda, como são responsáveis por intensa

campanha midiática contra essas religiões, que identificam como do diabo. A intolerância exercitada sistematicamente contra os afro-brasileiros pelos evangélicos, sobretudo os neopentecostais, é explícita e presente em canais de televisão e estações de rádio.[3]

E, nessa perseguição às religiões de matriz africana, tem uma coisa que pega demais para mim: a quantidade de gente negra que frequenta as igrejas evangélicas.

Aliás, dizer "evangélicos" é uma forma de generalizar, né? São muitas denominações diferentes, e daqui a pouco você lerá mais sobre elas. Inclusive, muitas pessoas dessas religiões preferem usar o termo "cristãos", mas como o IBGE usa "evangélicos" vamos seguir assim só para ficar mais simples, já que em "cristãos" entram também os católicos, por exemplo.

Pensando nos evangélicos, a maioria é negra: pretos e pardos, 59%.[4] É mais do que a proporção geral de negros na população brasileira. O pastor batista Marco Davi de Oliveira defende que a "religião mais negra do Brasil" é a evangélica, ideia que dá nome a um livro dele.[5]

MARCO DAVI DE OLIVEIRA: Se pensarmos em negros e negras religiosos, eles estão nas igrejas evangélicas. É óbvio que a maioria é católica. Mas quando eu falo que a religião mais negra do Brasil é a Igreja evangélica, não estou falando de simplesmente crentes nominais ou de católicos nominais. "Ah, eu sou católico, nunca vou à igreja, não participo de absolutamente nada, mas sou católico." Na Igreja evangélica não é assim. Então, é nesse sentido que eu digo que a religião mais negra do Brasil é a Igreja evangélica.*

---

* Marco Davi de Oliveira é pastor da Nossa Igreja Brasileira, de denominação batista.

O começo das igrejas evangélicas no Brasil foi no século 19. Primeiro, com o que é conhecido como "protestantismo de imigração": os anglicanos ingleses e luteranos alemães que vieram na primeira metade do século. Depois, teve o "protestantismo de missão", com missionários vindos principalmente dos Estados Unidos: presbiterianos, metodistas, batistas...[6] Nessa leva também veio gente do Sul dos Estados Unidos: entre eles, confederados que, após perderem a Guerra Civil, queriam voltar a viver em uma sociedade escravista.

E essas são as chamadas "igrejas históricas", dentro das evangélicas. Também nos Estados Unidos, surgiu a Igreja pentecostal:

MDO: Pentecostes era uma festa da colheita. Pessoas de diversas nacionalidades, inclusive vários africanos, reuniam-se para essa festa. Quando Jesus Cristo terminou sua missão, foi torturado e crucificado, ele ressuscitou e prometeu aos discípulos o Espírito Santo. E a chegada do Espírito Santo aconteceu no Dia de Pentecostes. E qual foi a evidência disso? As pessoas começaram a falar nas suas línguas, mas cada uma entendia na própria língua. Os pentecostais surgem com essa compreensão de que precisam revisitar esse dia e por isso acontece aquela glossolalia, aquele "falar em línguas" e tudo o mais. É como se fosse um retorno a esse dia.

E o mito fundador da Igreja pentecostal nos Estados Unidos envolve um homem negro, William Seymour (1870-1922), no começo do século 20. A história era assim: filho de ex-escravizados, ele frequentava a escola bíblica, metodista, de um pastor, um homem branco. E esse pastor branco...

MDO: ...era muito racista, não deixava negros estudarem na escola bíblica. A empregada dele pediu para que deixasse William Seymour estudar. E o pastor respondeu: "Ele pode estudar, mas vai ficar do lado de fora, no corredor; não vai ficar junto com os brancos". Então o Seymour fez todo o seminário no corredor. E aí, na sala de aula, aconteceu entre os alunos essa glossolalia, essa experiência do Pentecostes: eles começaram a orar e a falar em outras línguas e a ter manifestações com o corpo, aquela coisa toda. Isso também aconteceu com William Seymour. Ele foi para a rua Azusa [em Los Angeles, nos EUA] e encontrou uma igreja metodista africana abandonada. E ali começou os cultos — inter-raciais, inclusive. Começou a incluir música negra e muita utilização do corpo... E esse é o mito fundante, assim, porque ferveu o mundo todo: as pessoas iam lá para ver o que estava acontecendo.

No Brasil, as igrejas neopentecostais surgiram no fim dos anos 1970, quando a ditadura e a economia estavam em crise. Tudo isso ligado a um contexto geral de empobrecimento da população, de crescimento desordenado das cidades, de falta de oportunidades...[7]

MDO: Nas igrejas evangélicas, há redes de apoio, de comunhão e de ajuda. É naquela igreja lá que muitas vezes, num tiroteio, o povo se protege. É o lugar onde as crianças são atendidas, onde a mãe solo, para que possa trabalhar, às vezes deixa a criança. É a cesta básica que chega.

Onde o Estado não quis chegar, as igrejas chegaram. E ajudam, de fato, muita gente.

MDO: Ninguém se considera extremamente feliz ralando uma vida toda e não conseguindo absolutamente nada, passando dificuldades o tempo todo. Aí vem a Igreja neopentecostal com uma teologia que surgiu nos Estados Unidos, a Teologia da Prosperidade. Isso dá um empoderamento tremendo às pessoas que estão nas comunidades. O cara entende que não precisa ser pobre a vida inteira, que Deus não o quer pobre daquele jeito, não o quer passando dificuldades.

Mas, além de todos os espaços que a Igreja evangélica de fato ocupa, algo que não podemos nunca esquecer é a agência das pessoas. Não dá para achar que é por desconhecimento ou inocência que as pessoas negras estão nessas igrejas. É por opção, também. Por escolha. Por considerarem que faz bem para elas, para a vida delas e dos familiares... Não dá para ser fiscal da fé alheia.

E também não dá para reduzir toda a complexidade desse movimento à ideia de que isso só aconteceu por se tratar de uma população "abandonada pelo Estado". A proporção de evangélicos com ensino superior, por exemplo, de 15%, é quase igual à dos católicos, de 20%.[8] Cada um escolhe o que considera melhor para si.

E Marco Davi acredita que uma outra razão para o sucesso das igrejas pentecostais e neopentecostais entre os negros brasileiros está na africanidade:

MDO: O pentecostalismo valoriza a utilização do corpo. Essa experiência, de ser tomado pelo Espírito Santo, é algo muito africano e está muito próximo das religiões de matriz africana. O transe. Rapaz, eu me arrepio todo quando falo isso porque acho fantástico.

E olha o que o babalaô Ivanir diz sobre isso:

IVANIR DOS SANTOS: Incorporar o Espírito Santo, isso é africanidade: incorporar o Espírito Santo e falar língua estranha. Qual a diferença entre um cara receber o Espírito Santo e o outro receber o caboclo ou receber um orixá? A incorporação é transe. E isso é africano, é da espiritualidade africana.

Não é todo mundo, claro, que reconhece essa africanidade. E há um motivo para isso.

MDO: O meu pai tocava muito pandeiro. E, para você ver como a coisa era forte na minha cabeça: a minha denominação, a minha igreja, demonizava a cultura brasileira de certa forma. Então, eu não aprendi a tocar pandeiro com meu pai, que tocava muito, e eu poderia ter aprendido. E eu não aprendi porque a igreja dizia, mesmo que nas entrelinhas, que aquilo não era de Deus.

Tem dois mitos, de duas "maldições", que são espalhados até hoje por alguns pastores. Um deles é o da Maldição de Cam, um dos filhos de Noé — aquele Noé, da arca.

MDO: Houve o dilúvio, né, e depois o Noé bebe lá seu vinho... [Ele] Tinha três filhos: Cam, Sem e Jafé. E aí Cam vê a nudez de Noé...

E isso está na Bíblia: Noé acabou dormindo pelado; Cam, que era um dos filhos, passou, viu e chamou os outros dois irmãos para ver. Os dois não entraram na pilha do irmão e foram andando de costas, sem olhar para o pai, e cobriram Noé.

Quando Noé acordou e descobriu o que o filho mais novo tinha feito, amaldiçoou não Cam, mas um dos filhos dele, Canaã.

Daí tem pastor até hoje, e pastor famoso, político, que diz que os povos africanos foram escravizados por causa da Maldição de Cam.[9] Além de racista, esse pensamento não tem base nem mesmo na Bíblia. O teólogo e pesquisador Glauber Henrique Corrêa Rocha explica que, na própria Bíblia, dos quatro filhos de Cam, três são descritos pelo Gênesis como os ancestrais dos povos africanos. Sabe qual é o único que não é ancestral dos africanos? Justamente Canaã.[10] Ou seja: a "maldição", se é que existiu ou existe, não recaiu sobre os africanos.

Ainda sobre esse mito, tem um quadro megafamoso chamado *A redenção de Cam*. É uma pintura de 1895, quando o Brasil, depois de ter sido forçado a acabar com a escravidão, tentava eliminar a parcela negra da população. A pintura mostra quatro pessoas. Da esquerda para direita, a primeira é uma senhora negra, de pele retinta e lenço na cabeça. Ela olha para cima com as mãos abertas e parece estar agradecendo aos céus. Do lado dela, uma moça mais jovem: uma mulher negra de pele clara — ou seja, provavelmente fruto de um relacionamento inter-racial. Ao lado, um homem branco com um sorriso meio debochado, meio orgulhoso, olhando o bebê no colo da moça. Um bebê branco, provavelmente o filho do casal. A senhora negra da esquerda está agradecendo o branqueamento da prole. Lembra do nome do quadro? A "redenção" de Cam.

E tem a outra maldição.

MDO: Eu era um jovem seminarista, tinha uns trinta anos mais ou menos, e era o único preto no meio deles. Um dia, estava fazendo a palestra e perguntei: "Qual a maldição de Caim?". E todos, em coro, responderam: "A cor preta". Eu olhei para eles, assim, absorto. "Não estou acreditando que estou num seminário presbiteriano e estou ouvindo um negócio desses." Falei assim: "Gente, vamos ler o texto de novo?".

Você conhece a história dos irmãos Caim e Abel? Caim matou o irmão, e está na Bíblia que Deus colocou nele uma "marca". Não tem nada falando que a tal da marca seria a cor negra ou a pele negra. Nada.

MDO: E essa interpretação tem que ser expurgada porque é extremamente racista. Extremamente maldosa. Não tem nada a ver com o texto. E me chama muito a atenção que essa coisa ainda esteja, de alguma forma, impregnada também na Igreja evangélica.

A origem dessas duas interpretações erradas da Bíblia, dessas duas "maldições", está na Igreja católica, naquela tentativa de *justificar* a escravidão. Uma deturpação que foi passada adiante, mesmo para outras religiões, e que infelizmente se mantém até hoje.

E algo parecido aconteceu em relação a Exu, o orixá responsável por fazer a comunicação entre os seres humanos na Terra (Aiyê) e os demais orixás, no Orum: "Exu é o portador das orientações e ordens, é o porta-voz dos deuses e entre os deuses. Exu faz a ponte entre este mundo e o mundo dos orixás", escreveu Reginaldo Prandi.[11] Foram os primeiros europeus a terem contato com o culto aos orixás no continente africano que compararam Exu ao diabo, na tentativa de buscar alguma equivalência entre os orixás e o panteão católico. Mas Exu nada tem a ver com o diabo. É um orixá de dualidade: tem o bem e tem o mal, o sucesso e o fracasso, a luz e a escuridão — assim como os seres humanos: afinal, todo mundo tem dualidade dentro de si.[12]

Mas talvez o que o distingue de todos os outros deuses é seu caráter de transformador: Exu é aquele que tem o poder de quebrar a tradição, pôr as regras em questão, romper a norma e promover a mudança. Não é, pois, de se estranhar que seja considerado perigoso e temido, posto que se trata daquele que é o próprio princípio do movimento, que tudo transforma, que não respeita limites e, assim, tudo o que contraria as normas sociais que regulam o cotidiano passa a ser atributo seu.[13]

MDO: Há praticamente trinta anos estou no meio evangélico falando contra o racismo da Igreja. Já fui espezinhado de todos os jeitos que você pode imaginar. Um dia, num conselho de pastores, disseram que eu estava cheio de demônios e que queria dividir a Igreja. Quando terminei de ouvir aquilo tudo, aquela violência toda, senti Deus falando no meu coração: "É isso o que eu quero que você faça. Quero que continue falando contra o racismo na Igreja". Porque racismo é pecado, tira a possibilidade de o outro ser imagem e semelhança de Deus, como inclusive a Bíblia diz. Tira a possibilidade de o outro ser, de existir, de ter a sua própria alteridade. É pecado. Pecado.

E é sempre vital destacar que é claro que não são todos os evangélicos que são racistas — ou, enfim, todos os pentecostais ou neopentecostais. Obviamente há muitos evangélicos que discordam e combatem isso.

E precisamos lembrar que os evangélicos também sofrem preconceito, e que uma boa parte desses ataques está fundada justamente em todos aqueles elementos que remetem à africanidade, como o transe: como se falar em línguas fosse algo risível ou primitivo.[14] Já ouvimos essa história antes: é preconceito, puro e simples, contra uma religião majoritariamente negra. Uma violência que se retroalimenta.

E também é importante destacar que há pessoas de outras religiões que também atacam a fé de matriz africana; que também são racistas ou que, no mínimo, cruzam os braços e se calam diante do racismo — o que é tão baixo quanto.

Em anos recentes, por exemplo, os ataques assumiram a forma de uma pretensa defesa aos direitos dos animais.

> O alvo da ação, nesse período, é o sacrifício votivo, ou abate animal, que constitui peça fundamental do ritual que parte do princípio segundo o qual as divindades, entendidas como antepassados, precisam ser alimentadas — princípio presente em importantes religiões tradicionais, mesmo quando o gesto sacrificial se realiza por meio de representação simbólica. Sacrifício, enfim, que está na raiz e na substância doutrinária e ritualística do judaísmo, do cristianismo, do islã e de diversas outras religiões ao redor do mundo.[15]

Ao menos duas coisas, nesse caso, devem ser pontuadas. Uma é que "as carnes sacrificiais são consumidas no terreiro da mesma maneira como a maioria não vegetariana da população se serve diariamente à mesa".[16] A outra é que, em 2019, o Supremo Tribunal Federal considerou que sacrifícios votivos estão protegidos pela Constituição e não configuram crueldade contra animais.[17] No mais, como escreveu Reginaldo Prandi, "na defesa dos animais, certamente seria mais produtivo que esses políticos, ativistas ambientais e evangélicos preocupados, com o abate religioso, fossem bater às portas dos frigoríficos e dos grandes pecuaristas".[18]

IS: A sociedade precisa entender que o ataque às religiões de matriz africana é um ataque à democracia e às liberdades. Só isso que quero que as pessoas pensem. Porque hoje somos nós... É o que eu sempre digo: primeiro vamos nós para a fogueira, mas depois vão os outros.

Entre os católicos, há um grupo ultraconservador no Rio de Janeiro que recentemente impediu a realização de uma missa histórica do Dia da Consciência Negra porque a celebração contava com atabaques.[19] Depois de a Igreja católica passar séculos lucrando com a escravidão, foi só em 1839 que um papa, pela primeira vez, condenou o regime escravocrata.[20] Por outro lado, é inegável que alguns avanços sociais dos últimos anos no Brasil aconteceram graças a movimentos que surgiram dentro da Igreja, como por exemplo os pré-vestibulares comunitários, que garantiram a entrada de muita gente negra nas faculdades.[21] Assim como há muitos projetos sociais de igrejas evangélicas que literalmente salvam vidas de pessoas negras.

Nem tanto ao céu, nem tanto ao inferno.

Entre os muitos evangélicos progressistas e antirracistas que existem, o pastor Henrique Vieira ficou bem conhecido nos últimos anos — é escritor, declamou em música do Emicida e, em 2022, foi eleito deputado federal pelo Rio de Janeiro. Entrevistei ele para o podcast *Vidas Negras*, em 2020, quando ele me contou que a primeira igreja protestante do Brasil era negra. Foi criada no Recife por Agostinho José Pereira, o Divino Mestre.[22]

MARCUS J. M. DE CARVALHO: O Divino Mestre foi um líder rebelde, um líder popular, um líder da população negra do Recife. E que era cristão.[*]

---

[*] Marcus J. M. de Carvalho é historiador e professor.

O primeiro documento que Marcus J. M. de Carvalho encontrou sobre Divino Mestre relatava a prisão dele em meio à Revolução Praieira — uma revolta que aconteceu por causa de uma briga política entre liberais e conservadores no fim dos anos 1840. E a prisão foi feita sob uma alegação:

MJMC: Suspeição de estar insuflando uma revolta escrava, uma mobilização de trezentos negros e tal. E aí a defesa dele diz: "Não! Ele é só um líder luterano. Ele é um líder religioso e, no Brasil, há liberdade religiosa". Mas as autoridades acham, sim, que por trás disso ele não é só um líder religioso. Quando ele foi preso, mais dezesseis pessoas foram presas. E alguns quiseram se entregar porque não queriam deixar o Divino Mestre — que é um dos nomes de Cristo, "Divino Mestre" — ir sozinho para a cadeia, queriam acompanhá-lo em seu infortúnio.

Consta na documentação que o líder, à época com 47 anos, tinha por volta de trezentos seguidores. Trezentos fiéis.

MJMC: O Divino Mestre se considerava um verdadeiro cristão, um cristão ortodoxo.

Ele dizia que estava em contato constante com Deus, que as imagens dos santos não tinham valor espiritual e que os católicos não cumpriam os mandamentos.

MJMC: Ele se achava o verdadeiro portador da fé cristã. Então, isso incomodava em dobro porque ele estava confrontando um dos grandes pilares do Estado, que é a Igreja católica, porque havia nessa época a união Igreja-Estado.

Mas, aos olhos das autoridades, essa nem de longe era a maior ameaça representada por Divino Mestre.

MJMC: Ele é um herói, rapaz. Eu fico imaginando: naquela época, no Recife, o cara estava alfabetizando negros. Claro que isso é rebelde! Não podia alfabetizar negros, né? Ele estava entregando um instrumento poderosíssimo para a população escravizada. Ele foi capturado porque representava uma grande ameaça por estar alfabetizando negros e negras na cidade do Recife. E por defender um cristianismo próprio, que não era o católico.

No julgamento, a esposa de Divino Mestre contou que viu Deus num sonho.

MJMC: E aí o desembargador perguntou se Deus era branco ou preto. E ela respondeu que era "acaboclado". E aí os caras riram, um riso provavelmente com um certo travo de nervosismo porque esse cara [o Divino Mestre] estava alfabetizando trezentos negros, e a maior parte eram mulheres. É muito interessante também como eles lidam com essa questão cromática, de cor. "Moreno", "acaboclado"... Nisso, temos de tentar evitar as perspectivas contemporâneas e pensar nas perspectivas da época, no significado do uso dessas expressões como uma estratégia de resistência e sobrevivência.

Perguntei a Marcus se ele veria conexões entre o cristianismo defendido por Divino Mestre e alguma religião do presente:

MJMC: Esse "ver o Senhor num sonho" vincula ele ao neopentecostalismo. Eu puxaria por aí, para os pentecostais mesmo, para um cristianismo que não é o católico e que tem elementos e tradições que se misturam com elementos e tradições africanas. E o mais próximo disso, no meu entendimento, é o cristianismo negro americano: a pessoa também recebe espírito, a pessoa tem sonhos...

Antes de se tornar Divino Mestre, Agostinho José Pereira nasceu livre, no Recife, em 1799. A mãe dele tinha sido escravizada.[22] Aos policiais, ele contou ter sido oficial de milícias da Confederação do Equador, em 1824 — aquela que, como vimos no primeiro capítulo, teve como uma de suas primeiras medidas o fim do tráfico negreiro, mas foi suprimida pelas forças imperiais.

MJMC: E tem um instrumento, rapaz, didático, arretado, que é o ABC. Naquela época, você aprendia a ler e a escrever assim: a, b, c, d, e, f... Eu encontrei essa documentação do Divino Mestre, mas eu ainda não tinha encontrado o ABC.

Muitos anos depois, ele encontrou.

MJMC: É o primeiro documento escrito por um negro contra o racismo e a favor da revolução. Eu não conheço outro na historiografia brasileira anterior a esse. Porque o ABC é fascinante. Você tem versos revolucionários, conclamando a revolução; é um texto a favor do orgulho da cor morena. Ele dizia que é a cor dos faraós. É a cor de Jesus. É a cor daquelas pessoas que fizeram os grandes impérios e que estão sendo oprimidos aqui. E [dizia] que vai ter uma revirada. Ele usou a expressão "moreno". Aí você vai para um Moraes, que é um dicionário de 1817, moreno é um pardo escuro, né? É um negro.

O "ABC" também citava a Revolução do Haiti. Abaixo uns trechos:

Folha 1 (frente)
Versos do Divino Mestre intitulado Espírito Santo
A linda Nobre cor morena/ Degrado[u] no Brasi[l]/ [H]á mais de 300 anos/ Muito breve terá fim
[...] [H]erdeira pela natureza/ De digna estimação/ Desta nobre cor morena/ O primeiro foi Adão [...]

Folha 1 (verso)
Homens sem [h]umanidade/ Lembra-te do futuro/ Dá liberdade aos morenos/ E temei a uma nuvem escura/ Jurastes a constituição/ Para mais condenação/ Que só pede gente livre/ E nós na escravidão
[...] Não se pode duvidar/ Pois bem mostra a experiência/ Que no princípio do Mundo/ Os Reis eram morenos/ Oh! grande é [a] cegueira/ Desta gente Brasileira/ Não olha para o Haiti/ E para a América Inglesa

Folha 2 (frente)
[...] [Ar]razarão certas nações/ Mais nenhuma os vencerão/ Ficará a cor morena/ De coroa e cetro na mão [...]

Folha 2 (verso)
[...] Findaremos a verdade/ Desta nova aparecida/ A favor da cor morena/ Do verdadeiro Messias[23]

Divino Mestre foi solto, mas não se sabe o que aconteceu com ele depois.

A resistência de Divino Mestre me faz pensar na luta que representantes das religiões afro-brasileiras travam hoje pelo direito básico de professarem a sua fé, e no sem-número de casos em que traficantes estão expulsando o povo de santo das comunidades. O babalaô Ivanir me chamou a atenção para um aspecto interessante sobre isso:

IS: "Ah, expulsou da comunidade, então agora não tem mais." Isso é o que se acha. Mas se você andar direitinho por aí, a turma já sabe: dá segunda-feira, "cadê fulano?", "tá na casa de sicrano". Quando a gente vai ver, está lá alguém virado no Exu dando consulta. Apesar de todas essas pressões, nego fica quietinho, mas vai. Entendeu? Não tem [culto] publicamente. "Ó, não pode." Mas o "não pode" não quer dizer que nego não faça, entendeu? E a comunidade às vezes acoberta mesmo.

TIAGO ROGERO: É, resistência sempre, né? A lógica da existência negra no Brasil é a resistência.

IS: Isso. Por isso que as religiões afro-brasileiras sobreviveram nesses anos todos. Perseguidas pela Igreja católica por mais de 350 anos, depois perseguidas pelo Estado, pela República... E você acha que agora vão acabar? Não vão acabar. É comum você chegar na Igreja católica e ver o ministro da eucaristia, aí quando chega a noite, você vai na umbanda e o cara está lá, é o ogã da casa. *Pa-pa-pa...* [imita o barulho do atabaque]. Foi assim que a religião sobreviveu.

Salve-se quem puder

Parte 1

Quando a vacinação contra a covid-19 finalmente começou no Brasil — com muito atraso, devido à ineficiência dos que estavam à frente do governo federal —,[1] as redes sociais ficaram lotadas de publicações celebrando o Sistema Único de Saúde (SUS): "Viva o SUS!" e "#DefendaoSUS". Mesmo com todo o esforço que o governo federal fez para que não houvesse vacinação,[2] os profissionais da saúde pública, e a experiência de um sistema acostumado a fazer campanhas nacionais de imunização, garantiram que as coisas não fossem ainda piores — que não morresse ainda mais gente. E morreu muita gente: mais de 700 mil pessoas.[3]

No início da pandemia, havia aquela ideia de que o vírus era *democrático*: atingia todo mundo, independentemente de cor, gênero, classe social. Mas, na prática, em um país tão desigual quanto o Brasil, não foi isso o que aconteceu, como as pesquisas evidenciaram[4] e a ativista e diretora-executiva da Anistia Internacional Brasil, Jurema Werneck, explicou em participação na CPI da Pandemia, no Senado:

> O que essas informações atestam é que as desigualdades estruturais tiveram influência sobre as altas taxas de mortalidade.

E quando a gente cruza com diferentes marcadores, a gente vê que a maioria das pessoas que morreram no Brasil eram negras, indígenas, de baixa renda e de baixa escolaridade. Já sabíamos que o Brasil tinha uma desigualdade nesse campo e deixamos passar. E deixamos passar.[5]

Não foi por acaso que o Brasil negligenciou a compra da vacina. Não foi por acaso que não se investiu em testagem em massa. Não foi por acaso que houve uma atuação tão forte contra a ciência e contra o que os cientistas diziam — como a necessidade de distanciamento social, do uso de máscaras, enfim. Não foi por acaso que justamente as autoridades que deveriam nos guiar investiram tempo e dinheiro na propagação de mentiras: sobre o vírus, sobre a vacina, sobre um tratamento precoce que nunca existiu.

Não foi por acaso, não foi por acidente. Foi por propósito, mesmo. Foi por projeto.

Jair Bolsonaro: Tem a questão do coronavírus também, que no meu entender está sendo superdimensionado o poder destruidor desse vírus.[6]

Jair Bolsonaro: Até porque o brasileiro tem que ser estudado. Ele não pega nada! Você vê o cara pulando em esgoto ali, sai, mergulha... Tá certo? E não acontece nada com ele.[7]

Jair Bolsonaro: Tem uns idiotas aí. O "fica em casa". Os idiotas, tem alguns idiotas que até hoje ficam em casa.[8]

Jair Bolsonaro: Eu lamento todos os mortos, mas é o destino de todo o mundo.[9]

Não foi por acaso. Assim como não tem sido por acaso o desmonte do SUS, um processo que começou há algum tempo, antes ainda da gestão Bolsonaro, mas que se acentuou no governo do ex-presidente.[10] Tudo isso foi agravado pela ineficiência de um Ministério da Saúde que permitiu o encolhimento do orçamento, ano após ano.[11] Afinal, por mais que exista um corajoso quadro técnico de profissionais que, apesar de tudo isso, conseguiram manter as coisas minimamente funcionando nos últimos anos, não podemos esquecer do tipo de gente que o ex-presidente escolheu para comandar a saúde durante uma das maiores crises sanitárias da história recente.[12]

Toda essa gente parecia estar saudosa de um tempo, não muito distante, em que não havia saúde pública, gratuita, para todo mundo. E o SUS é, sim, para todos. É claro que tem vários problemas, e trataremos deles. Só que, até a criação do SUS — o que aconteceu apenas em 1988 —, as pessoas negras, indígenas e pobres no Brasil estavam largadas à própria sorte. Deixadas para morrer.

JUREMA WERNECK: Antes do SUS era o "salve-se quem puder". E a sociedade brasileira disse que assim não funcionava. A sociedade brasileira fez luta social, fez movimento social para garantir que a resposta não fosse a do "salve-se quem puder". Quem nasceu de 1988 para cá já nasceu com a existência do SUS. Eu nasci em 1961, sendo uma criança asmática. Antes de 1988, tem todo o resto da história do Brasil em que não existia saúde pública. De onde eu venho, não existia saúde pública. [...] Minha mãe um dia apareceu com fortes dores de cabeça, que tratávamos em casa como podíamos. E meu pai era porteiro de um hospital da Aeronáutica, ou seja: não era um hospital público [só é atendido quem é militar ou dependente de militar]. E minha mãe ficou muito mal. Então meu pai pediu ao médico para fazer o favor de atender a ela. E esse médico — no esquema: passado o horário do expediente, à noite — concordou. Foi daquele jeito: pegamos ônibus; uma pessoa superdoente pegou ônibus, foi andando até o ponto do ônibus, voltou, com muitas dores... E o médico tratou minha mãe com analgésico. Algum tempo depois, ela morreu. E o atestado de óbito dizia "hemorragia subdural", que pegava quase um hemisfério todo do cérebro. Metade da cabeça dela sangrou. Quando eu já estava na faculdade de medicina, o livro de neurologia trazia a descrição do quadro clínico de ruptura de aneurisma cerebral. E o caso exemplar que tinha lá era exatamente a história da minha mãe. O que a história da minha mãe conta? Primeiro: que ela não teve nenhuma chance, porque não existia onde buscar. Segundo: aquele médico fez um favor. Fez um favor. Mas, gente, aquilo estava escrito no livro. Será que ele não leu aquela página? É possível isso?

Podemos falar que o SUS hoje é muito ruim. E é, mesmo: tem gente que ainda vive essa história da minha mãe. Eu tinha catorze anos quando ela morreu, e tem gente que ainda vive essa história, que ainda não tem onde recorrer. Não estou dizendo que ela poderia ter sobrevivido àquele aneurisma, ter o diagnóstico correto, a internação, a cirurgia... Não estou dizendo isso. Mas ao menos ela teria uma chance. E não teve a menor chance. E é essa a história, né? É essa a história que causa tristeza, dor, revolta. [...] A população realmente reivindicou. E a população negra reivindicou mais porque era a que estava relegada. O SUS é um projeto da sociedade brasileira.

Um projeto da sociedade brasileira que surgiu para combater um outro projeto, do Estado — do Brasil *oficial*.

A história que você lerá aqui, de como e por que o SUS foi criado, tem tudo a ver com algo que Conceição Evaristo, nossa grande escritora, escreveu num conto:[13] eles combinaram de nos matar, mas "a gente combinamos de não morrer".[14]

Parte 2

Nos tempos do Brasil Colônia, antes da chegada da família real, quase não tinha médico por aqui.

Afora a presença episódica de médicos embarcados em frotas fazendo escala nos portos sul-americanos, a medicina europeia conhecia pouco ou nenhum exercício na Colônia. Não há sinal de doutores residentes na América portuguesa até 1635, quando um ex-médico de bordo se estabeleceu no Rio de Janeiro.[1]

Os poucos que estavam por aqui eram formados na Europa, principalmente em Coimbra, em Portugal, mas não davam conta de atender toda a população. As consultas eram particulares, salvo um ou outro caso de filantropia. Quem era muito pobre só conseguia atendimento via Igreja católica, nas Santas Casas de Misericórdia — a primeira foi construída no século 16, no começo da colonização. Mas ainda tinha o restante da população: quem não era rico e por isso não conseguia pagar um médico, ou quem não era extremamente pobre e por isso não era atendido numa Santa Casa.

E esse grupo gigantesco do "meio" estava totalmente desassistido pelo poder público — que já coletava impostos e tudo mais, mas não oferecia em troca nenhuma assistência à saúde. Eram pessoas largadas à própria sorte. Desassistidas pelo Estado, mas não por elas mesmas.

JUREMA WERNECK: Nós criamos ou cultivamos as nossas próprias sabedorias e conhecimentos: o nosso sistema tradicional de saúde. E, que se diga, bastante sofisticado. Tem um método de diagnóstico sofisticado que fala direto com a divindade, encontra a resposta; e essa resposta é uma resposta integral.

A atividade da cura nunca foi uma função exclusiva da medicina. Os povos originários, por exemplo, já cuidavam de si, e estavam bem melhores antes da invasão portuguesa, assim como as diversas populações e culturas africanas. Quando povos africanos foram sequestrados e trazidos à força para o Brasil, chegaram carregando também esses saberes ancestrais da cura.

REGINA CÉLIA LIMA XAVIER: Esses terapeutas populares — sangradores, barbeiros e curadores — eram, na maior parte, homens e africanos. Normalmente se dizia "barbeiro" porque eram indivíduos que faziam a barba, mesmo: trabalhavam com navalhas e, além de fazer a barba, podiam fazer pequenas incursões. Eram chamados também de "sangradores", então eles podiam extrair dentes, fazer pequenas manipulações; ventosas, aplicavam sanguessugas... E, por meio dessas atividades, eles teoricamente extinguiriam as doenças do corpo dos enfermos.[*]

---

[*] Regina Célia Lima Xavier é historiadora, professora e escritora.

Acima dos barbeiros-sangradores, nessa hierarquia social da cura, estavam os cirurgiões.[2] Nessa época, não precisava de diploma para ser cirurgião, bastava conseguir uma licença com o cirurgião-mor do Reino. A maior parte dos cirurgiões eram brancos, fora um ou outro negro livre. Então, dentro da hierarquia, ficavam os barbeiros na base, acima deles os cirurgiões, e bem acima, lá no topo, os médicos diplomados.[3]

RCLX: Cada vez mais, os médicos reclamaram o diploma nas faculdades de medicina como aquilo que daria as credenciais necessárias para atuarem na cura da população. Paulatinamente, reclamaram um lugar exclusivo de atuação por meio da exclusão desses outros personagens. Então, tanto os curandeiros quanto os homeopatas quanto todos os outros estavam imersos em um contexto de muita tensão, porque os médicos defendiam a sua sabedoria, o seu conhecimento científico, em detrimento dos conhecimentos populares.

Mas, por maior que fosse o lobby dos médicos, não havia diplomado o suficiente para atender toda a população. Em 1815, 44 representantes — entre eles, capitães, tenentes, alferes e sargentos — de Cachoeiras de Macacu (RJ) enviaram um pedido para a Corte. Alegando padecer da falta de médicos e cirurgiões, eles queriam que Adão, um "preto forro" — ou seja: um homem negro que já tinha sido escravizado, mas se libertou — pudesse "livremente sangrar nossas famílias e em algumas doenças leves ensinar-nos alguns remédios e também tirar dentes".[4]

Mas também não foi só por isso que a população recorreu a outras formas de cura.

RCLX: A maneira como esses médicos olhavam para os curadores, assim como olhavam para os seus possíveis clientes, era eivada de preconceitos baseados na forma como aquela sociedade se hierarquizava socialmente. Quando havia as epidemias, por exemplo, o que os médicos diziam? Que aquela população se contaminava mais porque era ignorante, porque não fazia os cuidados higiênicos e estava mais propícia ao adoecimento.

É o chamado pensamento higienista, que foi uma corrente muito forte no Brasil e que, de muitas formas, resiste até hoje.[5] Em 2016, a promotora Mirela Dutra Alberton, de Garopaba (SC), ajuizou uma ação contra Maria das Graças de Jesus, quilombola da comunidade Toca de Santa Cruz, alegando que a mulher seria incapaz de criar e educar as filhas de um e quatro anos. A representante do Ministério Público de Santa Catarina disse ter recebido uma "denúncia anônima" de maus-tratos. A juíza Elaine Cristina de Souza Freitas concordou com a tese da promotora e Maria das Graças perdeu a guarda das filhas: "A genitora é descendente de escravos e sua cultura não primava pela qualidade de vida, era inerte em relação aos cuidados com higiene, saúde e alimentação", escreveu a juíza.[6]

Mas voltemos ao século 19.

RCLX: Isso fez com que essa população fosse refratária também à atuação do médico porque, do ponto de vista dos escravizados, baseado na cultura africana, a doença era de alguma maneira inoculada por meio de ações maléficas no cosmos. Então, ter um curador capaz de compreender esse desequilíbrio entre o bem e o mal, entre o sobrenatural e o natural, era o que estava mais próximo da sua cultura, dos seus modos de vida, e que, portanto, teria melhores possibilidades de intervir.

Regina é biógrafa de uma figura fascinante que viveu em Campinas.

RCLX: É um africano muito habilidoso e talentoso que, apesar de ter vivenciado as agruras da escravidão, soube ser protagonista da sua própria história. Soube lidar com esse mundo, com essa violência, de maneiras criativas e diversas, e conquistar margens de autonomia e melhores condições de vida.

Não se sabe qual era o nome dele antes de ter sido trazido para o Brasil. Aqui, foi batizado Tito.

RCLX: Sabemos que ele é africano e que foi escravizado ainda criança. O tráfico trouxe muitas crianças para o Brasil.

Na primeira vez em que ele aparece na documentação, como escravizado de um dos senhores mais ricos de Campinas (Floriano de Camargo Penteado), Tito tinha só onze anos.[7]

RCLX: Mas não sabemos exatamente de qual parte da África, especificamente, ele veio. O que sabemos é que a região de Campinas recebeu naquele momento um grande contingente de escravizados vindos da África Centro-Ocidental, principalmente da região Congo-Angola. Então acredita-se que ele tenha sido um escravizado dessa região, que veio ainda pequeno e foi escravizado nessa fazenda de açúcar.

Tito trabalhava como pajem na sede da fazenda.

RCLX: O pajem, os copeiros, as cozinheiras, as mucamas e as amas de leite eram escravizados que trabalhavam na domesticidade. Trabalhavam na casa-grande propiciando os cuidados direcionados à família senhorial. O pajem, em geral, era aquele criado que servia especificamente ao seu senhor.

Quando cresceu, Tito acabou desenvolvendo também um trabalho por fora: ele era curandeiro, atividade que, em alguns momentos, se misturava com a de sangrador.

RCLX: E ele também era conhecido como ervanista: a pessoa que tinha conhecimento das plantas e que fabricava com elas algumas beberagens, pomadas ou medicamentos para o combate às doenças.

O curandeiro era o equivalente, na terapia popular, ao farmacêutico ou ao boticário, que era quem cuidava dos medicamentos. No caso do curandeiro, a conexão era não só com a natureza, mas também com o mundo espiritual.

RCLX: Os médicos, por um lado, diziam: "Para combater as doenças, temos de nos voltar às causas naturais". Eles acreditavam que a sujeira dos solos e os gases presentes no ar causavam doenças, então, por isso, era preciso urbanizar e organizar as cidades para evitar doenças. Já os africanos acreditavam que as doenças eram causadas pelas energias maléficas no cosmos, que teriam de alguma maneira interferido na vida material. Uma percepção que era espiritualizada, religiosa, que fazia parte da concepção africana de doença e de cura, e que rivalizava também com a medicina, que tende a negligenciar essa questão religiosa a favor de uma percepção mais "natural" das doenças.

Naquele momento, no século 19, Campinas passou por duas grandes epidemias.

RCLX: A primeira, em 1858; a outra, em 1862 — ambas epidemias assustadoras de varíola. Naquele momento, Tito ainda era escravizado. Mas é muito provável que, diante do flagelo da varíola, ele tenha sido licenciado pela senhora para ajudar nas operações de cura, porque logo depois já conseguiu ter uma soma vultosa para comprar sua liberdade e a da esposa. É muito provável que essa atividade, como curandeiro, tenha propiciado a liberdade.

Tito comprou as alforrias e continuou trabalhando como curandeiro. E não era só entre a população pobre, escravizada ou livre, que ele fazia sucesso.

Tinha um médico lá em Campinas, Ricardo Daunt, que era um árduo defensor da ideia de que o conhecimento médico era o único possível. Ele chegou a defender a criação de leis que proibissem a atuação dos curandeiros.

RCLX: Mas ele [Daunt] próprio se aproximou do Mestre Tito. E reconheceu que, em alguns casos e em algumas doenças, a medicina não dava conta. Ele reconheceu que não tinha os conhecimentos necessários e chegou a indicar pacientes a serem curados pelo Mestre Tito. E isso mostra um pouco essa ambiguidade que havia naquele momento.

Isso me fez lembrar do caso de Tia Ciata com um presidente da República.[8] Hilária Batista de Almeida (1854-1924) foi quitandeira, uma das matriarcas do samba, e também curandeira. Uma vez, durante o mandato de Venceslau Brás (1868-1966) na presidência, Tia Ciata foi chamada ao Palácio do Catete, no Rio de Janeiro —

então sede do governo federal. Aliás, a exemplo do Palácio de São Cristóvão, o do Catete também foi construído com dinheiro do tráfico de escravizados.[9] Então você vê que o gosto por palácios erguidos graças à escravidão foi mantido na República.

Bom, mas voltando a Venceslau Brás: o presidente estava com uma ferida na perna que médico nenhum curava. Pediu ajuda a Tia Ciata e ela deu jeito no machucado.

RCLX: E não vou dizer a você que essa forma de enxergar as doenças fosse algo exclusivo dos africanos. Você tem apenas matrizes intelectuais que são um pouco diferentes. Porque, se pensar na população de Campinas, católica, ela também tem uma visão espiritualizada da doença. Você tem uma atuação da Igreja católica que produz unguentos para proteger os corpos dos enfermos.

E até hoje é assim: o tanto de gente, de tudo quanto é religião, que pede ou faz oração quando está doente.

RCLX: Então você tem uma aproximação da maneira religiosa de entender a doença e a cura, só que a matriz é diferente.

Tito tinha uma circulação tão grande em Campinas que, com o passar do tempo, começou a ser chamado de Mestre Tito.

RCLX: Por um lado, houve um reconhecimento da sabedoria dele enquanto curandeiro popular. Mas, por outro, havia também uma concepção religiosa, já que essas duas coisas foram sendo construídas concomitantemente: ao mesmo tempo em que ele se construiu como curandeiro, estabeleceu-se como mestre religioso.

Mestre Tito era um adepto do que se pode chamar de um "afro-catolicismo". Ele era católico, devoto de São Benedito, organizou uma campanha de doações e conseguiu juntar dinheiro para construir uma igreja em homenagem ao "santo negro" — tido como protetor dos africanos e dos afrodescendentes — que existe até hoje, no centro de Campinas.

Mestre Tito

RCLX: Então, Tito estava nessa confluência: era católico, mas fortemente herdeiro dessa tradição africana na maneira como estabelece a sua relação como curandeiro, com a Igreja e etc.

À medida que o tempo foi passando, essa tensão entre os chamados "terapeutas populares" e os demais *doutores* foi crescendo, especialmente com o surgimento da classe médica brasileira. As primeiras faculdades de medicina foram criadas só depois da chegada da família real portuguesa, em 1808. Acabaram sendo as primeiras instituições de ensino superior do país: a de Salvador e, depois, a do Rio de Janeiro. Aliás, isso mostra o tipo de preocupação que Portugal tinha com o desenvolvimento da colônia, né? Só mais de trezentos anos depois da invasão é que resolveram criar alguma faculdade aqui.

E, no caso dessas de medicina, ainda não eram nem faculdades: no começo, eram só escolas de cirurgia, com cursos precários. Para estudar nelas, além de ser livre, era preciso saber ler e escrever, e compreender francês e inglês. Ah, sim, e precisava ser homem: só em 1879 é que foram permitidas mulheres. Só dez anos depois da Independência as escolas se tornaram de fato faculdades, seguindo o modelo da faculdade de Paris. Aí aumentaram também os requisitos: agora, além de inglês e francês, precisava saber latim e apresentar um atestado de bons costumes. E a taxa de matrícula era salgada: vinte contos de réis — um valor bem alto para a época. Não por acaso, era um curso altamente elitista e absurdamente branco.

O que não quer dizer que não houve negros formados médicos nesse período, ainda que poucos.

Parte 3

A historiadora Mayara Priscilla de Jesus dos Santos encontrou um desses casos.

MAYARA PRISCILLA DE JESUS DOS SANTOS: Eu era estagiária da biblioteca e fazia um trabalho manual de limpar as teses. E um dia, a bibliotecária-chefe me chamou: "Você quer aprender outra coisa? Você fica aí isolada, sozinha, eu sei que é chato esse trabalho". Eu falei: "Quero!". "Então vamos aprender sobre a exposição das pioneiras, as primeiras médicas?" "Nossa, agora!" E chegando lá eu vi as fotos de algumas, como a Rita Lobato, que é a primeira médica formada no Brasil, e vi a foto da Odília. E eu não acreditei. Fiquei em frente à foto e pensando: "É realmente uma mulher negra?". E eu vi a data embaixo: 1909. Pensei: "Ela se formou há mais de cem anos, não é possível". E fiquei, assim, desconcertada porque era um contexto completamente desfavorável: pouco mais de trinta anos depois da Abolição, em uma Salvador altamente racializada, com os lugares sociais demarcados por raça e cor. E ela era uma mulher negra, com a cor que em qualquer lugar será lida como negra.

Maria Odília Teixeira foi a primeira mulher negra formada médica no Brasil. Ela nasceu em São Félix (antes de a cidade se separar de Cachoeira), no Recôncavo Baiano.

Maria Odília Teixeira

MPJS: Ela nasceu ainda no regime escravocrata no Brasil, em 1884, filha de um casal inter-racial: o pai era um homem branco rico de uma família proeminente, o médico José Pereira Teixeira; a mãe, Josefina Luiza Palma, seria filha de uma ex-escravizada alforriada. Eles tiveram cinco filhos; entre eles, Maria Odília. O pai e a mãe nunca se casaram oficialmente, mas constituíram família. Isso também era muito comum: um homem branco se unir a uma mulher negra sem oficializar a união. No entanto, ele "legitimou" todos os filhos — que seria o registro, nos dias de hoje —, e deu o nome aos filhos.

Depois de passar a infância no Recôncavo, Maria Odília foi com a família para Salvador, onde continuou os estudos. Em 1904, entrou na faculdade de medicina.[1] Ali — única mulher da turma —, Maria Odília também teve destaque: por exemplo, na tese de conclusão de curso.

MPJS: Até então, as mulheres que se formaram antes dela tinham escolhido temas que versassem entre a ginecologia e a pediatria: doenças consideradas como "femininas" ou então de crianças. E Odília deu este passo para o pioneirismo ao escolher um tema que até então nenhuma mulher tinha tratado: a cirrose alcoólica. Inclusive, era um tema melindroso, pois era tratado no período pelo viés racial da degeneração, pela teoria do racismo "científico". E Odília deixou isso de lado e tratou a doença de outra forma, inclusive muito mais pela questão da cura, dizendo: "Olha, quem tem cirrose alcoólica pode sobreviver". É muito interessante não só o tema que ela escolheu, mas a maneira com que tratou, fugindo das teorias racistas, do racismo "científico" e indo para o viés da cura, não entrando nessa querela de raça e tudo o mais. Hoje, tratamos o racismo "científico" de outra forma, mas à época era uma teoria, uma "ciência" muito respeitada e difundida, sobretudo na Faculdade de Medicina da Bahia.

Isso porque o grande nome do racismo "científico" era um professor dessa faculdade: Raimundo Nina Rodrigues (1862--1906), um homem branco. Ele não só defendia que os europeus seriam de uma raça superior, mas via na *mestiçagem* — na mistura entre negros e brancos; na miscigenação — uma "degeneração" que deveria ser combatida.[2]

MPJS: E pensar que Nina Rodrigues, que é quem implementou essa "escola" [do racismo "científico"] aqui no Brasil, seria o professor de Odília. E, decerto que ele tinha a noção de que havia na faculdade uma mulher negra que, provavelmente, seria estudante dele, semestres à frente. É até uma coisa que ele colocava: que havia negros que eram tão bons que mereciam ser brancos. Será que ele pensava isso da Odília, ainda mais sendo ela uma mulher? Mas acabou que eles não chegaram a ficar cara a cara porque Nina Rodrigues morreu uns dois anos antes de quando ela deveria fazer com ele a matéria de medicina legal.

Um outro nome importantíssimo da Faculdade de Medicina da Bahia é Juliano Moreira, negro e brilhante como Maria Odília, que chegou não só a ser aluno de Nina como desbancou, com argumentos de fato científicos, o racismo tão em voga na época entre os colegas e o ex-professor.[3] Maria Odília não chegou a tratar diretamente disso nas obras dela.

MPJS: Eu ficava especulando, divagando sobre esse "silêncio" dela: "Por que ela não partiu para cima?". Eu pensava até que ela poderia ter coadunado, porque seria uma maneira de sobreviver dentro daquele espaço altamente desfavorável. Mas esse silêncio é muito corajoso e, acho, demonstra como ela estava ligada naquele jogo, de entender e se resguardar. Entrar numa querela dessas — sendo mulher e negra, e num contexto desfavorável para todas as pioneiras, inclusive as brancas — seria ruim para o arranjo que ela queria lá na frente. Acho que todo esse ensejo mostra o cálculo da Odília e como ela estava atenta à gramática racial e social do período.

Depois de se formar, ela voltou com a família para o Recôncavo e começou a trabalhar como médica por lá. Fez sucesso e formou clientela. Uns anos depois, uma professora da faculdade de medicina se aposentou e Odília foi chamada para a vaga.

MPJS: Então eu acho que não foi só o prestígio familiar que a levou a isso: foi a proeminência dela própria, de ter feito carreira no Recôncavo. Isso chamou a atenção das pessoas para que, depois, ela fosse contratada para esse cargo que era altamente prestigioso. E por isso a faculdade a reconhece como a primeira professora negra da Faculdade de Medicina da Bahia.

A primeira professora negra da Faculdade de Medicina da Bahia.

TIAGO ROGERO: E por que, depois, ela decide pôr fim à carreira como médica? O que aconteceu e por que ela tomou essa decisão?

MPJS: Essa é a maior polêmica e eu não tenho resposta para isso.

Em 1921, após se casar com Eusínio Lavigne, um advogado branco de uma família tradicional do Recôncavo, Odília abandonou a carreira. Mayara não conseguiu descobrir por que ela tomou essa decisão, mas tem um palpite:

MPJS: Quando ela se casou, foi já com uma idade avançada para a época: 38 anos. Penso que é possível que Odília não imaginasse que fosse casar; que imaginasse que fosse ficar solteira a vida toda e sem ter filhos. Então, talvez para ela — já no alto de sua profissão e tendo uma boa clientela, sendo professora da Faculdade de Medicina —, o projeto familiar fosse muito mais caro a ponto de querer apostar nisso. Pode ser que quisesse se realizar como mãe. Isso era uma coisa que me deixava em conflito ao pesquisar, mas hoje já consigo pensar desta forma: que Odília, sim, era uma grande mulher; que escolheu muitas coisas na vida dela e que pode, sim, ter feito essa escolha. E eu gosto de lembrar dela e de pensar nela dessa maneira.

Até hoje, a proporção de médicos negros em relação a brancos é ínfima quando comparada à população brasileira. E isso tem melhorado um pouco graças às políticas de ação afirmativa, mas ainda há um longo caminho pela frente. Médicas negras e médicos negros ainda são a exceção.

MPJS: E ainda são a exceção porque o Brasil continua sendo um país ultrarracista que legou à população negra os piores lugares. Por tudo isso — porque vivemos num país desigual racial e socialmente — é que não chegamos a essas profissões. Não conseguimos. Não conseguimos nem sonhar, o que é uma agressão enorme a todos nós. Além desse subjetivo, tem a questão material. Na prática, não conseguimos alcançar esses cursos ultraconcorridos e competir com adolescentes que desde o primeiro ano do fundamental 2 já estão estudando porque sabem que serão médicos porque o pai é médico, a mãe é médica, o avô é médico... Por isso ainda é surpreendente quando entramos em um consultório e tem um homem negro ou uma mulher negra sentada ali.

JUREMA WERNECK: Depois que derrubamos — não depois que "terminou", mas que derrubamos — o regime da escravidão, a política do Estado brasileiro em relação às pessoas negras foi a da eliminação. É para matar. Se não der para matar, deixa morrer — que é um outro jeito de matar, né? Racismo é aniquilamento. [...] Por que eu virei ativista em saúde? Foi porque eu queria? Nem tanto. Passei pela saúde, fiz medicina, trabalhei um pouco, mas larguei logo. O movimento negro não deixou que eu guardasse o meu diploma na gaveta. O movimento negro sempre denunciou o extermínio, o genocídio, a morte, e disse que tínhamos de fazer alguma coisa. Onde tem racismo, o viés principal é o da morte: física e em todas as outras dimensões.

O racismo tem impactos também sobre a saúde mental. Um estudo feito nos Estados Unidos mostrou que crianças negras que já sofreram racismo têm duas vezes mais chances de desenvolver quadros de depressão e ansiedade do que crianças brancas.[4]

JW: Então, se tem racismo, como é que conseguimos estar aqui? Porque atuamos. Contra o aniquilamento, eu te devolvo a sua história, te devolvo uma conexão com o seu passado e com os seus antepassados. E nós fizemos também o Brasil. Propusemos um outro Brasil. Não esse Brasil que mata, mas um Brasil que nos oferece de volta aquilo que entregamos para ele, que dá de volta.

E aqui eu relembro o capítulo sobre educação: não eram as pessoas negras que queriam escola só para branco e só para negro, que barravam o filho do branco — pelo contrário. E o mesmo vale para as cotas, uma luta dos movimentos negros que hoje beneficia todas as pessoas que não puderam pagar colégio particular. Na saúde, a luta também sempre foi para incluir todo mundo.

No Brasil sonhado pelo povo negro, ninguém fica de fora.

JW: Nós fizemos o Brasil, não fizemos só o sistema de saúde. É saúde, é educação, é moradia. Desde antes, ainda no regime da escravidão, estamos oferecendo uma visão de Brasil, sabe? Antes não era Brasil: era Império, Reino, Colônia, o que fosse. Mas desde que entendemos que vamos ficar aqui, então esse lugar tem de ser nosso e imprimir as nossas marcas.

Parte 4

Em 1911, mais de cinquenta países participaram, em Londres, do Primeiro Congresso Universal de Raças. A Europa estava em mais um momento de expansão imperialista, às vésperas da Primeira Guerra Mundial, e um grupo de antropólogos e ativistas decidiu fazer um evento para debater formas de convivência pacífica entre as raças e tentar acabar com o preconceito. Era uma época em que ainda se acreditava no conceito biológico de raça: que biologicamente houvesse diferença entre uma pessoa branca e uma pessoa negra, por exemplo. Hoje sabemos que a ciência já provou que, tratando-se de seres humanos, raça é algo que biologicamente não existe. Existe, contudo, como uma construção social: relações sociais e econômicas que foram construídas por décadas, séculos, sob a ideia de que um grupo é melhor do que o outro com base em aspectos como cor da pele, etnia, origem geográfica, religiosa...

Então, lá naquele congresso havia tanto pessoas que já começavam a ter essa concepção quanto a turma do racismo dito "científico". E o Brasil, então presidido pelo Hermes da Fonseca (1855-1923), mandou como representante um homem branco, o antropólogo João Baptista de Lacerda (1846-1915), diretor do

Museu Nacional, no Rio de Janeiro — sim, o mesmo museu do Palácio de São Cristóvão, mas no caso é só uma coincidência. Lacerda fez uma apresentação sobre como a miscigenação faria com que as pessoas negras desaparecessem do território brasileiro até o fim do século 20, possibilitando o branqueamento da população. Pela previsão dele, já não era para ter negro na população brasileira ali por volta de 2011. Essa era a meta.[1]

E ele dizia por que e como isso iria acontecer: um dos motivos era a crescente entrada de imigrantes europeus no país, algo que já era um projeto desde os anos finais da escravidão. Sabe aquela história de *trocar* a mão de obra africana pela europeia? Para atrair o trabalhador europeu, o governo brasileiro deu uma série de atrativos, como condições especiais para comprar terra, por exemplo. E você acha que para os ex-escravizados teve alguma condição assim?

Bom, segundo Lacerda, um outro motivo que levaria ao desaparecimento da parcela afrodescendente da nossa população era uma soma entre "problemas sociais" e "o abandono que os negros foram obrigados a enfrentar desde a Abolição".[2] E vou repetir quem estava dizendo tudo isso: um representante escolhido pelo governo brasileiro.

Então, quando Jurema Werneck diz que, depois que as pessoas negras derrubaram a escravidão — e foi isso o que aconteceu: as pessoas negras é que derrubaram a escravidão; não foi a benevolência de uma princesa e você lerá sobre isso no próximo capítulo —, a política do Estado brasileiro para o povo negro foi a da eliminação, ela não está exagerando. Pelo contrário: está sendo precisa.

E, para você não achar que isso é algo que ficou lá no começo da República: em 1982, na gestão de Paulo Maluf como governador de São Paulo, o governo estadual financiou a produção de um documento, "O Censo de 1980 no Estado de São Paulo e suas curiosidades e preocupações". O texto trazia dados sobre o aumento da proporção da população parda e preta — ou seja, da população negra — e fazia um alerta: "A manter essa tendência, no ano 2000 a população parda e negra [preta] será de ordem de 60%, portanto muito superior à branca, e, eleitoralmente, poderá mandar na política e dominar postos chaves". Isso estava num documento produzido pelo governo de São Paulo.[3]

E poderíamos listar outros tantos exemplos de como o projeto do Estado brasileiro, desde o fim da escravidão e até hoje, é acabar com a parcela negra da população. Enquanto não der para acabar, no mínimo deixá-la sem participação política. E isso está diretamente ligado à total inexistência de políticas públicas em saúde.

JUREMA WERNECK: No pós-escravidão, o trabalho formal não era algo para nós. O que restou foi o descaso estatal. Não tínhamos acesso e continuamos reivindicando.

Já na República, a saúde era vista mais como um caso de polícia, com a ideia de *higiene*, de "limpar" a sociedade. As religiões de matriz africana, como você leu no capítulo anterior, foram tratadas por muito tempo como um atentado à saúde pública.

Nesse período, até havia campanhas de vacinação, mas sempre em resposta a alguma epidemia; não tinha planejamento prévio, cuidado preventivo, nada disso. As ações em saúde continuaram isoladas, esporádicas.

Algumas empresas perceberam que estavam perdendo dinheiro: afinal, os trabalhadores ficavam doentes e perdiam dias de trabalho. Então, as fábricas começaram a oferecer serviços médicos para os funcionários, cobrando uma porcentagem do salário. Nos anos 1930, foram criados os Institutos de Aposentadoria e Pensões (IAPS): quem estava formalmente no mercado de trabalho passou a ter assistência médica. Mas era apenas isso: para todo o resto da população, só pagando ou buscando atendimento em instituições filantrópicas ou nos poucos postos e hospitais municipais e estaduais que existiam.[4]

JW: Nós dissemos: "Não é suficiente". Ampliou um pouco, mas precisamos de mais — não essas coisas pingadas em que uns entram e outros, não. Não essa coisa para quem podia pagar, mas algo que atendesse a todo mundo.

Só na década de 1950 é que foi criado o Ministério da Saúde. Houve até um investimento na pasta nos primeiros anos, mas com a ditadura militar os gastos despencaram a menos de 1% da verba federal. E, enquanto isso, o setor privado ganhava cada vez mais força. Foi na virada dos anos 1970 para os 1980 que começaram a surgir os planos de saúde.[5]

Nos anos 1980, com a saúde pública definhando, surgiram os movimentos pela reforma sanitária, no período da redemocratização.[6]

FERNANDA LOPES: As pessoas negras tiveram um protagonismo muito ativo na concepção da saúde como um direito de todos. Para as mulheres negras, já era o início da discussão do bem-viver e da necessidade de reconhecer o racismo, os preconceitos de origem e ligados à identidade de gênero ou à idade ou qualquer outra forma de discriminação, e de entender como isso impactava a saúde da população e, em especial, da população negra.[*]

---

[*] Fernanda Lopes é pesquisadora, especialista em saúde pública e ativista feminista e antirracista.

Quando finalmente acabou a ditadura militar, foram eleitos os deputados e as deputadas que criariam a nova Constituição do Brasil.

FL: Também na Assembleia Constituinte houve a participação das pessoas negras nos grupos que estavam exclusivamente discutindo a temática racial e as políticas de enfrentamento ao racismo. Benedita da Silva, Abdias [Nascimento] e Caó [Carlos Alberto Oliveira dos Santos] estavam ali discutindo o direito humano à saúde. Em 1988, com a aprovação da Constituição Federal, a saúde foi reconhecida como um direito fundamental de todos os cidadãos e cidadãs brasileiros e de quem vive aqui no país.

Ou seja: não há cidadania se não houver saúde. E vale reforçar que isso só foi acontecer em 1988, há muito pouco tempo.

FL: Toda essa construção contou com a participação de líderes negras, de mulheres negras que, desde o fim da década de 1980 e o início da década de 1990, já tinham a saúde como uma das pautas prioritárias em sua estratégia de enfrentamento ao racismo e ao sexismo e na promoção do bem-viver.

JW: O SUS foi gestado para ser, além de uma resposta em saúde que a população reivindicou e construiu, também uma resposta em política pública e política de saúde na forma de redistribuição da renda e riqueza, que todo mundo produz. Tem que redistribuir a riqueza de outras formas, inclusive em dinheiro; mas o SUS é também redistribuição de renda e riqueza.

Jurema Werneck e Fernanda Lopes foram as duas primeiras participantes dos movimentos negros no Conselho Nacional de Saúde (CNS).

JW: A primeira foi Fernanda, que esteve lá por um ano. Eu substituí a Fernanda. E nesse ano em que ela esteve lá, o que fez foi a maior contribuição que alguém pode dar para a saúde da população negra do Brasil. Ela pegou uma proposta que construímos todas e todos juntos — não só ela, não só eu, mas um coletivo de pesquisadores e profissionais de saúde e do movimento negro e do movimento de mulheres negras — de uma política nacional de saúde da população negra, para que o Ministério da Saúde produzisse uma proposta à altura do que a população reivindicava.

A Política Nacional de Saúde da População Negra reconhece que há racismo no atendimento prestado pelo SUS e traça estratégias para combater isso. Uma delas é a obrigatoriedade de preencher cor ou raça nos formulários de atendimento.[7]

FL: Sem esse reconhecimento, é impossível fazer uma gestão que seja comprometida com a vida e com o bem-viver de todas as pessoas. As práticas discriminatórias impactam o nascer, o viver, o adoecer e o morrer da população negra. E é por isso que precisamos entender, conhecer, divulgar e cobrar que a política seja implementada e que o SUS seja consolidado como esse sistema. Não da forma que está hoje, mas como um sistema que queremos, que precisamos; e não esse que dizem que é o "possível".

E é isto: ninguém aqui está dizendo que o SUS é perfeito, porque obviamente não é.

JW: Primeiro, precisamos ser generosas com a visão daquela população que chama o SUS de "porcaria", porque ele é. Ou seja: o SUS que está aí na prática é indefensável. [...] Temos de apontar o dedo na cara das pessoas que fizeram isso. E por que é importante fazer isso? Porque é o nosso projeto. Podemos até jogar fora esse SUS, desde que tenhamos uma outra proposta. Mas um sistema único, público, universal, integral e equitativo é essencial. É essencial para o nosso projeto de existência, o nosso projeto de país, de sociedade. E é essencial no cotidiano para a nossa vida.

Dá para pensar no SUS quase como um "anti-herói": não é nem de longe o herói que a população brasileira merece, mas é o que ela precisa no momento, ainda que haja tanta coisa para melhorar.

FL: Se não tivéssemos um sistema público universal, teríamos tido muito mais mortes por covid-19. E não teríamos vacina, não teríamos toda a estrutura de resposta, por mais difícil e por pior que tenha sido a gestão. Estaríamos literalmente desassistidos, ainda que tenhamos tido essa situação que poderia ter sido completamente diferente. Pelo menos metade das vidas poderiam ter sido preservadas em relação àquelas que perdemos para a pandemia. [...] Mas poderia ter sido muito pior se não tivéssemos o SUS.

JW: Você pode não querer defender o que está aí agora, porque é indefensável. Mas a pandemia fez a gente vislumbrar: olha como, se esse negócio funcionasse, seria bom à beça. Porque, funcionando nessa porcaria que é, já deu um refresco e ajudou muita gente; imagina se funcionasse direito? Eu acho que vale a pena investir porque é uma visão de mundo. Saímos daquele "salve-se quem puder". Hoje em dia, a ideia de "salve-se quem puder" está muito forte, também. Mas eu acho que para nós, a população negra, é importante rompermos mais uma vez com essa ideia e garantir que haja alguma coisa lá para todo mundo. Desde que o SUS foi criado, ele continua sendo atacado. Aquela pessoa que nasceu depois de 1988 e acha que o SUS é uma porcaria precisa saber que não era para ser essa porcaria que é. Era para ser uma outra coisa, como é na Espanha, em Cuba, na Inglaterra... Era para ser isso. Mas, aqui, a ganância dos ricos, dos incluídos, foi muito maior e nós perdemos. Não era para ter esse monte de planos de saúde, esses hospitais de excelência — que o SUS paga, inclusive — para atender uma minoria. Não era para ter isso, era para ser um sistema único e público. E, na disputa da Constituinte, essa visão de único e público perdeu. Temos lutado por todo esse tempo para que o SUS exista de fato, plenamente, com tudo o que ele pode fazer e não faz. E qual é a importância para a população negra? A população negra basicamente tem só dois sistemas de saúde: o tradicional, das rezas e das crenças, da medicina chamada popular, das medicinas que acontecem nos terreiros, das medicinas que as nossas avós faziam... Tem esse sistema, que não deve ser subestimado — porque antes do SUS era ele que cuidava de nós, já que não havia outra coisa —, [...] e tem o SUS. O plano de saúde é acessado por uma minoria, custa caríssimo e não entrega o que promete, nem para os ricos. Mas a maioria da população negra, quando procura uma resposta em saúde, vai ao SUS. Sabemos que não é atendida como deveria, mas é lá que ela vai.

E, mesmo depois da criação do SUS, a população negra não parou de promover esse autocuidado. Não só nos saberes ancestrais de cura, mas também em atividades articuladas de saúde pública. Em outubro de 2021, estive no complexo de favelas da Maré, na Zona Norte do Rio de Janeiro, para acompanhar um mutirão de vacinação da segunda fase da imunização contra a covid-19.

Eu quis conferir a campanha depois de ver um vídeo, que fez muito sucesso, de um influenciador incrível nascido e criado na Maré, Raphael Vicente, que grava sempre junto com a família dele.

Raphael Vicente: Oi, você já sabe que já está rolando a vacinação contra covid-19 em todo o país, né? Quase 50% da população já foi vacinada, mas ainda não é motivo para relaxarmos ou voltarmos a fazer o que fazíamos antes. Pelo contrário, neste vídeo eu vou te mostrar maneiras de como combater a covid-19 até o fim da pandemia. Primeiro que se vacinar é muito importante. Dá uma olhada no calendário, vê se já está na sua idade e corre para sentir a "preciosa" no braço.

Maria Antônia **[avó de Raphael]:** Ah, mas a AstraZeneca causa efeito colateral, né?

Raphael Vicente: São sintomas leves que passam em um ou dois dias. Já dizia aquele filósofo: "A paulada pode durar uma noite, mas a imunização chega pela manhã". [...] E lembrem que vacina boa é a vacina que tem.

Luciene Elias **[madrinha do Raphael]:** Lembrando que: tu que tomou a primeira dose, tem que tomar a segunda dose da vacina!

Maria Antônia: E tu, já tomou a segunda dose, Luciene?

Luciene Elias: Linda e bela![8]

RAPHAEL VICENTE: Eu fiquei muito feliz com a repercussão porque a nossa meta, a princípio, era só atingir as pessoas aqui da Maré. Mas, conversando, decidimos colocar falas que atendessem a todas as pessoas para além da Maré. Eu botei humor ali, e acho que tudo o que tem humor as pessoas gostam, e acabou que atingiu um público que eu não esperava que fosse atingir. Atingiu muita gente.[9]

Mesmo com tanta campanha contrária, com tanta desinformação promovida justamente por quem deveria liderar o país, as pessoas foram se vacinar.

RV: Todas as pessoas que tenho em volta de mim se vacinaram. São pessoas que postam, que apoiam a vacina, que divulgam a vacina.

É claro que, num país com um histórico de campanhas de imunização bem-sucedidas, a taxa de cobertura poderia ter sido ainda maior, porque infelizmente ainda teve gente que caiu no discurso antivacina. E a vacinação também poderia ter começado muito antes, o que teria poupado tantas e tantas vidas.
Mas, quando a campanha de imunização finalmente começou, as pessoas foram se vacinar.
Apesar do projeto; apesar do "salve-se quem puder"; apesar da meta de acabar com a parcela negra da população; continuamos aqui. Combinamos de ficar vivos.

JW: Teve movimento e teve luta, entendeu? E o jogo não acaba enquanto o racismo não acabar. Quem nasceu depois de 1988 também nasceu num país racista, então o SUS vai ter muito racismo. Por isso que a luta precisa continuar. E eu acho que esse é um ponto que precisa ser marcado também para não acharmos que as coisas brotam do nada. Tem muita luta e o inimigo também está lutando. Ou seja: temos de estar sempre nos reposicionando.

Democracia

Parte 1

ALDIVAN DA SILVA: Este cômodo que você está vendo aqui era o famoso "quartinho escuro" da casa. Tem ali [ao lado] a capela onde os barões participavam da missa, e os escravos ficavam aqui para participar.*

A fazenda Bela Cruz foi fundada em 1784. Fica perto de Cruzília, no interior de Minas Gerais. No passado, a Bela Cruz pertencia aos Junqueira, uma família tradicional mineira. Gente muito rica.

AS: Eu não sei te falar exatamente, mas conta a história que o homem foi assassinado neste quarto. Não sei se você já leu que, quando fizeram a Revolta de Carrancas, os escravos enfurecidos mataram todo mundo que estava aqui na casa, inclusive o José Francisco Junqueira. Ele se trancou no quarto e um dos escravos cortou a porta a golpe de machado, o cavaleiro catou a garrucha e matou ele a tiro.

---

* Aldivan da Silva é gerente da fazenda Bela Cruz.

Um dia, em 1833, quando chegou à roça para monitorar o trabalho, Junqueira foi assassinado.[1] Morto pelos próprios escravizados. Ele era juiz de paz, filho de deputado federal — Gabriel Francisco Junqueira, que era o dono das fazendas e estava na Corte, no Rio de Janeiro. Ao todo, os escravizados mataram nove pessoas da família; entre elas, três crianças. À época, essa região de Minas Gerais era conhecida como Carrancas, e por isso o caso ficou conhecido como a Revolta de Carrancas.

A revolta acabou abafada. Foram mortos o líder do movimento, Ventura Mina, e outros quatro escravizados. E isso tudo aconteceu em um dia 13 de maio. Outros 31 escravizados foram acusados de participar do levante: dezesseis foram condenados à pena de morte e executados.[2] E era incomum na época que tanta gente fosse condenada à pena capital porque, por mais que pessoas escravizadas não fossem tratadas como seres humanos, eram um bem valioso demais para os senhores.

JOÃO JOSÉ REIS: A ideia que os senhores tinham de um escravo rebelde era que o rebelde de um dia é preso, punido e, no outro dia, é colocado para cortar cana.*

Um senhor de escravos preferia mil vezes castigar a matar um escravizado — embora, às vezes, o castigo fosse tanto que o levava à morte.

JJR: [A pessoa escravizada] era uma propriedade muito preciosa para ser presa, cumprir pena, ser castigada e ainda mais executada.

---

* João José Reis é historiador, escritor e professor.

E, no caso da Revolta de Carrancas, foram dezesseis executados, fora os cinco que já tinham morrido no dia do confronto. Segundo Marcos Ferreira de Andrade, a explicação mais razoável para essa quantidade de condenações à morte

> é o fato de terem assassinado vários membros de uma família senhorial ligada à elite política liberal moderada do Império, que dava as cartas do jogo político naquele contexto. O massacre que se abateu sobre os Junqueiras trouxe pânico às elites regionais, ao Parlamento e à Regência.[3]

Aquele era o período das Regências, os anos 1830. D. Pedro I tinha abdicado do trono em 1831, o filho dele era só uma criança e o governo ficou nas mãos da classe política.

JJR: Era um momento de tensão em todo o país, um período em que pipocaram revoltas regionais em diversos pontos. E algo muito importante é que esse é um período em que houve um acúmulo, digamos assim, de uma onda muito grande de importação de escravizados africanos.

E já tratamos disso: na euforia da Independência — na gana, na ambição desenfreada —, os escravistas trouxeram muito mais gente escravizada para o Brasil. Quando começaram os tratados com a Inglaterra para proibir o tráfico, os senhores compraram ainda mais gente para fortalecer o estoque.

JJR: Foi um volume tão grande que pressionou as tensões entre os escravizados. Tanto que, nesse período que vai entre 1826 e 1831, ocorrem dezesseis revoltas ou conspirações só na Bahia.

Aliás, revolta é algo que sempre existiu, desde que o primeiro africano sequestrado foi trazido para cá.
Na Bahia, a maior e a mais famosa insurreição irrompeu em 1835.

JJR: A Revolta dos Malês foi uma revolta de africanos, tanto de africanos escravizados quanto de africanos libertos. Essa revolta, em 1835, foi a 31ª insurreição na Bahia. Então havia uma tradição rebelde importante.

"Malê" era a forma como eram chamados os africanos que seguiam a religião muçulmana.[4]

JJR: E eram africanos de origem iorubá, portanto nagôs, que vinham da região da Costa da Mina, um litoral que hoje pertence a Togo, República do Benin e Nigéria.

Tudo começou na madrugada de um 25 de janeiro.

JJR: Houve uma denúncia e a polícia saiu batendo na porta daqueles lugares apontados como locais de reunião de africanos. E chegou a um local onde realmente havia um grande grupo reunido. Quando a polícia adentrou o local, os africanos que lá estavam reunidos saíram armados e houve uma primeira batalha contra cerca de sessenta rebeldes. A partir daí, houve uma dispersão desses rebeldes por Salvador. Os homens saíram pela cidade gritando que estava na hora de se levantar, e outros africanos foram aderindo. Eles percorreram uma área muito grande da cidade. E o que se ouviu ser gritado nas ruas da cidade foi: "Morte aos brancos, viva nagô!". Só que, no meio do caminho, ficava o quartel da cavalaria.

Os soldados montados atacaram os rebeldes e houve uma última batalha, que foi a mais sangrenta. Morreram cerca de setenta, talvez mais, africanos. E a revolta basicamente terminou ali.

Centenas de pessoas foram presas e quinze, condenadas à morte.

JJR: Mas houve a comutação da maioria dessas penas, transformadas em chibatadas, e até absolvição no segundo júri. Quatro pessoas foram executadas por fuzilamento. Elas deveriam ter sido enforcadas, mas não se encontrou ninguém que aceitasse servir de carrasco.

Outras dezenas de pessoas — só quem já era livre; nenhum escravizado — foram expulsas do Brasil.

JJR: O escravizado era uma mercadoria, então não iam simplesmente expulsá-los porque isso prejudicaria os senhores. As pessoas que foram expulsas eram ex-escravizados, libertos africanos, e foram enviados de volta para África.

E essas duas revoltas, a de Carrancas e a dos Malês, acabaram tendo um impacto na legislação do período.

JJR: Houve uma consequência muito grande em leis locais, sobretudo na Corte, mas também em todas as províncias de modo geral, que enrijeceram o controle não apenas aos escravizados, mas também aos libertos africanos. Reforçaram o controle e a repressão à população negra de um modo geral.

Uma dessas medidas foi a pena de morte para escravizados acusados de serem "cabeças da insurreição" ou de matarem ou ferirem gravemente seus senhores, prevista tanto no Código Criminal de 1830[5] quanto numa lei específica criada para dar celeridade a esses julgamentos, em 1835.[6]

E, obviamente, não eram pessoas negras que faziam essas leis. Havia um ou outro político afrodescendente — que à época podia ser lido como "mulato" ou pardo —, mas a classe política era majoritariamente branca, rica e comprometida com a escravidão. Boa parte dos deputados e senadores eram senhores de escravos.

TÂMIS PARRON: D. Pedro I tinha caído. Muita gente tentou radicalizar o momento indo para o confronto agônico, inclusive os escravizados. Essa polarização popular empurrou os conservadores para um eixo comum; apurou o senso de coesão, solidariedade e autopreservação entre os donos do dinheiro, do patrimônio e das riquezas privadas. Houve um momento de mobilização no Brasil, mas a coligação das forças jogou a favor da reação e não da realização dos anseios das classes subalternas e populares. Esse pessoal apostou no momento da escravidão e reabriu o tráfico negreiro em larga escala. Fez tudo isso ao mesmo tempo.

E aí chegamos àquele momento do total desrespeito à lei de 1831, quando o tráfico de escravizados foi proibido, mas continuou com força total num grande acordo nacional. Foram mais dezenove anos de comércio ilegal de seres humanos, num dos maiores casos — se não o maior — de corrupção sistêmica da história do Brasil.[7]

Até que uma nova lei, em 1850, finalmente pôs fim ao tráfico.

TP: Houve um alinhamento muito especial de forças para que essa lei passasse.

E, por trás disso, estava de novo o Reino Unido, o principal império do mundo naquele momento, que nas décadas anteriores já tinha lucrado muito com a escravidão, mas continuava, com objetivos econômicos, atuando pelo fim do tráfico. Os britânicos estavam participando da negociação de uma série de tratados que acabaram com o comércio transatlântico em vários dos nossos países vizinhos: Chile, Venezuela, Uruguai, México...[8] E isso foi deixando o Brasil cada vez mais isolado no cenário internacional.

Em 1845, o Parlamento britânico subiu o tom e aprovou uma lei — e aprendemos sobre ela na escola, a *bill* Aberdeen — que considerou "pirataria" o tráfico marítimo de escravizados e deu autorização para a Marinha apreender esses navios.

TP: A Marinha britânica patrulhou as águas territoriais brasileiras e desembarcou marinheiro sem a permissão do governo brasileiro. Fez um semibloqueio do porto do Rio de Janeiro. Deixou os navios de guerra alinhados, deixando passar só embarcações que eram obviamente destinadas à Europa e parando todas as outras. Em 1849 e 1850, a Grã-Bretanha já tinha tomado ou destruído pelo menos dez navios brasileiros — todos em águas territoriais do Brasil e alguns até ancorados nos portos. E aí o Brasil declarou guerra — não à Grã-Bretanha, porque não é bobo, mas ao tráfico.

E ainda tinha senador que defendia a continuidade do tráfico, como Holanda Cavalcanti (1797-1863), sob o inacreditável argumento de que o Brasil tratava bem os escravizados.

Quereis ver mais como no Brasil se trata aos escravos? Ide a esses cartórios onde existem testamentos e vereis quanto a generosidade para com eles se pratica; ide às pias batismais e aí vereis quantos não são libertados; ide às nossas fazendas, às nossas plantações, aonde achareis libertos em recompensa aos bons serviços prestados aos seus senhores; e não é preciso ir à terceira geração: os próprios escravos vindos da África em grande número têm sido libertados, e se a Constituição não lhes dá o nome de brasileiros, dá a seus filhos quando livres. Qual foi a nação, em que parte do mundo a raça cruzada tem as prerrogativas que tem no Brasil? E são os ingleses que nos vêm ensinar filantropia![9]

O escravista acabou sendo voto vencido e, em fevereiro de 1850, os políticos brasileiros concluíram que a única maneira de contornar a situação e evitar uma guerra era acabando de vez com o tráfico. Cortando na própria carne.

Quem assinou o parecer foi o ministro da Justiça, Eusébio de Queiroz (1812-1868), e por isso a lei que enfim proibiu o tráfico leva o nome dele. O que não quer dizer que ele fosse um defensor dos africanos e afrodescendentes, muito pelo contrário. Como lembra Wlamyra R. de Albuquerque,

[Queiroz] ficou bastante famoso por ter sido, em 1830, o primeiro chefe de polícia da Corte, cargo que ocupou por onze anos. Sob as suas ordens inaugurou-se uma coação ostensiva aos africanos, nutrida por exaustivas investigações e intolerância. [...] Em larga medida, foi a suspeição de Eusébio de Queiroz em relação aos negros em geral, e aos africanos em especial, que fez dele um incansável defensor do fim do tráfico atlântico em 1850.[10]

TP: Sem o perigo permanente de uma guerra contra a Grã-Bretanha, maior poder marítimo e militar da época, as elites do Brasil não teriam largado o osso — ou, literalmente, os ossos, o sangue, os músculos daquelas pessoas livres trazidas ilegalmente como escravizadas para o Brasil. Não teriam largado. Então, se você tirar a Grã-Bretanha da equação, esquece: não tem fim do tráfico negreiro.

Mas uma coisa que não podemos esquecer é do impacto que todas aquelas revoltas de escravizados tiveram sobre a classe política e a população.

JJR: Porque os africanos, depois da Revolta de 1835 e como se não já bastassem as outras revoltas, começaram a ser definidos como "bárbaros" que a qualquer momento poderiam se levantar, matar as famílias e assim por diante.

E podemos pensar não só nas revoltas da Bahia ou na de Carrancas, mas também nas outras tantas pelo país. Em 1838, por exemplo, na região de Vassouras (RJ), estourou uma liderada por Manuel Congo: centenas de escravizados fugiram de duas fazendas e se aquilombaram. A Guarda Nacional precisou intervir. Seis escravizados foram mortos e Manuel, condenado à forca.[11] Dez anos depois, na mesma região, a polícia descobriu um plano gigantesco de insurreição que ficou conhecido como a "Conspiração de 1848". A ideia era matar todos os senhores e tomar o poder, e tudo a menos de 150 km da Corte.

Por isso que, pouco depois de assinar a lei de 1850, Eusébio de Queiroz disse que alguns acontecimentos de natureza gravíssima

> produziram um terror que chamarei salutar, porque deu lugar a que se desenvolvesse e fizesse sentir a opinião contrária ao tráfico. Todas as pessoas que então se achavam no Rio de Janeiro e se

tivessem ocupado desta matéria reconheceram que nesta época os mesmos fazendeiros que até ali apregoavam a necessidade do tráfico eram os primeiros a contestar que era chegado o momento de dever ser reprimido.[12]

Ou seja: mesmo impedidas de participar das tomadas de decisão — muito longe do controle do processo político, alijadas de atuar formalmente nesse processo —, as pessoas negras influenciaram essas decisões.

E nas décadas seguintes tudo isso seria determinante para a conquista da liberdade.

Parte 2

TÂMIS PARRON: Pela Constituição do Império do Brasil, de 1824, se você nascesse no Brasil e fosse livre, ou se você, tendo nascido aqui, conquistasse a liberdade, poderia ser considerado cidadão. Isso significa que você tinha direitos civis garantidos: proteção da propriedade, ter a sua casa como um espaço inviolável, poder ir e vir... Mas você só era investido dos direitos políticos se tivesse dinheiro. Para votar, para ser eleito, você precisava ter dinheiro.

Precisava comprovar renda. Ainda assim, algumas poucas pessoas negras conseguiam entrar na política.

TP: Havia uma presença de pardos — e vou usar a terminologia da época: pardos e "mulatos" — no Parlamento.

Um de renome era Antônio Pereira Rebouças (1798-1880), o que se chamava à época de um homem "mestiço", filho de uma ex-escravizada e de um português. Hoje, ele é mais conhecido por causa dos filhos — por ser o pai dos "irmãos Rebouças" —, mas foi uma figura política influente do Império: chegou a ser nomeado conselheiro de d. Pedro II.

TP: Havia esses indivíduos inseridos no Parlamento, mas eram vozes individuais: não representavam movimentos civis coletivos baseados na cor da pele. Foi necessário o surgimento de um movimento abolicionista reunindo pessoas de diversas cores de pele; foi necessário lutar dentro da escravidão contra a escravidão para que essas vozes isoladas — importantes, muito importantes; mas isoladas no Parlamento das décadas de 1830, 1840, 1850 e 1860 — se tornassem vozes com impacto político mais profundo, no fim do Império.

Naquele momento, só quatro lugares nas Américas ainda não tinham abolido a escravidão: os Estados Unidos e o Brasil, que eram independentes, e Cuba e Porto Rico, duas colônias da Espanha.

Em 1861, começou a Guerra Civil dos Estados Unidos. E um dos principais motivos foi que, um ano antes, havia sido eleito presidente um candidato do Norte que já tinha se mostrado favorável à abolição: Abraham Lincoln (1809-1865). Então, os estados do Sul, que eram escravocratas, começaram a declarar sua "secessão": a separação da União. Eram os estados "confederados", que queriam manter a escravidão a qualquer custo.

No Brasil, o presidente do Instituto dos Advogados Brasileiros (IAB), Agostinho Marques Perdigão Malheiro (1824-1881), apresentou ao Congresso, em 1863, uma proposta de lei do ventre livre: que os filhos das mulheres escravizadas nascessem libertos a partir daquele momento. Os parlamentares não deram a menor pelota.

Nos Estados Unidos, o Norte venceu a guerra e a escravidão acabou por lá, em 1865. Com isso, só Brasil, Cuba e Porto Rico continuaram escravistas. E o Brasil como a única nação independente: vergonha mundial.

D. Pedro II, que à época já estava há mais de vinte anos no poder, encomendou um estudo sobre medidas legislativas para a emancipação, em 1865. Dois anos depois, levou aos ministros mais uma proposta de lei do ventre livre, com tempo de serviços prestados como indenização: as meninas ficariam livres aos dezesseis anos; os meninos, aos 21. Os ministros disseram que não achavam "conveniente" a ideia, e o projeto foi engavetado.[1]

Também em 1867, o escritor e político branco José de Alencar (1829-1877) — aquele mesmo de *O guarani* (1857) e *Iracema* (1865) — publicou uma "carta ao Imperador" em que defendia não só a escravidão, mas o tráfico transatlântico de escravizados, que já estava proibido há dezessete anos:

> não havia outro meio de transportar aquela raça [os africanos] à América, senão o tráfico. Por conta da consciência individual correm as atrocidades cometidas. Não carrega a ideia com a responsabilidade de semelhantes atos, como não se importa à religião católica, a sublime religião da caridade, as carnificinas da Inquisição. O tráfico, na sua essência, era o comércio do homem; a *mancipatio* dos romanos.
>
> Sem a escravidão africana e o tráfico que a realizou, a América seria ainda hoje um vasto deserto.[2]

Não largavam o osso.

Daí, estourou uma revolução em Cuba contra o domínio espanhol, em 1868: alguns senhores cubanos chegaram a libertar escravizados para lutar pela independência da ilha. A Espanha ficou com medo de que os demais escravizados fossem recrutados pelos rebeldes e, para acalmar os ânimos, aprovou uma lei de abolição gradual da escravidão: uma mistura de ventre livre com lei dos sexagenários, libertando os bebês e aqueles com mais de sessenta anos, com pagamento de indenização aos senhores.

E isso deixou o Brasil com as calças na mão: único país das Américas que não estava nem sequer se preparando para a abolição.

E é nesse contexto que o movimento abolicionista tomou força por aqui.

ANGELA ALONSO: Nos anos 1850, três associações abolicionistas apareceram, mas foi só isso. Eram membros da elite política e da elite social que estavam preocupados em abolir a escravidão paulatinamente. Mas isso também não foi adiante porque não teve apoio popular. Eu começo a contar essa história em 1868 porque acho que foi ali que realmente começou uma articulação que deu origem ao que se tornou o movimento abolicionista, ao mesmo tempo em que havia um empenho de uma ala da elite política dentro das instituições políticas para fazer o processo andar.*

E uma figura central nesse processo foi o engenheiro André Rebouças (1838-1898), o filho mais famoso de Antônio Pereira Rebouças.

AA: André Rebouças é uma figura muito interessante porque ele pode dar um nó na cabeça das pessoas. O Rebouças não era simples. Ele era negro, de uma família obviamente negra, mas o pai dele prestou serviços ao Império durante

---

* Angela Alonso é historiadora, professora e escritora.

André Rebouças

o processo de consolidação do Segundo Reinado. E André Rebouças tinha um projeto de abolir a escravidão que era vinculado a um projeto de modernização do país, porque ele era engenheiro. Mas na casa dele havia escravos.

Sim: na casa de André Rebouças — o intelectual negro, um dos principais nomes do abolicionismo — havia escravizados.

AA: Logo que ele decidiu entrar na campanha [abolicionista], ele libertou os escravizados. Outros abolicionistas importantes, como o Joaquim Serra e o Rui Barbosa, só libertaram seus escravos bem mais para frente. Então também não era visto como uma contradição você defender ideias abolicionistas e ainda possuir escravos. Esses fenômenos são sempre todos mais complexos do que a ideia de bem contra o mal, né?

E já tratamos desse assunto: o Brasil era uma sociedade escravista, tudo girava em torno disso. Para ter dinheiro, poder, liberdade política, as pessoas tinham escravizados. O que não quer dizer que precisava ser assim para sempre, e Rebouças tomou consciência disso.

AA: O que fez a cabeça do Rebouças girar foi o momento em que ele entendeu que era negro. E isso só aconteceu mais tarde, já nos anos 1870, quando ele foi para os Estados Unidos. Ele não pôde se hospedar em nenhum hotel de elite e não pôde assistir à ópera. E daí percebeu que lá não adiantava ser um homem culto, ter boas conexões sociais e etc., que ele inclusive tinha: sempre seria tratado a partir da cor da pele. E foi aí que Rebouças realmente se transformou no "abolicionista": não só de mente, mas de coração. E foi o momento em que ele fez alianças com José do Patrocínio, com Vicente de Souza...

Dois grandes abolicionistas negros: José do Patrocínio (1853--1905)[3] e Vicente de Souza (1852-1908).[4] A esposa de Vicente também foi bem importante: Cacilda Francioni de Souza (1858--1933), considerada a primeira mulher a participar abertamente das conferências abolicionistas, que eram eventos com participação popular que aconteciam por todo o país.[5]

Todos esses ficavam no Rio de Janeiro. Na Bahia, um abolicionista negro de destaque foi Manuel Querino, como lembra Wlamyra R. de Albuquerque:

Escrevia artigos, organizava conferências e *meetings*. Em 1882, como sócio do Liceu de Artes e Ofícios, Manuel Querino promoveu uma série de conferências abolicionistas. José do Patrocínio foi um dos primeiros palestrantes. [...]

A atuação de Manuel Querino sem dúvida contradizia a imagem de que era apenas através da ação dos abolicionistas brancos que os recém-emancipados se tornavam aptos a compartilhar do "banquete da civilização".[6]

E no Rio de Janeiro havia também Ferreira de Menezes (1845--1881),[7] fundador da *Gazeta da Tarde*, tido como o primeiro jornal francamente abolicionista, onde escreveram ele, Patrocínio, Querino, Rebouças e um outro protagonista desse movimento.

AA: Luiz Gama era negro como Rebouças, mas eles eram absolutamente diferentes. Porque o Luiz Gama é o único abolicionista que temos, assim, numa narrativa "formal", que tenha passado por um processo de escravização. Ele não tinha acesso à Corte do imperador, então ele era um homem que se vinculava à oposição política do Império.

Luiz Gama

É difícil imaginar alguém que tenha uma história tão incrível como Luiz Gama (1830-1882). Ele nasceu livre em Salvador, filho de uma africana liberta: Luiza Mahin. Foi separado dela ainda criança e, quando tinha só dez anos, vendido pelo pai, que era branco. Mas Luiz tinha nascido livre, então não poderia ter sido escravizado nem vendido. Ainda assim, foi mantido em cativeiro por toda a adolescência. Até que aprendeu a ler e a escrever, descobriu que sua condição era ilegal e conseguiu a própria libertação.[8]

E a partir daí ele foi muita coisa, mas principalmente jornalista e advogado, e um ativista pela causa abolicionista. E, assim, como se não bastasse tudo o que já tinha feito, é aí que entra uma parte ainda mais incrível na trajetória de Luiz Gama: ele usava aquela lei de 1831 — a da sacanagem; a "lei pra inglês ver" — para libertar, no Judiciário, pessoas escravizadas ilegalmente.

Lembra daquilo que o historiador Luiz Felipe de Alencastro chama de "o pecado original da sociedade e da ordem jurídica brasileira"?[9] Desde 1818, era proibido o tráfico de pessoas sequestradas acima da linha do equador. Depois, em 1831, foi proibido o tráfico de todas as pessoas africanas. Cada uma dessas quase 800 mil pessoas que chegaram desde então — mais os seus descendentes — foi escravizada ilegalmente.

Aí quando foi promulgada a Lei Eusébio de Queiroz, em 1850, o governo, o Judiciário e a sociedade brasileira poderiam ter feito justiça e finalmente libertado aquelas pessoas. Mas escolheram não fazer isso, o nosso pecado original. Por isso, José do Patrocínio costumava dizer que "a escravidão é um roubo. Todo dono de escravo é um ladrão".[10]

Então, quando pensamos nas pessoas ainda em cativeiro nas décadas finais de escravidão no Brasil, tratava-se de seres humanos ilegalmente escravizados. E esse era o foco do trabalho de Luiz Gama no Judiciário — foi assim que ele conseguiu a libertação de centenas de pessoas. E tudo isso como um membro ativo do movimento abolicionista, que não parava de crescer e contava cada vez mais com integrantes também da parcela rica da população.

AA: Uma parte da elite política falou: "Vamos ficar aqui sozinhos como os escravistas da América e, no limite, do mundo?". E uma outra parte dessa mesma elite temia a guerra civil: "Se não fizermos alguma coisa, podemos acabar no desfecho americano". A outra ameaça que pairava sobre todos era algo que até ganhou um nome na época, o "haitianismo", medo de uma revolução escrava. Afinal, os escravizados eram maioria; se eles resolvessem fazer uma revolução, acabou. Então a Lei do Ventre Livre foi uma consequência desse jogo.

Só em 1871 que a classe política brasileira concordou com uma lei que concedesse alguma forma de libertação. Mas, ainda assim, com resistência: os parlamentares defendiam que os senhores fossem ressarcidos. Um senador branco mineiro, José Ignacio de Barros Cobra Junior (1837-1903), chegou a afirmar que os filhos de uma mulher escravizada eram "perfeitamente equiparáveis aos potenciais frutos de uma árvore" e, por isso, havia "sem dúvida, um direito adquirido a esse fruto, tão rigoroso como o do proprietário da árvore aos frutos que ela pode produzir".[11]

A lei acabou sendo aprovada e, a partir daí, os senhores tinham duas opções: libertar a criança quando ela completasse oito anos, recebendo uma indenização; ou manter o jovem escravizado até os 21 anos, e todos os anos de trabalho infantil e na adolescência contariam como indenização. Em 95% dos casos, os senhores escolheram a segunda opção.[12] Ou seja: como todas aquelas crianças continuariam escravizadas por mais duas décadas, o impacto foi quase zero.

AA: Essa lei não foi aplicada. Todo mundo imagina que as leis "pra inglês ver" foram só as do fim do tráfico, mas não é verdade. A Lei do Ventre Livre libertou pouquíssima gente.

Em alguns casos, as pessoas negras também usaram essa lei a seu favor. Houve casos de mães que entraram com ações no Judiciário para garantir a liberdade dos filhos com base na legislação, alegando que os senhores não estavam cumprindo a parte deles no cuidado daquelas crianças. Na grande maioria das vezes, contudo, as decisões foram favoráveis aos escravizadores.[13]

Mas aconteceram algumas vitórias: em 1882, a *Gazeta da Tarde* revelou a situação do menino Severino, nascido depois de 1871 e vendido pelo seu "senhor", o que era vetado pela lei. Como o caso era em São Paulo, José do Patrocínio acionou Luiz Gama, que, dias depois, enviou uma carta informando que o garoto já estava em "pleno gozo de sua liberdade".[14]

A lei também instituiu a criação de um fundo de emancipação em todas as províncias. Era um fundo público formado com recursos da taxação sobre os escravizados, de loterias e também de doações, e que deveria ser usado para libertar pessoas por todo o país. Na prática, entretanto, foi operado com "precariedade". Pouquíssima gente foi libertada e ainda houve casos de corrupção: grandes senhores agiram para receberem valores acima dos de mercado pelas alforrias de seus escravizados.[15]

Mas algo que acabou gerando um impacto positivo foi a autorização para o escravizado formar pecúlio, ou seja, juntar dinheiro para poder comprar a própria carta de alforria.

Suponhamos que um escravizado "valesse" 900 mil-réis. Se ele conseguisse juntar esse dinheiro, o senhor era obrigado a libertá-lo. E isso só foi possível a partir da Lei do Ventre Livre: antes, ainda que o escravizado conseguisse os 900 mil-réis, o senhor tinha o poder de decidir se aceitaria ou não conceder a liberdade.

AA: Isso foi utilizado pelas associações abolicionistas para libertar escravos.

As associações abolicionistas agiam na prática, mas também trabalhavam a mente da população.

AA: Porque a escravidão era considerada um fenômeno normal: "É a vontade de Deus". Então, parte muito importante da campanha abolicionista foi produzir uma nova sensibilidade em relação à escravidão e mostrar que ela era tanto um fenômeno ilegal — porque o Brasil já tinha lei desde os anos 1830 proibindo o tráfico — quanto desumano. O outro argumento foi o do progresso: "Não podemos avançar com uma instituição que é arcaica, incompatível com o trabalho livre".

E tudo isso foi preparando o terreno para o que aconteceu no Ceará.

AA: A campanha abolicionista ganha força quando [perceberam que] a Lei do Ventre Livre não seria aplicada. Então os abolicionistas começaram a fazer pressão. E isso estava acontecendo quase que no país inteiro, mas em alguns lugares a organização local dos abolicionistas era mais forte. E o Ceará era um desses casos.

José do Patrocínio e André Rebouças tinham começado uma articulação nacional pela abolição.

AA: E o que eles fizeram ali no Ceará era um experimento. José do Patrocínio viajou até lá e eles fizeram uma campanha de libertação de territórios: "Precisamos criar um território livre no país". E o Ceará tinha essa combinação política favorável: o presidente da província era abolicionista e, outra grande vantagem, o Ceará tinha poucos escravizados. E também estava vivendo uma crise econômica violenta: todo mundo estava vendendo seus escravizados para o Sul [...]. E a última vantagem, que também era bem significativa, é que, como estava longe do Rio de Janeiro, da capital, a repressão demoraria a chegar.

Por todo o Norte e o Nordeste, escravizados eram vendidos para as regiões Sudeste e Sul do Brasil. Por meio do chamado "tráfico interprovincial", 163 mil pessoas foram desembarcadas só nos portos do Rio de Janeiro entre 1831 e 1887.[16]

No Ceará, os escravizados eram guiados até a praia, embarcados em jangadas e levados para os navios. Em 1881, os jangadeiros — homens livres e majoritariamente negros — se recusaram a fazer o embarque dos escravizados. O líder deles era Chico da Matilde (1839-1914), um homem negro que entrou para a história como o Dragão do Mar.[17]

A partir daí, os abolicionistas começaram a libertar cidade por cidade da província.

AA: Ao mesmo tempo, os jornais abolicionistas no Rio de Janeiro publicaram uma cronologia: "Faltam tantas cidades pra serem libertadas"... Eles também faziam muito bom uso da imprensa. Então o resultado foi que, em 1884, o Ceará se declarou a primeira província livre do país. E isso gerou uma grande crise política.

Como resposta à crise, o então primeiro-ministro do Império, Sousa Dantas (1831-1894), enviou à Câmara dos Deputados um projeto de lei para alforriar os escravizados com mais de sessenta anos.

AA: Era uma lei para que não houvesse abolição, mais do que para libertar.

Era uma tentativa de postergar ainda mais a abolição. E não só isso, mas também um modo de controlar ainda mais a vida das pessoas negras livres. O projeto estabeleceu que a polícia deveria funcionar como "agente regulador e delimitador das experiências de liberdade dos forros, sexagenários ou não".[18]

Naquele tempo, a "presunção" de qualquer pessoa negra era a de escravidão. Negros livres precisavam literalmente carregar no bolso documentos que atestassem a própria liberdade. A proposta da lei dos sexagenários acrescentou uma nova camada: a polícia deveria verificar também se o liberto estava trabalhando e, se não estivesse, seria preso e forçado a trabalhar. Segundo Itan Cruz,

> a proposta de Dantas endossava a prática violenta e costumeira da polícia contra africanos e seus descendentes, na medida em que legava ao corpo policial a competência de reprimir a liberdade dos alforriados e discipliná-los, não especificando protocolos, abrindo brechas para o uso da força e outros abusos de autoridade, além de reforçar a suspeição sobre as pessoas de cor, com o pretexto de evitar a desorganização do trabalho, a vadiagem e a criminalidade.[19]

Ainda assim, o novo projeto deu um quiproquó danado por causa de uma conexão com a Lei do Ventre Livre. O texto de 1871 obrigava os senhores a registrarem seus escravizados.

AA: E muitos donos de escravos, ao matricularem seus escravos, registraram eles como mais velhos do que eram de fato, para dizer que tinham entrado no país antes da vigência da lei de 1831, que proibiu o tráfico. Quando a nova lei dizia que libertaria escravos de sessenta anos, estava na verdade libertando escravos muito mais jovens. E isso gerou uma grande reação escravista.

Dantas acabou caindo e d. Pedro II nomeou outro primeiro-ministro: José Antônio Saraiva (1823-1895), que manteve a ideia principal, mas fez alterações pontuais — por exemplo, tirou a obrigação de registrar a nacionalidade dos escravizados. Com isso, abriu brecha para a "legalização" dos africanos ilegalmente escravizados.[20]

E incluiu outro ponto que fez toda a diferença: como indenização, os libertos com sessenta anos ou mais deveriam prestar mais três anos de serviço aos ex-senhores. À época, a expectativa de vida de um escravizado era de menos de 21 anos de idade, por causa das condições desumanas a que era submetido. "O que nos leva a questionar: num país que explorava os escravizados ao máximo, em que condições eles chegariam à terceira idade?", escreveu Ynaê Lopes dos Santos.[21] E os pouquíssimos que conseguissem chegar aos sessenta ainda deveriam trabalhar até os 63 para finalmente serem livres.

Por fim, com a lei quase aprovada, Saraiva acabou pedindo demissão e o imperador nomeou outro — a exemplo de Dantas e Saraiva — escravista baiano: João Maurício Wanderley (1815--1889), o barão de Cotegipe. O projeto foi aprovado na gestão dele, em setembro de 1885. Como era o mesmo que havia sido deixado por Saraiva, a Lei dos Sexagenários ficou conhecida também como Lei Saraiva-Cotegipe.[22]

No ano seguinte, a aplicação da lei foi regulamentada por um decreto que, de tão danoso às pessoas negras, recebeu dos abolicionistas o apelido de "regulamento negro". Dizia lá, por exemplo, que, mesmo após ser libertado, o ex-escravizado deveria "guardar respeito aos ex-senhores, membros da família, administradores, prepostos e hóspedes". Os libertos também eram obrigados a permanecer por cinco anos no município onde moravam antes de se alforriarem: "O que se ausentar de seu domicílio será considerado vagabundo e apreendido pela polícia para ser empregado em trabalhos públicos ou colônias agrícolas", dizia o texto do regulamento. Como escreveu Itan Cruz,

> se qualquer indivíduo africano ou afrodescendente já poderia ser apontado como um potencial escravizado fugido, o regulamento apoiado por Cotegipe acrescentaria ainda outra suspeita: a de poder se tratar de um indivíduo liberto, porém, indevidamente fora dos seus deveres (domicílio compulsório, obrigação ao trabalho); logo, um transgressor da lei, que deveria ser conduzido à delegacia e sofrer as sanções previstas.[23]

Para os abolicionistas, isso foi o estopim.

AA: Então, em 1888, na verdade não estavam vigendo nem a Lei do Ventre Livre nem a Lei dos Sexagenários. Muita gente diz assim: "Ah, quando chega em 1888 e tem a Abolição, já não tinha mais escravo pra libertar". Não é bem verdade. Formalmente, você tinha 700 mil e poucos escravos, mas de fato você tinha muito mais. Essa história que normalmente é contada, de que a escravidão foi abolida gradualmente, não é verdade. Sem a mobilização política do movimento abolicionista, nenhuma dessas leis teria libertado da escravidão, porque elas não estavam sendo efetivadas. Sem aquela pressão abolicionista contínua, sabe-se lá quando é que isso teria sido aprovado, porque tinha projeto aprovando o fim da escravidão até para 1930.

Esperar mais quarenta anos pela liberdade não era uma opção para as pessoas negras, que derrubaram a escravidão.

Parte 3

Embora os primeiros-ministros anteriores também fossem escravistas, o barão de Cotegipe estava um nível acima. Um exemplo: lembra que, no caso da Lei do Ventre Livre, os senhores tinham a opção de libertar as crianças aos oito anos em troca de indenização, mas, na grande maioria das vezes, preferiram mantê-las trabalhando até completarem 21 anos? Para o barão, isso era um exemplo de "civismo" dos escravistas, que sabiam que o Estado brasileiro não teria condições de sustentar "300 mil meninos". O primeiro-ministro disse em plenário que "a escravidão no Brasil faz parte da família, está encarnada, por assim dizer, no sangue".[1]

ANGELA ALONSO: No meio da ascensão abolicionista, com o país tomado de eventos abolicionistas, nomearam um escravista como primeiro-ministro. Então os abolicionistas falaram: "Bom, agora não vai dar para continuar fazendo só o que vínhamos fazendo". Eles tentaram, mas as conferências públicas foram desbaratadas por milícias e, às vezes, pela própria polícia.

Algo curioso — ou nem tanto, já que faz muito sentido se olharmos para quem faz uso dessa expressão hoje em dia — daquele momento é que os abolicionistas eram chamados de "comunistas" ou "ideólogos" pelos escravistas.

Bom, mas fora a disputa retórica, a regulamentação da Lei dos Sexagenários — o "regulamento negro" — previu uma punição para quem desse refúgio a escravizados em fuga, visando desarticular as redes de acoitamento criadas pelos abolicionistas.

Wlamyra R. de Albuquerque cita o caso de Silvestre, um liberto de sessenta anos que, em 1887, contou ter "ouvido dizer que os africanos vindos para o Brasil depois da lei de 1831 eram livres". Ele estava tentando libertar a enteada — filha de uma africana trazida ilegalmente — e, para isso, procurou o abolicionista Eduardo Carigé (1851-1905): "A fama de Carigé como patrono de escravos em busca da alforria era tamanha que, na festa do Senhor do Bonfim, em janeiro de 1889, se cantava a seguinte quadrinha: 'Ó Ioio Carigé decá meu papé'".[2]

AA: Abolicionistas foram perseguidos: "Bom, agora é realmente a hora, já tem o Ceará livre, então vamos incentivar os escravos a fazer o que na verdade os escravos por si mesmo sempre fizeram", que era fugir, em toda oportunidade. Então acabaram fazendo o que eu chamo de "fugas coletivas orientadas". [...] A estratégia bem-sucedida no Ceará, de libertação da província, aconteceu também no Amazonas e quase se repetiu em várias outras províncias que declararam libertadas várias outras cidades no Rio Grande do Sul, em Goiás... E aí tem relatos de que os próprios escravos, recebendo essas informações, também começaram a organizar as próprias fugas. Então foi um momento de desorganização da ordem escravista.

Isso é importante também para mostrar o caráter "popular" do movimento abolicionista brasileiro. Paralelamente à política tida como "oficial", dos espaços de poder, havia toda essa ação que acontecia nas ruas, nas fazendas, nas matas. No interior de São Paulo, na região de Itu, um grupo de fugitivos saiu de diversas fazendas da região...

AA: ...e foi ganhando adesões, atravessando cidades... Era uma massa: velhos, crianças, homens e mulheres. Todo mundo foi ficando de cabelo em pé, e a imprensa foi noticiando. E, quando eles chegaram à Serra do Mar, o governo imperial, do barão de Cotegipe, mandou fuzilar, né? Atira. Foi um morticínio do qual o próprio Exército em seguida se envergonhou. Foi um evento decisivo porque chocou o país, mas também porque o próprio Exército, o marechal Deodoro, mandou uma carta para Isabel...

D. Pedro II estava doente e tinha ido à Europa para se tratar. A filha mais velha dele, Isabel, assumiu a regência. E recebeu uma carta do comandante do Exército informando que...

AA: ...o Exército não mais caçaria escravo fugido. "Nós não vamos participar disso." Então, o que aconteceu nessa hora? A monarquia perdeu o apoio das Forças Armadas para continuar mantendo a escravidão.

Em nome do Clube Militar da Corte, marechal Deodoro escreveu que o Exército não poderia mais continuar atuando na

captura de pobres negros que fogem à escravidão, ou porque já viviam cansados de sofrer os horrores ou porque um raio de luz da liberdade lhe tenha aquecido o coração [...], fogem calmos, [...]

evitando tanto a escravidão como a luta e dando, ao atravessar cidades, enormes exemplos de moralidade.³

Havia uma corrente dentro do Exército que se recusava a continuar cumprindo o papel de capitão do mato por achar a função "inglória".

AA: Ao mesmo tempo, isso aconteceu também na Igreja: vendo que a coisa estava acirrada, vários bispos começaram a declarar apoio à Abolição.

Em fevereiro de 1888, com a ajuda dos britânicos da Anti-Slavery Society [Sociedade Antiescravagista], o abolicionista branco Joaquim Nabuco (1849-1910) conseguiu uma audiência na Itália com o papa Leão XIII (1810-1903). O brasileiro queria obter do chefe da Igreja católica uma bula condenando a escravidão. Princesa Isabel era muito religiosa e Nabuco calculava que, se o papa falasse, ela obedeceria. "Leão XIII recebeu-o com simpatia e prometeu uma encíclica condenando a escravidão." E a promessa saiu nos jornais.⁴

Também em fevereiro de 1888, em Itapira (SP), um inglês e um estadunidense que tinham lutado na Guerra Civil dos Estados Unidos — ambos pelo lado do Sul escravista — incitaram a população local a linchar um delegado de polícia abolicionista.

AA: A elite social da cidade foi à casa dele e linchou o delegado [até a morte]. Foi também um evento de grande proporção e que deu essa notícia, acho que sobretudo para a Isabel, que é quem estava querendo herdar o trono, e que não daria para segurar. Sem o Exército, sem a Igreja e com os conflitos correndo, o que é que estava acontecendo? Os abolicionistas estavam se armando e os escravistas estavam se armando. E [o Brasil] estava às vésperas de uma guerra civil.

Desde que a princesa tinha assumido a regência, ela e o barão de Cotegipe não se bicavam. Isabel chegou a reclamar que, toda vez que tentava falar com o primeiro-ministro sobre a escravidão, "sentia que a ideia não avançava com ele". O primeiro-ministro estava engabelando a princesa para ganhar tempo.[5]

E a princesa, verdade seja dita, até que tinha *inclinações* abolicionistas: muito por influência de amigos e conselheiros — entre eles, ninguém menos do que André Rebouças —, mas também por um senso de oportunidade de fazer da Abolição a grande marca de seu reinado.

Acima de tudo, Isabel percebeu que o caldo estava entornando, segundo Itan Cruz.

> Em relato retrospectivo, a princesa reconheceu que "o país se agitava muito, escravos fugiam em massa das fazendas. Eu via perigo para o país. Havia verdadeiramente o perigo para o país e o governo não tomava a iniciativa". [...]
>
> Pressionada pelo protagonismo dos escravizados, que fugiam aos montes das fazendas, dando maior força aos movimentos abolicionistas, a princesa decidiu agir.[6]

Barão de Cotegipe deixou o cargo e a princesa Isabel nomeou outro conservador, mas agora com a incumbência de abolir a escravidão. Não tinha mais jeito: os deputados e senadores se reuniram, em regime de urgência, para votar a lei da Abolição.

AA: Durante a semana de tramitação, em que eles ficaram negociando qual seria o texto, o [André] Rebouças escreveu a lei. Ele foi aos ministros, embora fossem seus inimigos, e foi à princesa com as ideias. Põe uma linha aqui, tira uma linha ali... Ele tinha um projeto do que chamava de "democracia rural": dividir a terra.[7] E tinha um projeto de concessão de direitos plenos para os ex-escravizados. O projeto dos abolicionistas incluía uma reforma do funcionamento da vida social, a incorporação do proletário escravo à nação brasileira. Previa converter de fato uma pessoa que tinha sido criada sob escravidão num cidadão capaz de ler, escrever, trabalhar, ter a sua própria terra e os seus próprios direitos.

A negociação continuou e o projeto enfim foi para votação. E, de novo, ainda houve deputados e senadores votando contra — entre eles, o barão de Cotegipe. Mas a maioria foi a favor e a lei, enfim, foi aprovada.

Em um domingo, 13 de maio de 1888, a princesa Isabel sancionou a Lei Áurea:

A Princesa Imperial Regente, em nome de Sua Majestade o Imperador, o Senhor D. Pedro II, faz saber a todos os súditos do Império que a Assembleia Geral decretou e ela sancionou a lei seguinte:
Artigo Primeiro: É declarada extinta desde a data desta lei a escravidão no Brasil.
Artigo Segundo: Revogam-se as disposições em contrário.[8]

E era só isso o que dizia a lei. Umas cinquenta palavras.

AA: Essa opção da Coroa, de certa maneira, salvou uma parte do escravismo. Por quê? O que eles fizeram não foi aprovar o projeto do Rebouças. Nada [do projeto dele] passou. A única coisa que pôde ser consensuada é que estava acabada a escravidão no Brasil. Não diziam como implementar isso. Não diziam o que aconteceria com os ex-escravizados, não diziam como seriam os contratos de trabalho daí por diante... Nada. Deveria ter havido uma série de, digamos, disposições transitórias para dizer juridicamente o que acontecia com cada um. Não houve nada. O que o Império fez, no fim, foi deixar que cada proprietário, no limite, gerisse a sua própria transição para o trabalho livre.

Por isso que os movimentos negros chamam o que aconteceu de *abolição inconclusa*. Os abolicionistas queriam muito mais. Queriam o fim da escravidão, claro, mas um fim que fosse acompanhado de um projeto, de medidas compensatórias.

Aliás, em muito lugar no Brasil a notícia da Abolição demorou a chegar. Teve senhor que simplesmente impediu que trabalhadores soubessem da novidade, e manteve enquanto pôde aquelas pessoas escravizadas, mesmo de forma ilegal. Um exemplo: em outubro de 1888 — cinco meses depois, portanto, de assinada a Lei Áurea —, o presidente da província da Bahia recebeu a denúncia de uma mulher, Victoria, contra "o cidadão Marcos Leão Velloso, proprietário do engenho Coité". A mulher contava que o ex-senhor não queria entregar a ela seus três filhos, que estavam sendo mantidos "no canavial como se fossem escravos e sujeitos a castigos".[9]

AA: E a igualdade de direitos, como vemos nos jornais todos os dias, até hoje não aconteceu no Brasil. Então, nesse sentido, o projeto do Rebouças até hoje é um projeto que não se realizou.

Mas nem por isso o Treze de Maio deve ser menosprezado. Por mais que não tenha sido tudo o que poderia ter sido, houve muita luta — muita luta negra; muito sangue negro derramado — para que esse momento finalmente acontecesse: para que o

Brasil enfim se tornasse o último país do Ocidente a abolir a escravidão.

Em 1873, havia 1,5 milhão de pessoas escravizadas no Brasil. Em 1883, eram 1,2 milhão e, em 1887, 723 mil. Mas, como lembra Wlamyra R. de Albuquerque, "a importância histórica da lei de 1888 não pode ser mensurada apenas em termos numéricos. O impacto que a extinção da escravidão causou numa sociedade constituída a partir da legitimidade da propriedade sobre pessoas não cabe em cifras".[10]

Se não fosse pelo movimento abolicionista e pela insurreição de escravizados por todo o país, a Abolição teria demorado ainda mais. O próprio d. Pedro II chegou a admitir que, se estivesse no Brasil em maio de 1888, não teria assinado a Lei Áurea e teria esperado um pouco mais para libertar os escravizados.[11]

Pode não ter sido da forma completa, mas muita gente foi libertada. Pessoas que, pelas leis do próprio Brasil, já não poderiam mais estar sendo escravizadas, mas ainda assim o eram.

AA: A monarquia não abriu mão da defesa da escravidão por bondade, por bom coração ou por decisão política. Ela abriu mão da escravidão por total incapacidade, por insuficiência de manter a escravidão porque, de fato, as duas instituições estavam coladas. No dia da votação da lei, Cotegipe faz um discurso, assim, profético. Mas é uma profecia que qualquer um poderia fazer naquele dia, que é: "A monarquia está baseada na escravidão; caindo a escravidão, a monarquia cairá também — ela não tem onde se apoiar". A monarquia era baseada no apoio dos senhores de escravos, dos grandes proprietários de terra. Abandonando os proprietários, ela também cairia.

E foi isso o que aconteceu. Revoltados com a Abolição, os representantes dos escravistas no Congresso começaram a defender que houvesse indenização para as perdas financeiras que tiveram com o fim do trabalho escravo — afinal, toda a fortuna deles tinha sido construída sem que um centavo sequer fosse pago a quem fazia todo o trabalho. O autor do projeto de indenização era novamente o barão de Cotegipe. O escravista, contudo, acabou morrendo antes do início dos trabalhos legislativos de 1889 e, sem seu mais árduo defensor, o projeto foi deixado de lado.

Pouco mais de um ano depois da Lei Áurea, os escravistas formaram a base de apoio do golpe, em um 15 de novembro, que derrubou o Império e instituiu a República.

E o projeto de exterminar a parcela negra da população continuou.

Um dos primeiros atos do novo governo provisório, só quatro dias depois do golpe, foi fazer um decreto mantendo a proibição — que tinha sido instituída nos anos finais do Império — de direito a voto para analfabetos. Só podia votar quem soubesse ler e escrever — menos de um terço da população. Agora pensa: numa sociedade que por mais de três séculos dificultou e até barrou o acesso de pessoas negras ao ensino, quem estava sendo alijado de seus direitos políticos? A proibição só caiu quase cem anos depois, junto com a ditadura militar, em 1985.

E, por todo o período republicano, foram implementadas uma série de leis antinegros — e já tratamos de algumas delas em outros capítulos —, como as de perseguição às religiões de matriz africana, por exemplo. Havia um ditado no começo da República que dizia: "A liberdade é negra, mas a igualdade é branca".

Mas, se tem uma coisa que a essa altura você já sabe, é que as pessoas negras não aceitaram tudo de braços cruzados. Eles queriam acabar com a gente, mas estamos aqui: mais da metade da população. Desde que a primeira pessoa africana foi trazida para este território indígena, tantos séculos atrás, foi o "nós por nós" que garantiu a nossa sobrevivência.

Foi o "nós por nós" que garantiu que tivéssemos humanidade e liberdade. E foi assim na saúde, na educação, em moradia, no trabalho, na cultura, na luta pelos direitos humanos... Na luta por um país melhor para todos: não só para pessoas negras, mas para todos. Se não fosse por nós, não haveria saúde pública para todos; não haveria filho do porteiro e da trabalhadora doméstica, de todas as cores e raças, entrando na universidade. As pessoas negras construíram não só toda a riqueza do Brasil, mas a própria democracia do país — ainda que não seja, nem de longe, o Brasil que merecemos.

JOÃO JOSÉ REIS: O fato de que a vida negra vale menos, quando não vale nada, vem se agravando ainda mais depois da própria Abolição. Porque pense bem: antes da Abolição, o escravizado era propriedade. E o senhor tinha um interesse direto em preservar essa propriedade. Depois da Abolição, não tem mais isso: é uma população que realmente está entregue à sorte. Por mais que se denuncie, que se esclareça, por mais que os meios de comunicação hoje estejam engajados num discurso de denúncia do racismo, de promoção da inserção do negro na sociedade... Você tem lá o sargento da Marinha que simplesmente vê o vizinho, negro, chegando em casa, acha que é um bandido porque tinha aberto a mochila para pegar uma chave, e atira três vezes. Não é uma vez, são três. É óbvio: se o cara fosse branco, ele não atiraria. É óbvio.

Sargento da Marinha mata vizinho negro após "confundi-lo" com assaltante
A esposa da vítima afirma que o crime foi de cunho racista: "Tenho certeza de que isso aconteceu porque ele é preto".[12]

JJR: Assim como se esse imigrante fosse branco — se fosse um português, um espanhol, um italiano —, ele não seria espancado daquela maneira brutal e os guardas municipais não iriam simplesmente dar as costas ao que estava acontecendo.

Caso Moïse: Testemunhas afirmam que chamaram guardas municipais, que ignoraram o caso
Um casal, testemunhas do espancamento até a morte do congolês Moïse Mugenyi Kabagambe, afirmou, em depoimento à Polícia Civil, ter alertado dois guardas municipais sobre as agressões que estavam ocorrendo no quiosque Tropicália, mas não foram atendidos pelos agentes [...].[13]

JJR: Quando vejo esses casos, eu penso: "Caramba, isso é pior do que na época do escravismo".

Como você leu ao longo deste livro, se tem uma "política pública" constante, eficaz e longeva na história do Brasil, é o racismo. Uma política de Estado que ainda está em vigor.

Este livro começou com uma citação ao fotógrafo e ativista Januário Garcia: "Existe uma história do negro sem o Brasil. O que não existe é uma história do Brasil sem o negro".[14] E, também a exemplo do podcast que inspirou estas páginas, o livro termina com o mote de uma campanha da Coalizão Negra por Direitos, grupo que reúne organizações, entidades e coletivos dos movimentos negros brasileiros: "Enquanto houver racismo, não haverá democracia".

E já passou da hora de o Brasil ser de fato uma democracia.

Agradecimentos

Primeiro, reitero os agradecimentos, já publicados no site do *projeto Querino*, a todas e todos que contribuíram para o lançamento de nossa etapa inaugural: Andre Degenszajn, Iara Rolnik, Branca Vianna, Thales Vieira, Flávia Oliveira, Manuela Thamani, Diana Mendes, Mohara Valle, Raphael Bandeira, Raul Torres, Thais Prais, Amanda Pessoa, Marcelle Darrieux, Juliana Jaeger, FêCris Vasconcellos, Gabriela Varella, Paulo Betti, Rejane Guerra, Marco Morel, Nilzete Santos, Ricardo Mendes, Eny Kleyde, Rodrigo França, Lúcia Xavier, Carlos Araujo, Pricilla Maria, Rodrigo Pacheco, Débora Diniz, Alexandra Lima da Silva, Jorge Moreira, Bia Paes Leme, Marcelo Araújo, João Fernandes, Viviana Santiago, Renata Bittencourt, Paulo da Costa e Silva, Anita Machado, Instituto Da Cor Ao Caso, Aparecida Oliveira, Bárbara Alves, Bruna Dias, Redes da Maré, Maria Alice Rezende de Carvalho, Rogério Nakano, Frederico Faro, Luana Carvas, Mayara Moreira e Felipe Kneipp.

Agradeço também à intelectualidade negra, que há séculos produz conhecimentos sem os quais não seria possível este projeto; aos acadêmicos, historiadores, sociólogos, antropólogos, filósofos e pesquisadores cujos trabalhos referenciamos e reverenciamos.

À Rádio Novelo e ao Instituto Ibirapitanga, sem os quais o projeto não existiria; à revista *piauí*, cujo embarque só fez engrandecer nossa empreitada. A cada profissional que trabalhou conosco nessa jornada. A todas as pessoas entrevistadas que gentilmente compartilharam conosco tempo e conhecimento.

A Juliana de Araujo Rodrigues, a zelosa editora destas páginas, e a Rita Mattar, uma das criadoras da editora Fósforo, responsáveis diretas pela transformação do podcast em livro. Por meio delas, agradeço a toda a equipe da editora.

Aos ouvintes do podcast e aos leitores das reportagens e ensaios, sempre tão carinhosos em seus relatos e abordagens.

Aos professores que me ensinaram tudo o que sei.

Aos queridos amigos que me acolheram nos momentos de angústia e vibraram com as boas novas.

À minha melhor amiga e esposa, Talita Duvanel, companheira de vida; à minha mãe, Maria José; à minha irmã, Taciana; e ao meu falecido pai, Rogero. Tudo é por vocês quatro, sempre. Aos primos, tios e avós que me inundaram de amor desde a infância.

Aos nossos mais velhos e aos nossos ancestrais, que lutaram para que estivéssemos aqui. É por eles e pelos que virão que não deixaremos de lutar.

Notas

INTRODUÇÃO [PP. 11-23]

1. Vilma Neres, "Januário Garcia: um olhar com 50 anos de fotoescrevivências". *ZUM*, 23 jul. 2021. Disponível em: <revistazum.com.br/radar/januario-garcia/>. Acesso em: 5 fev. 2024.

2. "The 1619 Project". *New York Times*. Disponível em: <www.nytimes.com/interactive/2019/08/14/magazine/1619-america-slavery.html>. Acesso em: 5 fev. 2024.

3. Entrevista com Conceição Evaristo. ("Maria Firmina dos Reis e Conceição Evaristo". *Negra Voz*, n. 2, 11 set. 2019. Disponível em: <tiagorogero.com/02-maria-firmina-dos-reis-e-conceicao-evaristo/>. Acesso em: 30 jan. 2024).

4. "Listen to '1619,' a Podcast from The New York Times". *New York Times*, 23 jan. 2024. Disponível em: <www.nytimes.com/2020/01/23/podcasts/1619-podcast.html>. Acesso em: 5 fev. 2024.

5. Todos os episódios do podcast *Vidas Negras* estão disponíveis em: <open.spotify.com/show/oqycUnfp92MidYXzMC8toW?si=d732eb50c3fb41ff>. Acesso em: 20 jul. 2024.

6. Todo o material está disponível no site do *projeto Querino*: <projetoquerino.com.br/>. Acesso em: 20 jul. 2024.

7. "Bolsonaro acumula frases preconceituosas contra diferentes alvos; relembre". *Folha de S.Paulo*, 7 fev. 2022. Disponível em: <www1.folha.uol.com.br/poder/2022/02/bolsonaro-acumula-frases-preconceituosas-contra-diferentes-alvos-relembre.shtml>. Acesso em: 30 jan. 2024.

8. "Por que gesto de 'OK' de assessor de Bolsonaro está em lista de símbolos de ódio nos EUA". *BBC News Brasil*, 30 set. 2019. Disponível em: <www.bbc.com/portuguese/geral-49861739>. Acesso em: 30 jan. 2024.

9. Uma versão traduzida para o português do primeiro artigo publicado por *The 1619 Project* pode ser lida em Nikole Hannah-Jones, "As raízes negras da liberdade". *serrote*, 20 mar. 2020. Disponível em: <www.revistaserrote.com.br/2020/03/as-raizes-negras-da-liberdade-por-nikole-hannah-jones/>. Acesso em: 5 fev. 2024.

10. David Olusoga, "Slavery and *The Guardian*: the Ties that Bind Us". *The Guardian*, 28 maio 2023. Disponível em: <www.theguardian.com/news/ng-interactive/2023/mar/28/slavery-and-the-guardian-the-ties-that-bind-us>. Acesso em: 30 jan. 2024.

11. Lélia Gonzalez, "De Palmares às escolas de samba, estamos aí". *Mulherio*, n. 5, jan./fev. 1982, p. 3. Apud Luana Tolentino, "Por um feminismo plural: o ativismo de Lélia Gonzalez no jornal *Mulherio*". *Geledés*, 17 jul. 2023. Disponível em: <www.geledes.org.br/por-um-feminismo-plural-o-ativismo-de-lelia-gonzalez-no-jornal-mulherio/>. Acesso em: 30 jan. 2024.

12. Cida Bento, *O pacto da branquitude*. São Paulo: Companhia das Letras, 2022, p. 8.

13. Ibid., p. 23.

A GRANDE APOSTA

PARTE 1 [PP. 29-35]

1. Mariza de Carvalho Soares, "Entre irmãos: as 'galanterias' do rei Adandozan do Daomé ao príncipe d. João de Portugal, 1810". In: *Escravidão e subjetividades: no Atlântico luso-brasileiro e francês (Séculos XVII-XX)*. Marselha: OpenEdition Press, 2016. Disponível em: <books.openedition.org/oep/788>. Acesso em: 4 jun. 2024.

2. Mariza de Carvalho Soares, "O lugar do rei no comércio de escravos: Portugal, Daomé e Porto Novo em 1810". *Revista Crítica Histórica*, v. 12, n. 24, pp. 11-39, 2021. Disponível em: <www.seer.ufal.br/index.php/criticahistorica/article/view/12832#:~:text=Em%201810%20dois%20reinos%20da,para%200%20com%C3%A9rcio%20de%20escravos>. Acesso em: 27 out. 2023.

3. Ibid.

4. As correspondências de ambos os reis africanos com o príncipe português foram estudadas por Mariza de Carvalho Soares (ibid.).

5. Laurentino Gomes, *Escravidão: do primeiro leilão de cativos em Portugal à morte de Zumbi dos Palmares*. Rio de Janeiro: Globo, 2019. 1. v.

6. Ynaê Lopes dos Santos, *Racismo brasileiro: uma história da formação do país*. São Paulo: Todavia, 2022, p. 34.

7. Ismênia de Lima Martins, "Dom João — príncipe regente e rei — um soberano e muitas controvérsias". *Navigator*, v. 6, n. 11, pp. 32-3, 2010.

8. José Ricardo Oriá Fernandes, "Documentos históricos de criação e transferência do Museu Nacional". *Cadernos ASLEGIS*, n. 56, pp. 193-8, 1 sem. 2016. Disponível em: <bd.camara.leg.br/bd/bitstream/handle/bdcamara/40640/documentos_historicos_fernandes.pdf?sequence=1&isAllowed=y>. Acesso em: 30 jan. 2023.

9. Nilza Lícia Xavier Silveira Braga, *Entre negócios e vassalagem na corte joanina: a trajetória do homem de negócio, comendador da Ordem de Cristo e deputado da Real Junta de Comércio Elias Antonio Lopes (c.1770-1815)*. Rio de Janeiro: UFF, 2013. Dissertação (Mestrado em História). Disponível em: <app.uff.br/riuff/handle/1/193>. Acesso em: 3 fev. 2023.

10. Rui Vieira da Cunha, "Para uma biografia de Elias Antônio Lopes". *Jornal do Comércio*. Rio de Janeiro, 1957, p. 7. In: Nilza Lícia Xavier Silveira Braga, ibid.

11. Artur de Magalhães Basto, "Porto e o Brasil: figuras e factos da história luso-brasileira". Porto: Livraria Progredior, 1946. In: Nilza Lícia Xavier Silveira Braga, ibid.

PARTE 2 [PP. 36-43]

1. Iara Lis C. Souza, *A Independência do Brasil*. São Paulo: Zahar, 2000.

2. Ynaê Lopes dos Santos, op. cit., p. 98.

3. Antônio Rodrigues Veloso de Oliveira, *Memórias para o melhoramento da província de São Paulo, aplicável em grande parte às demais províncias do Brasil*. Rio de Janeiro: Typographia Nacional, 1822. Disponível em: <docvirt.com/docreader.net/DocReader.aspx?bib=livrossp&pagfis=7340>. Acesso em: 17 fev. 2023.

4. Guilherme de Paula Costa Santos, *A Convenção de 1817: debate político e diplomático sobre o tráfico de escravos durante o governo de d. João no Rio de Janeiro*. São Paulo: FFLCH-USP, 2017. Dissertação (Mestrado em História). Disponível em: <spap.fflch.usp.br/sites/spap.fflch.usp.br/files/DH_GUILHERME.PDF>. Acesso em: 17 fev. 2023.

5. Estatísticas retiradas do banco de dados "Slave Voyages 2.0 | The Trans-Atlantic Slave Trade Database". Disponível em: <www.slavevoyages.org/>. Acesso em: 17 fev. 2023.

6. Jorge Caldeira, *História da riqueza no Brasil*. Rio de Janeiro: Estação Brasil, 2017.

7. Evaldo Cabral de Mello, *A outra Independência: Pernambuco, 1817-1824*. São Paulo: Todavia, 2022.

8. Um dos principais líderes da resistência pernambucana foi um homem negro, filho de africanos: Henrique Dias, que liderou uma tropa de ex-escravizados. Não por acaso, tropas de "homens de cor" passaram a ser chamadas de "batalhões dos Henriques" nas décadas seguintes, inclusive em outros lugares do país.

9. Fernando Muniz Tavares, *História da Revolução de Pernambuco em 1817*. 3. ed. Recife: Imprensa Industrial, 1917.

10. George F. Cabral de Souza, *Pernambuco na Independência do Brasil: olhares do nosso tempo*. Recife: Cepe, 2022.

11. Evaldo Cabral de Mello, op. cit.

12. Iara Lis C. Souza, *Pátria coroada: o Brasil como corpo político autônomo: 1780-1831*. São Paulo: Editora Unesp, 1999.

13. Mary Del Priore, *As vidas de José Bonifácio*. São Paulo: Estação Brasil, 2019 (e-book).

14. Ibid.

15. Ibid.

PARTE 3 [PP. 44-51]

1. Arquipélago da América Central do qual fazem parte treze países: Antígua e Barbuda, Bahamas, Barbados, Cuba, Dominica, Granada, Haiti, Jamaica, República Dominicana, Santa Lúcia, São Cristóvão e Neves, São Vicente e Granadinas, e Trindade e Tobago.

2. Tâmis Peixoto Parron, *A política da escravidão no Império do Brasil, 1826-1865*. São Paulo: FFLCH-USP, 2009. Dissertação (Mestrado em História). Disponível em: <www.teses.usp.br/teses/disponiveis/8/8138/tde-04022010-112116/publico/TAMIS_PEIXOTO_PARRON.pdf>. Acesso em: 19 jan. 2024.

3. Marco Morel, *A Revolução do Haiti e o Brasil escravista: o que não deve ser dito*. Jundiaí: Paco, 2017, p. 89.

4. Ibid., p. 91.

5. Ibid., p. 68.

6. Herbert S. Klein, *Escravidão africana: América Latina e Caribe*. São Paulo: Brasiliense, 1986, p. 108. Apud Andréia Firmino Alves, *O Parlamento brasileiro: 1823-1850: debates sobre o tráfico de escravos e a escravidão*. Brasília: UnB, 2009, p. 17. Tese (Doutorado em História). Disponível em: <repositorio.unb.br/bitstream/10482/2605/1/2008_AndreiaFirminoAlves_completo.pdf>. Acesso em: 19 maio 2024.

7. Iara Lis C. Souza, *A independência do Brasil*. São Paulo: Zahar, 2000 (e-book).

8. Mary Del Priore, op. cit. (e-book).

9. Ibid.

10. Arquivo Nacional (AN), "Termo de vereação do dia 9 de janeiro de 1822". Rio de Janeiro, 1822. Disponível em: <www.gov.br/arquivonacional/pt-br/sites_eventos/sites-tematicos-1/brasil-oitocentista/documentos/termo-de-

vereacao-do-dia-9-de-janeiro-de-2022/dia-do-fico_compressed.pdf>. Acesso em: 3 ago. 2023.

11. Mary Del Priore, op. cit. (e-book).

PARTE 4 [PP. 52-9]

1. Virginia Siqueira Starling, "A coroa que lhe cabe: Leopoldina e a aventura de fazer um Brasil". In: Heloisa Starling e Antonia Pellegrino (Orgs.). *Independência do Brasil: as mulheres que estavam lá*. Rio de Janeiro: Bazar do Tempo, 2022, p. 170.

2. Virginia Siqueira Starling, op. cit. In: Heloisa Starling e Antonia Pellegrino (Orgs.), op. cit., p. 171.

3. No podcast, informamos erroneamente ter sido d. Leopoldina a responsável por declarar a Independência. Mas, embora a influência dela tenha sido importante, foi d. Pedro quem fez a proclamação. Para ler mais a respeito, ver: Projeto Detecta, "Leopoldina assinou o decreto de independência do Brasil em 2 de setembro de 1822?". *Clio, História e Literatura*, 24 mar. 2021. Disponível em: <cliohistoriaeliteratura.com/2021/03/24/leopoldina-assinou-o-decreto-de-independencia-do-brasil-em-2-de-setembro-de-1822/>. Acesso em: 17 jun. 2016.

4. "Slave Voyages 2.0 | The Trans-Atlantic Slave Trade Database". Disponível em: <www.slavevoyages.org/>. Acesso em: 3 ago. 2023.

5. Milton Luz, *A história dos símbolos nacionais*. Brasília: Senado Federal, 2005, p. 64. Disponível em: <www2.senado.leg.br/bdsf/bitstream/handle/id/1099/729330.pdf>. Acesso em: 3 ago. 2023.

6. Maria das Graças de Andrade Leal, Virgínia Queiroz Barreto e Avanete Pereira Sousa (Orgs.). *Bahia, 2 de Julho: uma guerra pela Independência do Brasil*. Salvador: Eduneb, 2023.

7. João José Reis, "O jogo duro do Dois de Julho: o 'Partido Negro' na Independência da Bahia". In: João José Reis e Eduardo Silva, *Negociação e conflito: a resistência negra no Brasil escravista*. São Paulo: Companhia das Letras, 1989, p. 89.

8. Cidinha da Silva, "Maria Felipa de Oliveira, a mulher que veio do mar e ruminava fogo". In: Heloisa Starling e Antonia Pellegrino (Orgs.), op. cit., p. 108.

9. Lucas Borges dos Santos apud ibid., p. 109.

10. Ibid., pp. 110 e 115.

11. Em entrevista à *BBC News Brasil*, o historiador Pablo Antonio Iglesias Magalhães, da Universidade Federal do Oeste da Bahia (UFOB), disse: "É possível afirmar que personagens citados por ele, na referida obra, não possuem nenhum respaldo documental". Evanildo Pereira da Silva, "Quem foi Maria Felipa, a escravizada liberta que combateu marinheiros portugueses e incendiou

navios". *BBC News Brasil*, 6 ago. 2022. Disponível em: <www.bbc.com/portuguese/brasil-62353785>. Acesso em: 10 ago. 2023.

12. Eny Kleyde Vasconcelos Farias, *Maria Felipa de Oliveira, heroína da Independência da Bahia*. Salvador: Quarteto, 2010.

13. Franklin de Oliveira Júnior, "O Conselho de Estado das Cortes no processo de Independência — Brasil e Bahia: uma cronologia (1921-1823)". In: Maria das Graças de Andrade Leal; Virgínia Queiroz Barreto e Avanete Pereira Sousa (Orgs.), op. cit., p. 59.

14. Patrícia Valim e Marianna Teixeira Farias, "Maria Felipa liderou baianas na luta contra soldados portugueses". *Folha de S.Paulo*, 5 set. 2022. Disponível em: <www1.folha.uol.com.br/ilustrissima/2022/09/maria-felipa-liderou-baianas-na-luta-contra-soldados-portugueses.shtml>. Acesso em: 10 ago. 2023.

15. Pietro Sant'Anna, "Conheça o aventureiro escocês que lutou no Brasil e ajudou a consolidar a Independência". *Folha de S.Paulo*, 5 maio 2022. Disponível em: <www1.folha.uol.com.br/ilustrissima/2022/05/conheca-o-aventureiro-escoces-que-lutou-no-brasil-e-ajudou-a-consolidar-a-independencia.shtml>. Acesso em: 11 ago. 2023.

16. Luís Henrique Dias Tavares, *Independência do Brasil na Bahia*. Salvador: EDUFBA, 2005, pp. 214-8.

17. Marcela Telles, "Maria Quitéria: algo novo na frente da batalha". In: Heloisa Starling e Antonia Pellegrino (Orgs.), op. cit., p. 138.

18. Pietro Sant'Anna, op. cit.

19. Mary Del Priore, op. cit. (e-book).

20. Ibid.

PARTE 5 [PP. 60-73]

1. Rafael de Bivar Marquese e Márcia Regina Berbel, "A ausência da raça: escravidão, cidadania e ideologia pró-escravista nas Cortes de Lisboa e na Assembleia Constituinte do Rio de Janeiro (1821-1824)". In: Cláudia Maria das Graças Chaves e Marco Antônio Silveira (Orgs.). *Território, conflito e identidade*. Belo Horizonte: Fino Traço, 2008, p. 78.

2. Ibid., p. 80.

3. Em 2018, durante a campanha eleitoral, o então candidato à presidência do Brasil, Jair Bolsonaro, disse que, "se for ver a história realmente, o português nem pisava na África, eram os próprios negros que entregavam os escravos". *Roda Viva*, 30 jul. 2018. Disponível em: <www.youtube.com/watch?v=IDL59dkeTio>. Acesso em: 15 ago. 2023.

4. José Bonifácio de Andrada e Silva, *Representação à Assembleia Geral Constituinte e Legislativa do Império do Brasil sobre a escravatura*. Paris:

Firmin-Didot, 1825. Disponível em: <digital.bbm.usp.br/bitstream/bbm/4492/1/016889_COMPLETO.pdf>. Acesso em: 17 ago. 2023.

5. Ibid., p. 17.

6. Salloma Salomão, em fala durante o seminário "Memória, reconhecimento e reparação", organizado pelo Instituto Ibirapitanga, em 12 set. 2023. Mesa 2 — *Nada os trará de volta: políticas de reparação e seus limites*. Disponível em: <www.youtube.com/watch?v=dwK924B-kaw&t=2612s>. Acesso em: 24 jan. 2024.

7. José Bonifácio de Andrada e Silva, op. cit.

8. Ibid., pp. 48-50.

9. Mary Del Priore, op. cit.

10. Analice Franco Gomes Parente e Marcus Vinícius Parente Rebouças, "A origem despótica da história constitucional no Brasil". In: *Anais do XXI Encontro Nacional do CONPEDI*. Florianópolis: Fundação Boiteux, 2012, pp. 11351-81. Disponível em: <www.publicadireito.com.br/artigos/?cod=b7bb35b9c6ca2aee>. Acesso em: 17 ago. 2023.

11. Sonia Maria da Silva Araujo, "A Independência perdida: reflexões sobre educação e movimento cabano no Grão-Pará da América portuguesa (1755--1840)". *História da Educação*, v. 25, 2021. Disponível em: <www.scielo.br/j/heduc/a/BYxqKW6Pz384WXX3pbd3gMy/?format= pdf&lang=pt>. Acesso em: 29 ago. 2023.

12. William R. Manning (Org.), *Diplomatic Correspondence of the United States Concerning the Independence of Latin American Nations*. Nova York: Oxford University Press, 1925, 2 v, pp. 777-8. Apud: Evaldo Cabral de Mello, op. cit.

13. Marcus J. M. de Carvalho, "Escravidão, República e os caminhos da Independência do Brasil em Pernambuco". In: George F. Cabral de Souza, op. cit.

14. Evaldo Cabral de Mello, op. cit.

15. Adriana Pereira Campo e Kátia Sausen da Motta, "Imperfecta Libertate: petição ao Congresso Brasileiro do liberto Delfino — *1826*". *Revista do Instituto Histórico e Geográfico Brasileiro*, v. 467, pp. 289-304, 2015. Disponível em: <www.ihgb.org.br/revista-eletronica/artigos-467/item/108116-imperfecta-libertate-peticao-ao-congresso-brasileiro-do-liberto-delfino-1826.html>. Acesso em: 25 ago. 2023.

16. Ibid.

17. Ibid.

18. Termo de Declaração da 105ª Delegacia de Polícia de 16 jul. 2019.

19. Representação por prisão cautelar temporária da 105ª Delegacia de Polícia de 19 jul. 2019.

20. Decisão do juiz Luís Cláudio Rocha Rodrigues, da 1ª Vara Criminal de Petrópolis, em 23 fev. 2021.

O PECADO ORIGINAL

PARTE 1 [PP. 77-87]

1. João Batista Corrêa, *Imperial Fazenda de Santa Cruz: escravidão e liberdade na segunda metade do século XIX (1856-1891)*. Niterói: UNIVERSO, 2016, p. 22. Disponível em: <ppghistoria.universo.edu.br/wp-content/uploads/2018/05/2016-JO%C3%83O-BATISTA-CORR%C3%8AA.pdf>. Acesso em: 19 set. 2023.

2. Thiago Campos Pessoa Lourenço, *O império dos Souza Breves nos Oitocentos: política e escravidão nas trajetórias dos comendadores José e Joaquim de Souza Breves*. Niterói: UFF, 2010, p. 80. Dissertação (Mestrado em História). Disponível em: <www.historia.uff.br/stricto/td/1367.pdf>. Acesso em: 19 set. 2023.

3. "Conheça a história do comendador rei do café no Sul do Rio de Janeiro". *Rio Sul Revista*, 28 mar. 2015. Disponível em: <globoplay.globo.com/v/ 4068970/>. Acesso em: 19 set. 2023.

4. Thiago Campos Pessoa Lourenço, op. cit.

5. Elio Gaspari, "O MST invadiu a história dos Breves e do Brasil". *Folha de S.Paulo*, 11 abr. 2004. Disponível em: <www1.folha.uol.com.br/fsp/brasil/fc1104200423.htm>. Acesso em: 26 set. 2023.

6. Thiago Campos Pessoa, *O império da escravidão: o complexo Breves no vale do café (Rio de Janeiro, c. 1850-c. 1888)*. Rio de Janeiro: Arquivo Nacional, 2018.

7. Francisco Vidal Luna e Herbert S. Klein, *Evolução da sociedade e economia escravista de São Paulo, de 1750 a 1850*. Trad. de Laura Teixeira da Motta. São Paulo: Edusp, 2005, p. 138.

8. Luiz Felipe de Alencastro, *O trato dos viventes: a formação do Brasil no Atlântico Sul*. São Paulo: Companhia das Letras, 2000 (e-book).

9. "A posse de cativos foi a forma crucial de riqueza disponível no Brasil colonial e imperial. Como já observamos, a posse de terra era, por si só, insuficiente para determinar a posição econômica de uma pessoa nessa sociedade. A terra tinha valor fundamental como meio de produção, como reserva de valor e até como instrumento de poder. Mas as tradicionais concessões de sesmarias eram de tal magnitude que a limitada tecnologia da época dificultava explorar integralmente o potencial das terras, mesmo nos casos da pecuária e da atividade açucareira. Assim, embora o acesso à terra fosse fundamental, foi o tamanho da força de trabalho o fator mais importante na determinação da riqueza de um domicílio." Francisco Vidal Luna e Herbert S. Klein, op. cit., p. 138.

10. Ibid., p. 208.

11. Ibid., p. 150.

12. Ana Flávia Cichelli. *Tráfico ilegal de escravos: os caminhos que levam a Cabinda*. Niterói: UFF, 2006. Dissertação (Mestrado em História). Apud Thiago Campos Pessoa Lourenço, *O império dos Souza Breves nos Oitocentos*, op. cit., p. 132.

13. Ricardo Salles, "Café e escravidão". In: Lilia Moritz Schwarcz e Flávio dos Santos Gomes (Orgs.). *Dicionário da escravidão e liberdade: 50 textos críticos*. São Paulo: Companhia das Letras, 2018 (e-book).

14. "Todos os 'ciclos' econômicos brasileiros — o do açúcar, o do ouro e o do café — derivam do ciclo multissecular de trabalho escravo trazido pelos traficantes", escreveu Luiz Felipe de Alencastro no artigo "África, números do tráfico atlântico", presente no mesmo *Dicionário da escravidão e liberdade: 50 textos críticos*, op. cit.

15. Celso Furtado, *Formação econômica do Brasil*. São Paulo: Companhia das Letras, 2007.

16. Stuart B. Schwartz, "Escravidão indígena e o início da escravidão africana". In: Lilia Moritz Schwarcz e Flávio dos Santos Gomes (Orgs.), op. cit.

17. Luiz Felipe de Alencastro, *O trato dos viventes: a formação do Brasil no Atlântico Sul*, op. cit. (e-book).

18. "Justiça de SP condena motoboy por incendiar estátua de Borba Gato; ato alçou debate sobre homenagens a escravocratas". *g1*, 18 dez. 2022. Disponível em: <g1.globo.com/sp/sao-paulo/noticia/2022/12/18/justica-de-sp-condena-motoboy-por-incendiar-estatua-de-borba-gato-ato-acendeu-debate-sobre-homenagens-a-escravocratas.ghtml>. Acesso em: 20 set. 2023.

19. Stuart B. Schwartz, op. cit.

20. Luiz Felipe de Alencastro, *O trato dos viventes: a formação do Brasil no Atlântico Sul*, op. cit. (e-book).

21. Ibid.

22. Stuart B. Schwartz, op. cit.

23. Luiz Felipe de Alencastro, *O trato dos viventes: a formação do Brasil no Atlântico Sul*, op. cit. (e-book).

24. Do naturalista luso-brasileiro Alexandre Rodrigues Ferreira, em 1785 (ibid.).

25. Como dito na "Introdução", tudo isso é muito pouco para sequer tentar explicar o que foi a escravização indígena no Brasil, que mereceria um projeto inteiro, liderado e executado por pessoas indígenas — o que não é o caso do *projeto Querino*. Mas, ainda que não entremos em detalhes, quisemos aproveitar o livro para trazer um pouco mais de informações do que fizemos no podcast. Tenhamos sempre em mente: a história dos povos originários é muito mais antiga do que a da colonização ou a do Brasil independente.

26. Luiz Felipe de Alencastro, *O trato dos viventes: a formação do Brasil no Atlântico Sul*, op. cit.

27. "Slave Voyages 2.0 | The Trans-Atlantic Slave Trade Database". Disponível em: <www.slavevoyages.org/>. Acesso em: 3 ago. 2023.

28. Cláudio de Paula Honorato, *Valongo: o mercado de escravos do Rio de Janeiro, 1758-1831*. Niterói: UFF, 2008. Dissertação (Mestrado em História). Disponível em: <www.historia.uff.br/stricto/teses/Dissert-2008_HONORATO_Claudio_de_Paula-S.pdf>. Acesso em: 20 set. 2023.

PARTE 2 [PP. 88-104]

1. Rafael Cupello Peixoto, "'Uma lei para inglês ver': o marquês de Barbacena no jogo político do processo de elaboração da norma de 1831". In: I Seminário Internacional "Brasil no Século XIX". Vitória: Anais do Seminário Internacional "Brasil no Século XIX", 2014. v. 1. Disponível em: <www.seo.org.br/images/Anais/Luana/RafaelCupelloPeixoto.pdf>. Acesso em: 20 set. 2023.

2. Marco Aurélio Alves Costa, "O Rei do Café". Disponível em: <docplayer.com.br/9771622-O-rei-do-cafe-o-vapor-california-naufragado-em-1866-na-baia-de-ilha-grande-angra-dos-reis-rj-pontos-de-referencia.html>. Acesso em: 20 set. 2023.

3. Rafael Cupello Peixoto, op. cit.

4. Ibid.

5. Mary Del Priore, op. cit.

6. Ibid.

7. A entrevista com Tâmis Parron foi gravada em 22 dez. 2021.

8. Tâmis Peixoto Parron, *A política da escravidão no Império do Brasil, 1826-1865*. São Paulo: FFLCH-USP, 2009, p. 138. Dissertação (Mestrado em História). Disponível em: <www.teses.usp.br/teses/disponiveis/8/8138/tde-04022010-112116/publico/TÂMIS_PEIXOTO_PARRON.pdf>. Acesso em: 22 set. 2023.

9. Luiz Felipe de Alencastro, "Prefácio". In: Ligia Fonseca Ferreira (Org.). *Lições de resistência: artigos de Luiz Gama na imprensa de São Paulo e do Rio de Janeiro*. São Paulo: Edições Sesc, 2020.

10. Tâmis Peixoto Parron, op. cit.

11. Beatriz Gallotti Mamigonian e Keila Grinberg, "Lei de 1831". In: Lilia Moritz Schwarcz e Flávio dos Santos Gomes (Orgs.), op. cit.

12. Tâmis Peixoto Parron, op. cit.

13. "Ministro do Meio Ambiente defende passar 'a boiada' e 'mudar' regras enquanto atenção da mídia está voltada para a Covid-19". *g1*, 22 maio 2020. Disponível em: <g1.globo.com/politica/noticia/2020/05/22/ministro-do-meio-

ambiente-defende-passar-a-boiada-e-mudar-regramento-e-simplificar-normas.ghtml>. Acesso em: 22 set. 2023.

14. Thiago Campos Pessoa, "A 'Delação Alcoforado' e o comércio ilegal de africanos no Vale do Café: notas de pesquisa". In: Helen Osório e Regina Célia Lima Xavier (Orgs.). *Do tráfico ao pós-Abolição: trabalho compulsório e livre na luta por direitos sociais no Brasil*. São Leopoldo: Oikos, 2018, pp. 165-206.

15. Thiago Campos Pessoa, em entrevista ao podcast do *projeto Querino*.

16. Thiago Campos Pessoa, *O Império dos Souza Breves nos Oitocentos*, op. cit.

17. Ibid., p. 93.

18. Flavia Lima, "Reforma e controle de gastos são núcleo da agenda de Paulo Guedes". *Folha de S.Paulo*, 2 jan. 2019. Disponível em: <www1.folha.uol.com.br/mercado/2019/01/reforma-e-controle-de-gastos-sao-nucleo-da-agenda-de-paulo-guedes.shtml>. Acesso em: 25 set. 2023.

PARTE 3 [PP. 105-17]

1. "RJ — Comunidade quilombola da Ilha de Marambaia é pressionada pela Marinha, grupos acadêmicos e parte da imprensa com argumentos ambientalistas e preconceitos para sair de seu território, marco histórico do fim da escravidão no Estado". Mapa de Conflitos da ENSP/Fiocruz, 3 dez. 2009. Disponível em: <mapadeconflitos.ensp.fiocruz.br/conflito/rj-comunidade-quilombola-da-ilha-de-marambaia-e-pressionada-pela-marinha-grupos-academicos-e-parte-da-imprensa-com-argumentos-ambientalistas-e-preconceitos-para-sair-de-seu-territorio-marco-histor/>. Acesso em: 26 set. 2023.

2. Ana Carolina Diniz, "Os bastidores da visita de Lula ao quilombo da Marambaia e os pedidos dos moradores". *O Globo*, 5 jan. 2024. Disponível em: <oglobo.globo.com/blogs/miriam-leitao/post/2024/01/os-bastidores-da-visita-de-lula-ao-quilombo-da-marambaia-e-os-pedidos-dos-moradores.ghtml>. Acesso em: 1º fev. 2024.

3. Marco Aurélio Alves Costa, op. cit.

4. Thiago Campos Pessoa, *O império dos Souza Breves nos Oitocentos*, op. cit., p. 133.

5. Nilma Teixeira Accioli, *José Gonçalves da Silva à nação brasileira: o tráfico ilegal de escravos no antigo Cabo Frio*. Fundação Biblioteca Nacional/MinC, 2010. Disponível em: <antigo.bn.gov.br/sites/default/files/documentos/producao/pesquisa/jose-goncalves-silva-nacao-brasileira-trafico-ilegal//nilma_accioli_pnap.pdf>. Acesso em: 26 set. 2023.

6. Citação feita por Nilma Teixeira Accioli, em entrevista ao jornal *O Globo* (Natasha Mazzacaro, "Obra revela história de traficante de escravos que nomeia praia em Búzios". *O Globo*, 21 jan. 2016. Disponível em: <oglobo.globo.

com/rio/bairros/especiais-bairros/obra-revela-historia-de-traficante-de-escravos-que-nomeia-praia-em-buzios-18427752>. Acesso em: 26 set. 2023.)

7. Segundo o historiador Carlos da Silva Jr., em entrevista à *BBC News Brasil*. (Camilla Costa, "Quem foi Joaquim Pereira Marinho, o traficante de escravos que virou estátua na capital mais negra do Brasil". *BBC News Brasil*, 12 jun. 2020. Disponível em: <www.bbc.com/portuguese/brasil-53013733>. Acesso em: 26 set. 2023.)

8. Cristiana Lyrio Ximens, "Conde Pereira Marinho". Perfil do traficante publicado no site do projeto Salvador Escravista, que se dedica a mapear o impacto da escravidão na cidade baiana através de homenagens em estátuas, prédios e nomes de ruas. Disponível em: <www.salvadorescravista.com/homenagens-controversas/conde-pereira-marinho>. Acesso em: 26 set. 2023.

9. Id., *Joaquim Pereira Marinho: perfil de um contrabandista de escravos na Bahia – 1828-1887*. Salvador: UFBA, 1998. Dissertação (Mestrado em História). Disponível em: <ppgh.ufba.br/sites/ppgh.ufba.br/files/1_joaquim_pereira_marinho_perfil_de_um_contrabandista_de_escravos_na_bahia_1828-1887.pdf>. Acesso em: 26 set. 2023.

10. Ibid., p. 121.

11. Artur Vitorino, "Política, agricultura e a reconversão do capital do tráfico transatlântico de escravos para as finanças brasileiras na década de 1850". *Economia e Sociedade*, v. 17, n. 3 (34), dez. 2008, pp. 463-91. Disponível em: <www.scielo.br/j/ecos/a/p9KrNVVWMkrzFpFRkW9ZpqN/?format=pdf&lang=pt>. Acesso em: 26 set. 2023.

12. Ibid.

13. Ministério Público Federal, *Notícia de Fato – NF nº 1.30.001.004372/2023/13*. Rio de Janeiro, 2023, assinada pelos historiadores Álvaro Pereira do Nascimento, Ana Flavia Magalhães, Beatriz Gallotti Mamigonian, Clemente Penna, Fernanda Thomaz, Hebe Mattos, João José Reis, Keila Grinberg, Mariana Muazze, Martha Abreu, Monica Lima, Sidney Chalhoub, Thiago Campos Pessoa e Ynaê Lopes dos Santos. Disponível em: <www.mpf.mp.br/rj/sala-de-imprensa/docs/pr-rj/pr-rj-00130026-2023.pdf>. Acesso em: 26 jul. 2024.

14. Ver Michael de França e Alysson Portella (Orgs.). *Números da discriminação racial: desenvolvimento humano, equidade e políticas públicas*. São Paulo: Jandaíra, 2023.

15. Os vestígios do naufrágio estão sendo procurados no mar em Angra dos Reis, próximo à foz do rio Bracuí. O projeto envolve arqueólogos do Laboratório de Arqueologia de Ambientes Aquáticos da Universidade Federal de Sergipe, historiadores do Laboratório de História Oral e Imagem da Universidade Federal Fluminense (Labhoi/UFF), o Projeto Passados Presentes, quilombolas do quilombo Santa Rita do Bracuhy e gravações pela Aventuras Produções e Edições Educativas. Mais informações em: <afrorigens.com.br/caso1/>.

16. Thiago Campos Pessoa, *O Império dos Souza Breves nos Oitocentos*, op. cit., p. 152.

17. Carlos Haag, "Tráfico *made in USA*: a busca pelo Camargo, um dos muitos navios negreiros americanos que vieram ao Brasil". *Revista FAPESP*, 1º fev. 2009. Disponível em: <revistapesquisa.fapesp.br/trafico-made-in-usa/>. Acesso em: 26 set. 2023.

18. Idem.

19. Marília Marasciulo, "Como os EUA lucraram com tráfico de africanos escravizados para o Brasil". *BBC News Brasil*, 5 jul. 2020. Disponível em: <www.bbc.com/portuguese/internacional-53242663>. Acesso em: 26 set. 2023.

20. Thiago Campos Pessoa, *O império dos Souza Breves nos Oitocentos*, op. cit., p. 156.

21. Luiz Felipe de Alencastro, "Prefácio". In: Ligia Fonseca Ferreira (Org.), op. cit.

CHOVE CHUVA

[P. 121]

1. Salloma Salomão Jovino da Silva, *Memórias sonoras da noite: musicalidades africanas no Brasil oitocentista*. São Paulo: PUC-SP, 2005. Tese (Doutorado em História).

PARTE 1 [PP. 122-6]

1. Jorge Ben Jor, "Zumbi" (Phonogram, 1973). No episódio, o trecho foi declamado por Angélica Paulo, pesquisadora e produtora do *projeto Querino*.

2. Gilda Mattoso, em entrevista a Anabela Paiva. ("Um fax, duas versões". *Jornal do Brasil*, 18 jan. 1996. Disponível em: <memoria.bn.br/DocReader/030015_11/169558>. Acesso em: 17 out. 2023).

3. Paulinho da Viola, em entrevista a Anabela Paiva (ibid.).

4. Trecho de "Sem ela", composição de Raul Marques e Alberto Ribeiro, gravada por João Gilberto e os Garotos da Lua (Stardust Records, 1951).

5. Trecho de "Anjo cruel", composição de Wilson Batista e Alberto Ribeiro, gravada por João Gilberto e os Garotos da Lua (Stardust Records, 1951).

6. Trecho de "Chega de Saudade", composição de Tom Jobim e Vinicius de Moraes, gravada por Elizeth Cardoso (Festa, 1958).

7. Trecho de "Saudade fez um samba", composição de Carlos Lyra e Ronaldo Bôscoli, gravada por João Gilberto (EMI-ODEON, 1958).

8. Trecho de "Samba de uma nota só", composição de Tom Jobim e Newton Mendonça, gravada por João Gilberto (EMI-ODEON, 1960).

9. Trecho de "Samba da minha terra", composição de Dorival Caymmi, gravada por João Gilberto (EMI-ODEON, 1961).

10. Trecho de "Rapaz de bem", composição de Johnny Alf, gravada por ele (1958).

11. Alaíde Costa em entrevista para o podcast *Vidas Negras*. Episódio "Negra Bossa Nova", publicado em abril de 2021. Disponível em: <open.spotify.com/episode/1Rk6pPIojp3bVAqNWDMC8A?si=j2pjiXuxS9i8osHb6IltTg>. Acesso em: 17 out. 2023.

12. Ibid.

PARTE 2 [PP. 127-34]

1. Trecho de "Zumbi" (1973), de Jorge Ben Jor. No episódio, o trecho foi declamado por Angélica Paulo, pesquisadora e produtora do *projeto Querino*.

2. Rodrigo Faour, *História da música popular brasileira sem preconceitos: dos primórdios, em 1500, aos explosivos anos 1970*. Rio de Janeiro: Record, 2021. v. 1. (e-book).

3. "JOSÉ MAURÍCIO NUNES GARCIA". In: *Enciclopédia Itaú Cultural de arte e cultura brasileira*. São Paulo: Itaú Cultural, 2023. Disponível em: <enciclopedia.itaucultural.org.br/pessoa483660/jose-mauricio-nunes-garcia>. Acesso em: 17 out. 2023.

4. Rodrigo Faour, op. cit.

5. "Beijo a mão que me condena", composição de Padre José Maurício.

6. Rodrigo Faour, op. cit.

7. Salloma Salomão Jovino da Silva, op. cit.

8. Rafael Benvindo Figueiredo Galante, *"Essa gunga veio de lá!": sinos e sineiros na África centro-ocidental e no Brasil centro-africano*. São Paulo: FFLCH-USP, 2022. Tese (Doutorado em História). Disponível em: <www.teses.usp.br/teses/disponiveis/8/8138/tde-23052023-132320/publico/2022_RafaelBenvindo FigueiredoGalante_VCorrig.pdf>. Acesso em: 6 nov. 2023.

9. Salloma Salomão Jovino da Silva, op. cit.

10. Ibid.

11. No terceiro episódio do podcast do *projeto Querino*, colocamos como exemplo um trecho de "Sincopado triste", composição de Hianto de Almeida e Macedo Neto, interpretada por Elizeth Cardoso (Copacabana, 1960).

12. Rodrigo Faour, op. cit.

13. Trecho de "Bolimbalacho", interpretada por Manuel Pedro dos Santos, o Bahiano, em 1902.

14. Salloma Salomão Jovino da Silva, op. cit.

15. Rafael Benvindo Figueiredo Galante, *Da cupópia da cuíca: a diáspora dos tambores centro-africanos de fricção e a formação das musicalidades do*

Atlântico Negro (Sécs. XIX e XX). São Paulo: FFLCH-USP, 2015, p. 30. Dissertação (Mestrado em História). Disponível em: <teses.usp.br/teses/disponiveis/8/8138/tde-02062015-175712/pt-br.php>. Acesso em: 6 nov. 2023.

16. Carlos Sandroni, *Feitiço decente: transformações do samba no Rio de Janeiro (1917-1933)*. Rio de Janeiro: Zahar; Editora UFRJ, 2001. Apud Rafael Benvindo Figueiredo Galante, *Da cupópia da cuíca*, op. cit., p. 34.

PARTE 3 [PP. 135-49]

1. Diálogo da minissérie *Chiquinha Gonzaga*. Direção: Jayme Monjardim. Roteiro: Lauro César Muniz e Marcílio Moraes. Rio de Janeiro: TV Globo, 1999.

2. Diálogo de *Chiquinha Gonzaga*, op. cit.

3. Edinha Diniz, *Chiquinha Gonzaga: uma história de vida*. Ed. rev. e ampl. São Paulo: IMS/Zahar, 2009.

4. "Ô, abre alas", de Chiquinha Gonzaga, composta em 1899. No episódio do podcast do *projeto Querino*, a versão que toca é da Orquestra Sinfônica Juvenil Chiquinha Gonzaga, formada só por meninas da rede pública de ensino do Rio de Janeiro.

5. *Joana: se essa marcha fosse minha*. Direção: Camerino Neto, Maíra Brandão e Tactiana Braga. Roteiro: Camerino Neto. Produção: Tactiana Braga. 2019, documentário (46min).

6. "Pelo telefone", composição de Donga e Mauro de Almeida, interpretada por Bahiano, em 1917.

7. "PELO TELEFONE (1916)". In: *Enciclopédia Itaú Cultural de Arte e Cultura Brasileira*, op. cit. Disponível em: <enciclopedia.itaucultural.org.br/obra7091/pelo-telefone-1916>. Acesso em: 6 de nov. 2023.

8. Lurian José Reis da Silva Lima, *"Essa história você precisa ouvir!": memórias do circuito de música negra do Rio de Janeiro (1887-1972)*. Rio de Janeiro: UFF, 2022. Tese (Doutorado em História). Disponível em: <www.historia.uff.br/academico/media/aluno/2369/projeto/Lurian_Lima_-_Tese_com_REVIS%C3%95ES_FINAIS_-_VERSAO_ONLINE_-_VALIDA_-_25_JUL_2022.pdf>. Acesso em: 6 nov. 2023.

9. Muniz Sodré, *Samba, o dono do corpo*. Rio de Janeiro: Mauad, 1998.

10. Clóvis Moura, *Dialética radical do Brasil negro*. São Paulo: Anitta, 1994.

11. Lurian José Reis da Silva Lima, op. cit.

12. Paulo da Costa e Silva, "Chico e os olhos do carrasco: de Paratodos a Parapoucos". *Blog do IMS*, 14 jun. 2012. Disponível em: <blogdoims.com.br/chico-e-os-olhos-do-carrasco-de-paratodos-a-parapoucos-por-paulo-da-costa-e-silva/>. Acesso em: 6 nov. 2023.

13. Allan da Rosa e Deivison Faustino, *Balanço afiado: estética e política em Jorge Ben*. São Paulo: Fósforo, 2023, p. 37.

PARTE 4 [PP. 150-9]

1. Trecho de "Zumbi" (1973), música de Jorge Ben Jor. No episódio, o trecho foi declamado por Angélica Paulo, pesquisadora e produtora do *projeto Querino*.

2. Trecho de "Zumbi", composição de Jorge Ben Jor, interpretada por ele (Philips, 1974).

3. Kamille Viola, *África Brasil: um dia Jorge Ben voou para toda a gente ver*. São Paulo: Edições Sesc São Paulo, 2020 (e-book).

4. Trecho de "Balança Pema", composição de Jorge Ben Jor, interpretada por ele (Philips, 1963).

5. Trecho de "Menina mulher da pele preta", composição de Jorge Ben Jor, interpretada por ele (Philips, 1974).

6. Trecho de "Negro é lindo", composição de Jorge Ben Jor, interpretada por ele (Philips, 1971).

7. Trecho de "Cinco minutos", composição de Jorge Ben Jor, interpretada por ele (Philips, 1974).

8. Allan da Rosa e Deivison Faustino, op. cit., p. 12.

9. Trecho de "Jorge da Capadócia", composição de Jorge Ben Jor, interpretada pelos Racionais (Cosa Nostra, 1998).

10. Trecho de "Ogum", composição de Claudemir e Marquinho PQD, interpretada por Zeca Pagodinho e Jorge Ben Jor (Universal Music, 2008).

11. Sobre o disco, ver Kamille Viola, op. cit.

12. Trecho de "África Brasil (Zumbi)", composição de Jorge Ben Jor, interpretada por ele (Philips, em 1976).

13. Hélio Santos Menezes Neto, *Entre o visível e o oculto: a construção do conceito de arte afro-brasileira*. São Paulo: FFLCH-USP, 2018, p. 17. Dissertação (Mestrado em Antropologia). Disponível em: <www.teses.usp.br/teses/disponiveis/8/8134/tde-07082018-164253/publico/2018_HelioSantos MenezesNeto_VCorr.pdf>. Acesso em: 7 nov. 2023.

14. Nei Lopes, *Novo dicionário banto do Brasil*. Rio de Janeiro: Pallas, 2012.

15. Yeda Pessoa de Castro, "Marcas de africania no português brasileiro". *Revista de Estudos em Língua e Literatura*. Disponível em: <docplayer.com.br/35973637-Marcas-de-africania-no-portugues-brasileiro.html>. Acesso em: 7 nov. 2023.

16. Cláudia Pons Cardoso, "Amefricanizando o feminismo: o pensamento de Lélia Gonzalez". *Revista Estudos Feministas*, v. 22, n. 3, 2014. Disponível em: <www.

scielo.br/j/ref/a/TJMLC74qwb37tnWV9JknbkK/?format=pdf&lang=pt>. Acesso em: 7 nov. 2023.

17. Caetano W. Galindo, *Latim em pó: um passeio pela formação do nosso português*. São Paulo: Companhia das Letras, 2022. pp. 179-82.

18. W. E. B. Du Bois, *As almas do povo negro*. São Paulo: Veneta, 2021.

O COLONO PRETO

PARTE 1 [PP. 163-8]

1. "Estudantes de Rio Preto, SP, dividem opiniões sobre a lei de cotas". *TV Globo*, 19 out. 2012. Disponível em: <globoplay.globo.com/v/2197924/>. Acesso em: 29 nov. 2023.

2. Arquivo da Casa Setecentista de Mariana: Inventário de Manoel Pimenta, 1º ofício, código 21, auto 571, 1760. Apud Luiz Carlos Villata, "Educação, nascimento, haveres e gêneros". In: Maria Efigênia Lage de Resende e Luiz Carlos Villata (Orgs.). *As minas setecentistas*. Belo Horizonte: Autêntica; Companhia do Tempo, 2007, pp. 255-6.

3. Comentário de Rachel Sheherazade na edição do telejornal *SBT Brasil*, exibido em 26 abr. 2012.

4. Adriana Maria Paulo da Silva, "A escola de Pretextato dos Passos e Silva: questões a respeito das práticas de escolarização no mundo escravista". *Revista brasileira de história da educação*, v. 2, n. 2, 2002, pp. 145-66. Disponível em: <periodicos.uem.br/ojs/index.php/rbhe/article/view/38726>. Acesso em: 26 jul. 2024.

5. Comentário de Luiz Carlos Prates no programa *SBT Meio-Dia*, da SCC SBT, exibido em 26 abr. 2012.

6. "Existe preconceito de cor no Brasil". *Realidade*, ano II, n. 19, p. 39, out. 1967. Disponível em: <memoria.bn.gov.br/DocReader/docreader.aspx?bib=213659&pasta=ano%20196&pesq=sorriu%20muito,%20consultou%20a%20lista%20de%20matr%C3%ADcula%20e%20concluiu%20alegre&pagfis= 2793>. Acesso em: 2 set. 2021.

7. O então deputado federal Jair Bolsonaro, durante reunião da Comissão de Direitos Humanos e Minorias da Câmara dos Deputados realizada em 18 dez. 2013. Disponível em: <imagem.camara.gov.br/internet/audio/exibeaudio.asp?codGravacao=47041&hrInicio=2013,12,18,14,55,48&hrFim=2013,12,18,15,8,36&descEvento=Comiss%C3%A30%20de%20Direitos%20Humanos%20e%20Minorias%20-%20Reuni%C3%A30%20...&diffData Final=43&ultimoElemento=false>. Acesso em: 29 nov. 2023.

8. Surya Pombo de Barros, "Escravos, libertos, filhos de africanos livres, não livres, pretos, ingênuos: negros nas legislações educacionais do XIX". *Educação e Pesquisa*, v. 42, n. 3, pp. 591-605, jul./set. 2016. Disponível em: <www.scielo.

br/j/ep/a/9ZhqHKsrZg987cSGqd7SbNg/?lang=pt&format=pdf> Acesso em: 30 nov. 2023.

9. Antônio Gois, *O ponto a que chegamos: duzentos anos de atraso educacional e seu impacto nas políticas do presente*. Rio de Janeiro: FGV, 2022, p. 33.

10. Ricardo Salles, "Café e escravidão", op. cit.

11. Surya Pombo de Barros, op. cit.

12. Ana Paula Santos, "Estudante é vítima de racismo em troca de mensagens de alunos de escola particular da Zona Sul do Rio". *g1*, 20 maio 2020. Disponível em: <g1.globo.com/rj/rio-de-janeiro/noticia/2020/05/20/estudante-e-vitima-de-racismo-em-troca-de-mensagens-de-alunos-de-escola-particular-da-zona-sul-do-rio.ghtml>. Acesso em: 30 nov. 2023.

13. Bruno Torquato, "'Saudade de quando preto era escravo': garoto é vítima de racismo em escola". *UOL*, 19 dez. 2021. Disponível em: <noticias.uol.com.br/cotidiano/ultimas-noticias/2021/12/19/saudade-de-quando-preto-era-escravo-garoto-e-vitima-de-racismo-em-escola.htm>. Acesso em: 30 nov. 2023.

14. Geraldo da Silva e Marcia Araújo, "Da interdição escolar às ações educacionais de sucesso: escolas dos movimentos negros e escolas profissionais, técnicas e tecnológicas". In: Jeruse Romão (Org.), *História da educação do negro e outras histórias*. Brasília: Ministério da Educação, Secretaria de Educação Continuada, Alfabetização e Diversidade, 2005, p. 69.

PARTE 2 [PP. 169-79]

1. "COSME BENTO DOS CHAGAS". In: Flávio dos Santos Gomes, Jaime Lauriano e Lilia Schwarcz (Orgs.). *Enciclopédia negra: biografias afro-brasileiras*. São Paulo: Companhia das Letras, 2021, p. 138.

2. Ibid., p. 139.

3. Claudete Maria Miranda Dias, "Balaiada: a guerrilha sertaneja". *Estudos Sociedade e Agricultura*, v. 5, pp. 73-88, nov. 1995. Disponível em: <bibliotecavirtual.clacso.org.ar/ar/libros/brasil/cpda/estudos/cinco/clau5.htm>. Acesso em: 30 nov. 2023.

4. A pergunta foi feita pelo repórter Paulo Renato Soares. "Jair Bolsonaro (PSL) faz primeiro discurso como presidente eleito". TV Globo, 28 out. 2018. Disponível em: <globoplay.globo.com/v/7121006/>. Acesso em: 30 nov. 2023.

5. Clóvis Moura, *Rebeliões da senzala: quilombos, insurreições e guerrilhas*. São Paulo: Zumbi, 1959.

6. Luiza Lobo, "Prefácio". In: Agenor Gomes, *Maria Firmina dos Reis e o cotidiano da escravidão no Brasil*. São Luís: Academia Maranhense de Letras, 2022, p. 13.

7. Agenor Gomes, op. cit., p. 31.

8. Maria Firmina dos Reis, *Úrsula e outras obras*. Brasília: Câmara dos Deputados, Edições Câmara, 2018 (e-book).

9. Tâmis Peixoto Parron, *A política da escravidão no Império do Brasil, 1826-1865*, op. cit., p. 5.

10. Agenor Gomes, op. cit., p. 31.

11. Ibid., p. 103.

12. "MA — Comunidade quilombola de Alcântara continua luta contra o Centro de Lançamento e pelo seu direito de ficar na terra". Mapa de Conflitos da ENSP/Fiocruz. Disponível em: <mapadeconflitos.ensp.fiocruz.br/conflito/ma-comunidade-quilombola-de-alcantara-continua-luta-contra-o-centro-de-lancamento-e-pelo-seu-direito-de-ficar-na-terra/>. Acesso em: 30 nov. 2023.

13. Marina Dias, "Após 20 anos de negociação, Brasil e EUA fecham acordo sobre base de Alcântara". *Folha de S.Paulo*, 11 mar. 2019. Disponível em: <www1.folha.uol.com.br/ciencia/2019/03/apos-20-anos-de-negociacao-brasil-e-eua-fecham-acordo-sobre-base-de-alcantara.shtml>. Acesso em: 30 nov. 2023.

14. Davi Pereira Júnior, *Territorialidades e identidades coletivas: uma etnografia de Terra de Santa na Baixada Maranhense*. Salvador: UFBA, 2012. Dissertação (Mestrado em Antropologia). Disponível em: <repositorio.ufba.br/ri/bitstream/ri/12780/1/Disserta%C3%A7%C3%A3o_Davi%20Pereira%20Junior.pdf>. Acesso em: 30 nov. 2023.

PARTE 3 [PP. 180-6]

1. Daniela do Carmo Kabengele, *A trajetória do "pardo" Antonio Ferreira Cesarino (1808-1892) e o trânsito das mercês*. Campinas: Unicamp, 2012, p. 78. Tese (Doutorado em Antropologia). Disponível em: <repositorio.unicamp.br/Busca/Download?codigoArquivo=496545>. Acesso em: 1º dez. 2023.

2. Sobre Juliano Moreira, ouvir "Terra de Cientistas", episódio do podcast *Vidas Negras* publicado em maio de 2021. Disponível em: <open.spotify.com/episode/oMbq5SKFzkTlSUkq5uQP35?si=WKwjslulSeqUuyoUQCTosQ>. Acesso em: 1º dez. 2023.

3. Ynaê Lopes dos Santos, *Juliano Moreira: o médico negro na fundação da psiquiatria brasileira*. Niterói: EdUFF, 2020 (e-book).

4. Manuel Querino, *O colono preto como fator da civilização brasileira*. 2. ed. Jundiaí: Cadernos do Mundo Inteiro, 2018, p. 31, v. 5. Coleção Acervo Brasileiro (e-book).

5. Ibid., p. 30.

6. Ibid., p. 31.

7. Ibid., p. 15.

8. Ibid., p. 55. As aspas são uma citação que, no texto, Querino faz a José Francisco da Rocha Pombo.

9. Burns E. Bradford, "Manuel Querino's Interpretation of the African Contribution to Brazil". In: *The Journal of Negro History*, v. 49, n. 1, jan. 1974. Apud Hélio Santos Menezes, op. cit., p. 50. Acesso em: 1º dez. 2023.

PARTE 4 [PP. 187-93]

1. Petrônio Domingues, "Um 'templo de luz': Frente Negra Brasileira (1931-1937) e a questão da educação". *Revista Brasileira de Educação*, v. 13, n. 39, set./dez. 2008. Disponível em: <www.scielo.br/j/rbedu/a/hqBHpKJHNtbrVMgJb3Fpv9M/?format=pdf&lang=pt>. Acesso em: 1º dez. 2023.

2. Renata Machado de Assis, "A educação brasileira durante o período militar: a escolarização dos 7 aos 14 anos". *Educação em Perspectiva*, v. 3, n. 2, pp. 320-39, jul./dez. 2012. Disponível em: <periodicos.ufv.br/educacaoemperspectiva/article/view/6512/2673>. Acesso em: 1º dez. 2023.

3. Marcus Alexandre de Pádua Cavalcanti, Vera Helena Ferraz de Siqueira e Andréa Costa da Silva, "Políticas públicas em educação: a emergência do dispositivo das cotas raciais". *Revista Valore*, v. 5, 2020. Disponível em: <revistavalore.emnuvens.com.br/valore/article/view/426/348>. Acesso em: 1º dez. 2023.

4. Beatriz Soares Benedito, Suelaine Carneiro e Tânia Portella (Orgs.). *Lei 10.639/03: a atuação das Secretarias Municipais de Educação no ensino de história e cultura africana e afrobrasileira*. São Paulo: Instituto Alana, 2023.

5. "Lei nº 11.645, de 10 de março de 2008". Disponível em: <www.planalto.gov.br/ccivil_03/_ato2007-2010/2008/lei/l11645.htm>. Acesso em: 4 mar. 2024.

6. Sueli Carneiro. In: *Notas taquigráficas da audiência pública. Arguição de Descumprimento de Preceito Fundamental 186*. Supremo Tribunal Federal (STF), 2010, pp. 304-5. Disponível em: <www.stf.jus.br/arquivo/cms/processoaudienciapublicaacaoafirmativa/anexo/notas_taquigraficas_audiencia_publica.pdf>. Acesso em: 30 jul. 2024.

7. "Cotas raciais: o voto do Ministro Joaquim Barbosa". *Geledés*, 3 dez. 2012. Disponível em: <www.geledes.org.br/o-debate-constitucional-sobre-as-acoes-afirmativas-por-joaquim-barbosa/>. Acesso em: 30 jul 2024.

8. Wallace Lucas Magalhães, "A 'Lei do Boi' e a relação entre educação e propriedade: o caso da Universidade Federal Rural do Rio de Janeiro". *Tempos Históricos*, v. 21, n. 2, pp. 164-464, 2017. Disponível em: <e-revista.unioeste.br/index.php/temposhistoricos/article/view/16180>. Acesso em: 1º dez. 2023.

9. Arthur Leal, "Enem: especialistas analisam queda de inscritos nos últimos anos: 'Bolsonaro tratou universidades como inimigas'". *O Globo*, 11 nov. 2022.

Disponível em: <oglobo.globo.com/brasil/educacao/enem-e-vestibular/noticia/2022/11/enem-especialistas-analisam-queda-de-inscritos-nos-ultimos-anos-bolsonaro-tratou-universidades-como-inimigas.ghtml>. Acesso em: 1º dez. 2023.

10. Estêvão Bertoni, "A medida do MEC que embranquece o perfil de candidatos do Enem". *Nexo*, 1º set. 2021. Disponível em: <www.nexojornal.com.br/expresso/2021/09/01/A-medida-do-MEC-que-embranquece-o-perfil-de-candidatos-do-Enem>. Acesso em: 1º dez. 2023.

11. Mateus Vargas, "Guedes critica Fies e reclama de bolsa para filho de porteiro". *Estadão*, 29 abr. 2021. Disponível em: <www.estadao.com.br/educacao/guedes-diz-que-fies-bancou-universidade-ate-para-filho-de-porteiro-que-zerou-o-vestibular/>. Acesso em: 2 fev. 2024.

12. Cida Bento e Flavio Carrança, "Ações afirmativas sob ataque". *Folha de S.Paulo*, 14 mar. 2024. Disponível em: <www1.folha.uol.com.br/colunas/cida-bento/2024/03/acoes-afirmativas-sob-ataque.shtml>. Acesso em: 14 mar. 2024.

13. Katemari Rosa, em entrevista ao podcast *Vidas Negras*, no episódio "Pelo direito de ser xereta", nov. 2020. Disponível em: <open.spotify.com/episode/oh1snfhjag7lBzFSfsHD2o?go=1&sp_cid=dd6ea70egdof1ea7fo65d3170f2c1fcd&utm_source=embed_player_p&utm_medium=desktop&nd=1&dlsi=281a2cf62fca4fa7>. Acesso em: 1º dez. 2023.

OS PIORES PATRÕES

PARTE 1 [PP. 197-208]

1. "Quel mazzolin di Fiori", na versão de Luciano Taioli e o Coro Idica Di Clusone.

2. Diálogo do capítulo 172 de *Sinhá Moça*. Direção: Reynaldo Boury e Jayme Monjardim. Roteiro: Benedito Ruy Barbosa. Rio de Janeiro: TV Globo, 1986. Disponível em: <globotv.globo.com/rede-globo/sinha-moca-1986/v/capitulo-de-14111986/8006109/>. Acesso em: 20 dez. 2023.

3. Ibid.

4. Kelly Cristina de Oliveira e Sonia Maria de Oliveira Pimenta, "O racismo nos anúncios de emprego do século XX". *Linguagem em (Dis)curso – LemD*, v. 16, n. 3, pp. 381-99, set./dez. 2016. Disponível em: <www.scielo.br/j/ld/a/6W4K7CxrhMDrHdMtBrhJPbg/?format=pdf&lang=pt>. Acesso em: 2 jan. 2024.

5. Taís de Sant'Anna Machado, *Um pé na cozinha: um olhar sócio-histórico para o trabalho de cozinheiras negras no Brasil*. São Paulo: Fósforo, 2022, p. 55.

6. Ministério Público de São Paulo (MP-SP), Relatório nº 66/06, caso 12.001, Mérito: Simone André Diniz, Brasil, 21 out. 2006. Disponível em: <cidh.oas.org/annualrep/2006port/BRASIL.12001port.htm>. Acesso em: 2 jan. 2024.

7. "Lei nº 7.716 de 5 de janeiro de 1989". Disponível em: <www.planalto.gov.br/ccivil_03/leis/l7716.htm>. Acesso em: 2 jan. 2024.

8. Centro pela Justiça e Direito Internacional (Cejil), Subcomissão do Negro da Comissão de Direitos Humanos da Ordem dos Advogados do Brasil (OAB/SP), e Instituto do Negro Padre Batista (INDP).

9. 3ª Delegacia de Polícia Civil, Ribeirão das Neves (MG). *Boletim Individual nº 71964489)*. *Inquérito Portaria nº: 2019-231-002407-001-008999294-58*.

10. Em entrevista para este livro.

11. Rafael D'Oliveira, "Empresa de BH exige que cuidadoras de idosos não sejam 'negras e gordas' e provoca revolta: 'Fiquei desesperada'". *BHAZ*, 12 nov. 2019. Disponível em: <bhaz.com.br/noticias/bh/empresa-vaga-negras-gordas/>. Acesso em: 2 jan. 2024.

12. Depoimento prestado por Fernanda Marinho Correa Spadinger à 3ª Delegacia de Polícia Civil, em Ribeirão das Neves (MG), em 19 nov. 2019.

13. Informação colhida no site da Home Angels. Disponível em: <www.homeangels.com.br/bh-centrosul/institucional/>. Acesso em: 2 jan. 2024.

14. Dennis Pacheco, "Direitos trancados no armário: LGBTfobia e racismo no Brasil". *Anuário Brasileiro de Segurança Pública de 2021: Fórum Brasileiro de Segurança Pública*, ano 15, pp. 79-84, 2021. Disponível em: <forumseguranca.org.br/wp-content/uploads/2021/07/anuario-2021-completo-v6-bx.pdf>. Acesso em: 3 jan. 2024.

15. 3ª Delegacia de Polícia Civil, Ribeirão das Neves (MG). Relatório do Inquérito Portaria nº 2019-231-002407-001-008999294-58, assinado pela delegada de polícia Stefhany Karoline Martins Gonçalves em 10 fev. 2020.

16. Assinado pelo promotor de justiça Mário Konichi Higuchi Júnior, da Promotoria de Justiça de Defesa dos Direitos Humanos, em 18 dez. 2020. Inquérito Policial nº 0024.20.019.609-5. Processo nº 0196095-93.2020.8.13.0024.

17. Decisão assinada pelo juiz Daniel Dourado Pacheco, da 3ª Vara Criminal da Comarca de Belo Horizonte, em 14 fev. 2022. Processo nº 0196095-93.2020.8.13.0024.

18. Relatório de Arquivamento de Inquérito nº 159161.2021, IC 004530.2019.03/000/0, assinado pelo procurador do trabalho Aurelio Agostinho Verdade Vieito, em 2 jul. 2027.

19. Sentença assinada por Geraldo David Camargo, juiz de direito substituto da 29ª Vara Cível da Comarca de Belo Horizonte/MG, em 29 fev. 2024.

20. Eliangela Carlos Lopes, "Autobiografia Eli Lopes: 'Eu não sou apenas um corpo quente'". In: Fabiana Frederighi (Org.), *As sacerdotisas: contos e poesias*. Sete Lagoas: edição do organizador, 2023, p. 68.

PARTE 2 [PP. 209-19]

1. Silvia Hunold Lara, "Escravidão, cidadania e história do trabalho no Brasil". *Projeto História*, v. 16, pp. 26-7, 1998. Apud Taís de Sant'Anna Machado, op. cit., p. 46.

2. Stuart B. Schwartz, op. cit., p. 230.

3. Tânia Maria F. de Souza e Liana Reis, "Técnicas mineratórias e escravidão nas Minas Gerais dos séculos 18 e 19: uma análise comparativa introdutória". Anais do XII Seminário sobre a Economia Mineira, 2006. Disponível em: <diamantina.cedeplar.ufmg.br/portal/download/diamantina-2006/D06A018.pdf>. Acesso em: 3 jan. 2024.

4. Frederico Alves Pinho e Ismael Krishna de Andrade Neiva, *200 anos Fábrica Patriótica: a primeira indústria de ferro do Brasil*. Belo Horizonte: Vale, 2012.

5. Natália Garcia Pinto, "E o trabalhador é cativo: o escravo urbano e seus ofícios na cidade de Rio Grande [1848-1852]". IX Encontro Estadual de História — ANPUH-RS, 2008. Disponível em: <eeh2008.anpuh-rs.org.br/resources/content/anais/1211146629_ARQUIVO_EoTrabalhadoreCativo.pdf>. Acesso em: 3 jan. 2024.

6. Thomas Ewban, *A vida no Brasil*. Rio de Janeiro: Conquista, 1973, v.1, p. 180. Apud Cláudio de Paula Honorato, op. cit, p. 54.

7. Maria Izabel de Oliveira, também mulher negra, ocupou o cargo de forma interina em 2016.

8. Ana Flávia Magalhaes Pinto, em fala durante o VI Encontro Nacional de Juízas e Juízes Negros (Enajun), em 23 nov. 2023. Disponível em: <www.youtube.com/watch?v=9ii1gEFUwBY>. Acesso em: 20 dez. 2023.

9. Sidney Chalhoub, "Prefácio". In: Ana Flávia Magalhães Pinto, *Escritos de liberdade: literatos negros, racismo e cidadania no Brasil oitocentista*. Campinas: Editora da Unicamp, 2018, p. 19.

10. Ana Flávia Magalhães Pinto, em fala durante o VI Encontro Nacional de Juízas e Juízes Negros (Enajun), em 23 nov. 2023. Disponível em: <www.youtube.com/watch?v=9ii1gEFUwBY>. Acesso em: 20 dez. 2023.

11. Ana Flávia Magalhães Pinto, op. cit., p. 233.

12. Lorena Réres da Silva Telles, "Amas de leite". In: Lilia Moritz Schwarcz e Flávio dos Santos Gomes, *Dicionário da escravidão e liberdade: 50 textos críticos*. São Paulo. Companhia das Letras, 2018, pp. 101-8.

13. Taís de Sant'Anna Machado, op. cit., p. 67.

14. Ibid., p. 59.

PARTE 3 [PP. 220-8]

1. Lucas Gomes e Caroline Souza, "O perfil das trabalhadoras domésticas no Brasil". *Nexo*, 20 jul. 2020. Disponível em: <www.nexojornal.com.br/grafico/2020/07/28/O-perfil-das-trabalhadoras- dom%C3%A9sticas-no-Brasil>. Acesso em: 4 jan. 2024.

2. Elisabete Aparecida Pinto, *Etnicidade, gênero e educação: a trajetória de vida de D. Laudelina de Campos Mello (1904-1991)*. Campinas: Unicamp, 1993. Dissertação (Mestrado em Educação). Disponível em: <repositorio.unicamp.br/acervo/detalhe/89831>. Acesso em: 4 jan. 2024.

3. Ynaê Lopes dos Santos, op. cit., p. 200.

4. Laudelina de Campos Melo, em entrevista gravada em 1990, que veio a tornar-se documentário. (*Laudelina: suas lutas e conquistas*. Direção: Edis Cruz. Produção: Lucélia Cristina. Reportagem: Antônio Vital e Vera Morgado. Campinas: Museu da Imagem e do Som de Campinas [MIS] e Museu da Cidade [MUCI], 2015.)

5. "Senado aprova PEC das domésticas". *TV Brasil*, 27 mar. 2013. Disponível em: <tvbrasil.ebc.com.br/reporterbrasil-noite/episodio/senado-aprova-pec-das-domesticas>. Acesso em: 4 jan. 2024.

PARTE 4 [PP. 229-36]

1. "Lei nº 5.859 de 11 dez. 1972". Disponível em: <www.planalto.gov.br/ccivil_03/leis/l5859.htm#:~:text=LEI%20N%C2%BA%205.859%2C%20DE%2011%20DE%20DEZEMBRO%20DE%201972.&text=Disp%C3%B5e%20sobre%20a%20profiss%C3%A3o%20de,Art.>. Acesso em: 5 jan. 2024.

2. "Patrões vão ter que se adaptar a nova lei trabalhista para as empregadas domésticas". *TV Band Bahia*, 1 abr. 2013. Disponível em: <www.youtube.com/watch?v=TpCkf7B5484>. Acesso em: 5 jan. 2024.

3. "Socialite Regina Manssur fala sobre PEC das domésticas". *IG*, 2 abr. 2013. Disponível em: <www.youtube.com/watch?v=URsKrTQl7mg>. Acesso em: 5 jan. 2024.

4. "Babá de Tatiana tem medo de ser demitida por causa da nova PEC das Domésticas". *TV Globo*, 27 mar. 2013. Disponível em: <globoplay.globo.com/v/2482836/>. Acesso em: 5 jan. 2024.

5. Sobre Benedita da Silva, ouvir o episódio "Mulher negra na política" do podcast *Vidas Negras*, publicado em fevereiro de 2021. Disponível em: <open.spotify.com/episode/3PxFUT7uPRdPoCsiZumXch?si=b7EJfmG1RrGHTmo-BgXgGg>. Acesso em: 5 jan. 2024.

6. Danila Gentil Rodriguez Cal e Rosaly de Seixas Brito (Orgs.). *Comunicação, gênero e trabalho doméstico: das reiterações coloniais à invenção de outros possíveis*. Curitiba: CRV, 2020.

7. Manoel Ventura, "Guedes diz que dólar alto é bom: 'empregada doméstica estava indo para Disney, uma festa danada'". *O Globo*, 12 fev. 2020. Disponível em: <oglobo.globo.com/economia/guedes-diz-que-dolar-alto-bom-empregada-domestica-estava-indo-para-disney-uma-festa-danada-24245365>. Acesso em: 5 jan. 2024.

8. Tradução livre do título deste artigo: Gram Slattery e Rodrigo Viga Gaier, "A Brazilian woman caught coronavirus on vacation. Her maid is now dead". *Reuters*, 24 mar. 2020. Disponível em: <www.reuters.com/article/idUSKBN 21B1JQ/>. Acesso em: 5 jan. 2024.

9. Vinícius Sobreira, "Sindicato critica estados que incluíram domésticas em serviço essencial na quarentena". *Brasil de Fato*, 25 maio 2020. Disponível em: <www.brasildefato.com.br/2020/05/25/sindicato-critica-estados-que-incluiram-domesticas-em-servico-essencial-na-quarentena>. Acesso em: 5 jan. 2024.

10. "Caso Miguel: como foi a morte do menino que caiu do 9º andar de prédio no Recife". *g1*, 1 jun. 2022. Disponível em: <g1.globo.com/pe/pernambuco/noticia/2022/06/01/caso-miguel-a-queda-de-menino-do-9o-andar-que-levou-a-condenacao-da-patroa-da-mae-dele-por-por-abandono-de-incapaz.ghtml>. Acesso em: 5 jan. 2024.

11. Fabiana Moraes, "Um ano sem Miguel: com a morte do neto, Marta Alves revive o assassinato do filho". *The Intercept Brasil*, 1º jun. 2021. Disponível em: <www.intercept.com.br/2021/06/01/um-ano-sem-miguel-com-a-morte-do-neto-marta-alves-revive-o-assassinato-do-filho/>. Acesso em: 5 jan. 2024.

A COR DOS FARAÓS

PARTE 1 [PP. 239-43]

1. Andrey Soares Pinto, *Revolta, negociação e autoridade: o levante dos escravos no Engenho Santana, Ilhéus (1789)*. Brasília: UnB, 2020. Dissertação (Mestrado em História). Disponível em: <repositorio.unb.br/jspui/bitstream/10482/40329/1/2020_AndreySoaresPinto.pdf>. Acesso em: 11 jan. 2024.

2. Ibid., p. 74.

3. Ibid., p. 75.

4. "Casal evangélico hostiliza mulheres do candomblé dentro de mercado". *O Tempo*, 3 out. 2023. Disponível em: <www.otempo.com.br/brasil/casal-evangelico-hostiliza-mulheres-do-candomble-dentro-de-mercado-1.3247153>. Acesso em: 10 jan. 2024.

5. Wanderley Preite Sobrinho, "Denúncias de intolerância religiosa triplicam em 5 anos no estado de SP". *UOL*, 18 abr. 2022. Disponível em: <noticias.uol.com.br/

cotidiano/ultimas-noticias/2022/04/18/intolerancia-regiliosa-estado-de-sao-paulo-umbanda-candomble-evangelicos.htm>. Acesso em: 10 jan. 2024.

6. "Terreiro de candomblé denuncia ataque de intolerância religiosa pelo 2º dia consecutivo no sul da BA". *g1*, 15 fev. 2022. Disponível em: <g1.globo.com/ba/bahia/noticia/2022/02/15/terreiro-de-candomble-denuncia-ataque-de-intolerancia-religiosa-pelo-20-dia-consecutivo-no-sul-da-ba.ghtml>. Acesso em: 10 jan. 2024.

7. Reginaldo Prandi, *Brasil africano: deuses, sacerdotes, seguidores*. Itanhaém: Arché, 2022, p. 359.

PARTE 2 [PP. 244-55]

1. Luiz Felipe de Alencastro, *O trato dos viventes: a formação do Brasil no Atlântico Sul*, op. cit.

2. Povos de diferentes reinos e cidades que falavam a mesma língua e cultuavam os orixás, e que foram capturados e trazidos para o Brasil de regiões das atuais Nigéria, Benim e Togo.

3. Reginaldo Prandi, op. cit., pp. 337-8.

4. Laurentino Gomes, op. cit.

5. Luiz Felipe de Alencastro, *O trato dos viventes: a formação do Brasil no Atlântico Sul*, op. cit.

6. Amarilio Ferreira Jr. e Marisa Bittar, "A pedagogia da escravidão nos Sermões do Padre António Vieira". *Revista Brasileira de Estudos Pedagógicos*, v. 84, n. 206/207/208, pp. 43-53, jan./dez. 2003. Disponível em: <rbep.inep.gov.br/ojs3/index.php/rbep/article/view/1373/1112>. Acesso em: 10 jan. 2024.

7. Francisco Anderson Paiva de Souza, "O nascimento da Inquisição: decretos, manuais e bulas papais". Disponível em: <www.academia.edu/39127942/O_NASCIMENTO_DA_INQUISI%C3%87%C3%83O_DECRETOS_MANUAIS_E_BULAS_PAPAIS_ARTIGO_?source=swp_share>. Acesso em: 10 jan. 2024.

8. Reginaldo Prandi, op. cit., p. 334.

9. Sergio F. Ferreti, "Casa das Minas e Casa de Nagô: história do tambor de mina no Maranhão". In: Valéria Gomes Costa e Flávio Gomes (Orgs.). *Religiões negras no Brasil: da escravidão à pós-emancipação*. São Paulo: Selo Negro, 2016.

10. Lucilene Reginaldo, "Irmandades". In: Lilia Moritz Schwarcz e Flávio dos Santos Gomes (Orgs.), op. cit.

11. Thamires Guimarães, "A galeria dos feiticeiros: imprensa e perseguição aos candomblés no Rio de Janeiro do início do século XX". In: Ivanir dos Santos e Mariana Gino (Orgs.). *História social da intolerância religiosa no Brasil: desafios na contemporaneidade*. Rio de Janeiro: Klíně, 2021.

12. Instituto Ibirapitanga, "Palavras ancestrais: uma história sobre o Acervo Nosso Sagrado". 29 jan. 2021. Disponível em: <www.ibirapitanga.org.br/historias/palavras-ancestrais/>. Acesso em: 10 jan. 2024.

PARTE 3 [PP. 256-71]

1. Alexandre Brasil Carvalho da Fonseca (Org.), *Estado laico, intolerância e diversidade religiosa no Brasil: pesquisas, reflexões e debates*. Brasília: Ministério dos Direitos Humanos, 2018. Apud Reginaldo Prandi, op. cit., p. 389.

2. Reginaldo Prandi, op. cit, p. 389.

3. Ibid., p. 358.

4. Anna Virginia Balloussier, "Cara típica do evangélico brasileiro é feminina e negra, aponta Datafolha". *Folha de S.Paulo*, 13 jan. 2020. Disponível em: <www1.folha.uol.com.br/poder/2020/01/cara-tipica-do-evangelico-brasileiro-e-feminina-e-negra-aponta-datafolha.shtml>. Acesso em: 12 jan. 2024.

5. Marco Davi de Oliveira, *A religião mais negra do Brasil: por que os negros fazem opção pelo pentecostalismo?*. Viçosa: Ultimato, 2015.

6. Glauber Henrique Corrêa Rocha, "Protestantismo e a questão racial: é possível respirar?". In: Ivanir dos Santos e Mariana Gino (Orgs.), op. cit. (e-book).

7. Viviane Costa, "Religião e domínio: uma abordagem sobre a relação entre linguagem visual e poder simbólico em favelas cariocas". In: Ivanir dos Santos e Mariana Gino (Orgs.), op. cit.

8. Anna Virginia Balloussier, op. cit.

9. Em 2011, o deputado federal e pastor Marco Feliciano, fundador da Igreja Evangélica Ministério Catedral do Avivamento (ligada à Assembleia de Deus e de denominação pentecostal), publicou em sua conta no Twitter: "Entre meus inimigos na net estão: satanistas, homoafetivos, macumbeiros...". Depois, escreveu que "africanos descendem de ancestral amaldiçoado por Noé. Isso é fato". O motivo, segundo ele, seria "a maldição q Noe lançou sobre seu neto, canaã", que "respinga sobre continente africano, dai a fome, pestes, doenças, guerras étnicas!". ("'Africanos descendem de ancestral amaldiçoado por Noé', tuita deputado". *Correio Braziliense*, 31 mar. 2011. Disponível em: <www.correiobraziliense.com.br/app/noticia/politica/2011/03/31/interna_politica,245588/africanos-descendem-de-ancestral-amaldicoado-por-noe-tuita-deputado.shtml>. Acesso em: 12 jan. 2024.)

10. Glauber Henrique Corrêa Rocha, op. cit. (e-book).

11. Reginaldo Prandi, op. cit., p. 30.

12. "A verdade vos fará livre", episódio do podcast *Vidas Negras*, publicado em dezembro de 2020. Disponível em: <open.spotify.com/episode/1djv4m2o4mB5O4nbPCVDvI?si=netYCNLvSh-w8D8OMytY_A>. Acesso em: 12 jan. 2024.

13. Reginaldo Prandi, op. cit., p. 131.

14. Natália Santos, "Michelle Bolsonaro reclama de intolerância religiosa após vídeo em que fala em 'línguas'". *O Estado de S. Paulo*, 6 dez. 2021. Disponível em: <www.estadao.com.br/politica/michele-bolsonaro-falando-linguas-intolerancia-religiosa-video/>. Acesso em: 12 jan. 2024.

15. Reginaldo Prandi, op. cit., p. 385.

16. Ibid., p. 387.

17. "STF decide que é constitucional o sacrifício de animais em cultos religiosos de matriz africana". *Ministério Público Federal*, 28 mar. 2019. Disponível em: <www.mpf.mp.br/pgr/noticias-pgr/stf-decide-que-e-constitucional-o-sacrificio-de-animais-em-cultos-religiosos-de-matriz-africana#:~:text=A%20norma%20garante%20a%20realiza%C3%A7%C3%A3o,norma%20que%20trata%20do%20assunto>. Acesso em: 12 jan. 2024.

18. Reginaldo Prandi, op. cit., p. 386.

19. Selma Schmidt, "Polícia investigará injúria por preconceito após grupo criar confusão ao tentar impedir missa africana". *Extra*, 21 nov. 2019. Disponível em: <extra.globo.com/casos-de-policia/policia-investigara-injuria-por-preconceito-apos-grupo-criar-confusao-ao-tentar-impedir-missa-africana-24092859.html>. Acesso em: 12 jan. 2024.

20. Ricardo Vita, "Sobre a Igreja Católica e a escravatura dos africanos". *Público*, 30 abr. 2019. Disponível em: <www.publico.pt/2019/04/30/opiniao/opiniao/igreja-catolica-escravatura-africanos-1870890>. Acesso em: 12 jan. 2024.

21. Alexandre do Nascimento, "Negritude e cidadania: o movimento dos cursos pré-vestibulares populares". In: Jeruse Romão (Org.), *História da educação do negro e outras histórias*. Brasília: Ministério da Educação, 2005. Disponível em: <etnicoracial.mec.gov.br/images/pdf/publicacoes/historia_educacao_negro.pdf>. Acesso em: 12 jan. 2024.

22. Marcus J. M. de Carvalho, "'Fácil é serem sujeitos de quem já foram senhores': o ABC do Divino Mestre". *Afro-Ásia*, n. 31, pp. 327-34, 2004.

23. Ibid.

SALVE-SE QUEM PUDER

PARTE 1 [PP. 275-9]

1. Fabio Mazzitelli, "Covid-19: vacinação mais acelerada no início teria salvado cerca de 47 mil idosos". *Portal Fiocruz*, 21 nov. 2022. Disponível em: <portal.fiocruz.br/noticia/covid-19-vacinacao-mais-acelerada-no-inicio-teria-salvado-cerca-de-47-mil-idosos>. Acesso em: 15 jan. 2024.

2. "CPI da Covid: executivo da Pfizer confirma que governo Bolsonaro ignorou ofertas de 70 milhões de doses de vacinas". *BBC News Brasil*, 13 maio 2021. Disponível em: <www.bbc.com/portuguese/brasil-57104347>. Acesso em: 15 jan. 2024.

3. "Após 3 anos da 1ª morte, Brasil chega à marca de 700 mil vítimas da Covid". *g1*, 28 mar. 2023. Disponível em: <g1.globo.com/saude/coronavirus/noticia/2023/03/28/brasil-chega-a-marca-de-700-mil-mortes-por-covid.ghtml>. Acesso em: 15 jan. 2024.

4. Sociedade Maranhense de Direitos Humanos (SMDH), *Denúncia de violações dos direitos à vida e à saúde no contexto da pandemia da Covid-19 no Brasil*. Passo Fundo: Saluz, 2021. Disponível em: <conselho.saude.gov.br/images/publicacoes2023/denuncia-de-violacoes-dos-direitos-a-vida-e-a-saude-no-contexto-da-pandemia-da-covid-19-no-brasil-documento-denuncia-final-19-11-2021.pdf>. Acesso em: 16 jan. 2024.

5. "CPI da Pandemia ouve Pedro Hallal e Jurema Werneck". *Senado Federal*, 24 jun. 2016. Disponível em: <www12.senado.leg.br/noticias/videos/2021/06/ao-vivo-cpi-da-pandemia-ouve-pedro-hallal-e-jurema-werneck2013 -24-6-2021>. Acesso em: 15 jan. 2024.

6. "Bolsonaro diz que 'poder destruidor' do coronavírus 'está sendo superdimensionado'". *g1*, 9 mar. 2020. Disponível em: <g1.globo.com/bemestar/coronavirus/noticia/2020/03/09/bolsonaro-diz-que-poder-destruidor-do-coronavirus-esta-sendo-superdimensionado.ghtml>. Acesso em: 15 jan. 2024.

7. Fabio Murakawa, "'O brasileiro pula no esgoto e não acontece nada', diz Bolsonaro sobre coronavírus". *O Globo*, 26 mar. 2020. Disponível em: <oglobo.globo.com/politica/o-brasileiro-pula-no-esgoto-nao-acontece-nada-diz-bolsonaro-sobre-coronavirus-1-24330995>. Acesso em: 15 jan. 2024.

8. Daniel Carvalho, "'Tem alguns idiotas que até hoje ficam em casa', diz Bolsonaro sobre isolamento na pandemia". *Folha de S.Paulo*, 17 maio 2021. Disponível em: <www1.folha.uol.com.br/poder/2021/05/tem-alguns-idiotas-que-ate-hoje-ficam-em-casa-diz-bolsonaro-sobre-isolamento-na-pandemia.shtml>. Acesso em: 15 jan. 2024.

9. "'É o destino de todo mundo', afirma Bolsonaro após lamentar mortes por coronavírus". *g1*, 2 jun. 2020. Disponível em: <g1.globo.com/politica/noticia/2020/06/02/e-o-destino-de-todo-mundo-afirma-bolsonaro-apos-lamentar-mortes-por-coronavirus.ghtml>. Acesso em: 15 jan. 2024.

10. José Alexandre Buso Weiller, "O desmonte do SUS em tempos de Bolsonaro". In: Daniela Stefano e Maria Luisa Mendonça (Orgs.). *Direitos humanos no Brasil 2019: Relatório da Rede Social de Justiça e Direitos Humanos*. São Paulo: Outras Expressões, 2019. Disponível em: <cebes.org.br/site/wp-content/uploads/2019/12/reelatorio_dh_2019.pdf>. Acesso em: 15 jan. 2024.

11. Carlos Madeiro, "Crise, cortes e pandemia reduzem atendimentos ambulatoriais no SUS". *Uol*, 9 maio 2022. Disponível em: <noticias.uol.com.br/colunas/carlos-madeiro/2022/05/09/cortes-fazem-sus-encolher-em-meia-

decada-e-reduzir-atendimentos-a-populacao.htm?cmpid=copiaecola>. Acesso em: 15 jan. 2024.

12. Tácio Lorran, "Na crise, Pazuello levou mais cloroquina do que kit intubação a Manaus". *Metrópoles*, 20 maio 2021. Disponível em: <www.metropoles.com/brasil/na-crise-pazuello-levou-mais-cloroquina-do-que-kit-intubacao-a-manaus>. Acesso em: 15 jan. 2024.

13. A sugestão de incluir o trecho da obra de Conceição Evaristo veio da jornalista Natália Silva, que fez a revisão dos roteiros do podcast do *projeto Querino*.

14. Conceição Evaristo, *Olhos d'água*. Rio de Janeiro: Pallas; Fundação Biblioteca Nacional, 2016, p. 99.

PARTE 2 [PP. 280-9]

1. Luiz Felipe de Alencastro, *O trato dos viventes: a formação do Brasil no Atlântico Sul*, op. cit.

2. Betânia Gonçalves Figueiredo, "Barbeiros e cirurgiões: atuação dos práticos ao longo do século XIX". *História, Ciências, Saúde — Manguinhos*, v. 6, n. 2, out. 1999. Disponível em: <www.scielo.br/j/hcsm/a/6mFBjFZmxP88tx3cSNJwzTB/?lang=pt>. Acesso em: 15 jan. 2024.

3. Tânia Salgado Pimenta, "Barbeiros-sangradores e curandeiros no Brasil (1808-28)". *História, Ciências, Saúde — Manguinhos*, v. 5, n. 2, out. 1998. Disponível em: <www.scielo.br/j/hcsm/a/FZKK4mgbhDrr87MzCjs3vnt/?lang=pt#>. Acesso em: 15 jan. 2024.

4. Ibid.

5. Adriano Rodrigues Mansanera e Lúcia Cecília da Silva, "A influência das ideias higienistas no desenvolvimento da psicologia no Brasil". *Psicologia em Estudo*, v. 5, n. 1, pp. 115-37, 2000. Disponível em: <www.scielo.br/j/pe/a/VSY9ddmBqr4ZmNXgDJr6jgg/?lang=pt&format=pdf>. Acesso em: 15 jan. 2024.

6. Juliana Rabelo, "Caso Gracinha: há 6 anos a quilombola perdia as filhas para o Estado". *Catarinas*, 30 set. 2020. Disponível em: <catarinas.info/caso-gracinha-ha-6-anos-a-quilombola-perdia-as-filhas-para-o-estado/>. Acesso em: 15 jan. 2024.

7. Regina Célia Lima Xavier, *Religiosidade e escravidão no século XIX: Mestre Tito*. Porto Alegre: Editora UFRGS, 2008.

8. "Fundo do nosso quintal", episódio do podcast *Vidas Negras*, publicado em junho de 2021. Disponível em: <open.spotify.com/episode/1UB7P1gIgIgakLWAYXU5jd2?si=hMapjFz-QMKOztyJhZXwGg>. Acesso em: 15 jan. 2024.

9. Itan Cruz, *Saraiva, Dantas e Cotegipe: baianismo, escravidão e os planos para o pós-Abolição no Brasil (1880-1889)*. Salvador: UFBA, 2022, p. 88. Tese (Doutorado em História). Disponível em: <repositorio.ufba.br/handle/ri/36441>. Acesso em: 16 jan. 2024.

PARTE 3 [PP. 290-7]

1. Mayara Priscilla de Jesus dos Santos, *Maria Odília Teixeira: a primeira médica negra da Faculdade de Medicina da Bahia (1884-1937)*. Salvador: UFBA, 2019. Dissertação (Mestrado em História). Disponível em: <repositorio.ufba.br/bitstream/ri/33196/1/SANTOS,%20Mayara.%20Maria%20Od%c3%adlia%20Teixeira%20%20a%20primeira%20m%c3%a9dica%20negra%20da%20Faculdade%20de%20Medicina%20da%20Bahia%20(1884-1937).pdf>. Acesso em: 15 jan. 2024.

2. Matheus Guimarães Silva de Souza, *Recepção da medida de segurança pela Constituição de 1988: o caso Febrônio Índio do Brasil*. Niterói: UFF, 2020. Dissertação (Mestrado em História). Disponível em: <app.uff.br/riuff/handle/1/25348>. Acesso em: 15 jan. 2024.

3. Ynaê Lopes dos Santos, *Juliano Moreira: o médico negro na fundação da psiquiatria brasileira*, op. cit.

4. "Exposure to racism harms children's health". *ScienceDaily*, 4 maio 2017. Disponível em: <www.sciencedaily.com/releases/2017/05/170504083210.htm>. Acesso em: 15 jan. 2024.

PARTE 4 [PP. 298-308]

1. Vanderlei Sebastião de Souza e Ricardo Ventura Santos, "O Congresso Universal de Raças, Londres, 1911: contextos, temas e debates". *Boletim do Museu Paraense Emílio Goeldi Ciências Humanas*, v. 7, n. 3, pp. 745-60, set./dez. 2012. Disponível em: <www.scielo.br/j/bgoeldi/a/LpSkSW9hyH6jXDXDdYn7k9w/?lang=pt&format=pdf>. Acesso em: 15 jan. 2024.

2. Ibid.

3. Mariana Santos Damasco, Marcos Chor Maio e Simone Monteiro, "Feminismo negro: raça, identidade e saúde reprodutiva no Brasil (1975-1993)". *Estudos Feministas*, v. 20, n. 1, jan./abr. 2012. Disponível em: <www.scielo.br/j/ref/a/NLv5Bs6zRGHhzCZ8859x9dS/?format=pdf&lang=pt>. Acesso em: 15 jan. 2024.

4. Jairnilson Silva Paim, *O que é o SUS?*. Rio de Janeiro: Fiocruz, 2009 (e-book).

5. Carlos Henrique Assunção Paiva e Luiz Antonio Teixeira, "Reforma sanitária e a criação do Sistema Único de Saúde: notas sobre contextos e autores". *História, Ciências, Saúde — Manguinhos*, v. 20, n. 2, pp. 653-73, abr./jun. 2013. Disponível em: <www.scielo.br/j/hcsm/a/rcknGg9DN4JKxkbGKD9JDSqy/?format=pdf&lang=pt>. Acesso em: 15 jan. 2024.

6. Jaciane Milanezi, "A institucionalização da saúde da população negra no SUS". *Nexo*, 14 out. 2020. Disponível em: <pp.nexojornal.com.br/linha-do-tempo/2020/A-institucionaliza%C3%A7%C3%A3o-da-sa%C3%BAde-da-popula%C3%A7%C3%A3o-negra-no-SUS>. Acesso em: 15 jan. 2024.

7. Ministério da Saúde, *Política Nacional de Saúde Integral da População Negra; Portaria nº 992*, 13 maio 2009. Disponível em: <bvsms.saude.gov.br/bvs/saudelegis/gm/2009/prt0992_13_05_2009.html>. Acesso em: 15 jan. 2024.

8. "A melhor campanha contra o corona vírus que vocês vão ver hoje", texto e vídeo publicados por Raphael Vicente (@raphaelviicente) no site X em 3 ago. 2021. Disponível em: <x.com/raphaelviicente/status/1422683140791885826?s=20>. Acesso em: 15 jan. 2024.

9. Em entrevista ao podcast do *projeto Querino*.

DEMOCRACIA

PARTE 1 [PP. 311-20]

1. Marcos Ferreira de Andrade, "Rebeliões escravas na comarca do Rio das Mortes, Minas Gerais: o caso Carrancas". *Afro-Ásia*, n. 21-22, pp. 45-82, 1998/1999.

2. Marcos Ferreira de Andrade, "A pena de morte e a revolta dos escravos de Carrancas: a origem da 'lei nefanda' (10 de junho de 1835)". *Revista Tempo*, v. 23, n. 2, pp. 265-89, maio/ago. 2017.

3. Marcos Ferreira de Andrade, op. cit.

4. João José Reis escreveu um livro incrível sobre a revolta: *Rebelião escrava no Brasil: a história do levante dos malês*. Ed. rev. e ampl. São Paulo: Companhia das Letras, 2003.

5. "Lei de 16 de dezembro de 1830". Disponível em: <www.planalto.gov.br/ccivil_03/leis/lim/lim-16-12-1830.htm>. Acesso em: 19 jan. 2024.

6. "Lei nº 4 de 10 de junho 1835". Disponível em: <www.planalto.gov.br/ccivil_03/leis/lim/lim4.htm#:~:text=LEI%20N%C2%BA%204%20DE%2010%20DE%20JUNHO%20DE%201835.&text=Determina%20as%20penas%20com%20que,estabelece%20regras%20para%20o%20processo>. Acesso em: 19 jan. 2024.

7. Thiago Campos Pessoa, "A Delação Alcoforado e o comércio ilegal de africanos no Vale do Café: notas de pesquisa". In: Helen Osório e Regina Célia Lima Xavier (Orgs.), op. cit.

8. Tâmis Peixoto Parron, *A política da escravidão no Império do Brasil, 1826-1865*, op. cit., p. 147.

9. Ibid., p. 190.

10. Wlamyra R. de Albuquerque, *O jogo da dissimulação: abolição e cidadania negra no Brasil*. São Paulo: Companhia das Letras, 2009, p. 69.

11. Tâmis Peixoto Parron, *A política da escravidão no Império do Brasil, 1826--1865*, op. cit., p. 79.

12. Ibid., p. 193.

PARTE 2 [PP. 321-36]

1. Joseli Maria Nunes Mendonça, "Legislação Emancipacionista, 1871 e 1885". In: Lilia Moritz Schwarcz e Flávio dos Santos Gomes (Orgs.), op. cit. (e-book).

2. José Murilo de Carvalho, "Cartas de Erasmo/ José de Alencar". Rio de Janeiro: ABL, 2009. Apud Tâmis Peixoto Parron, *A política da escravidão no Império do Brasil, 1826-1865*, op. cit., p. 5.

3. Ana Flávia Magalhães Pinto, *Escritos de liberdade: literatos negros, racismo e cidadania no Brasil oitocentista*, op. cit.

4. Ana Flávia Magalhães Pinto, "Vicente de Souza: intersecções e confluências na trajetória de um abolicionista, republicano e socialista negro brasileiro". *Estudos Históricos Rio de Janeiro*, v. 32, n. 66, pp. 267-86, jan./abr. 2013. Disponível em: <www.scielo.br/j/eh/a/WcNnRdY3FfJqByjLW8rnbbT/?lang=pt&format=pdf>. Acesso em: 22 jan. 2024.

5. Sirlene Ribeiro Alves, "Música, docência e letras: no caminho de liberdade de Cacilda Francioni de Souza". *Revista Transversos*, n. 20, dez. 2020. Disponível em: <www.e-publicacoes.uerj.br/transversos/article/view/55243/35979>. Acesso em: 22 jan. 2024.

6. Wlamyra R. de Albuquerque, op. cit., p. 86.

7. Ana Flávia Magalhães Pinto, *Escritos de liberdade: literatos negros, racismo e cidadania no Brasil oitocentista*, op. cit.

8. Ligia Fonseca Ferreira (Org.), *Lições de resistência: artigos de Luiz Gama na imprensa de São Paulo e do Rio de Janeiro*, op. cit.

9. Luiz Felipe de Alencastro, "Prefácio". In: Ibid., p. 16.

10. Sidney Chalhoub, "Prefácio". In: Ana Flávia Magalhães Pinto (Org.). "Escritos de liberdade: literatos negros, racismo e cidadania no Brasil oitocentista", op. cit., p. 20.

11. Joseli Maria Nunes Mendonça, "Legislação Emancipacionista, 1871 e 1885". In: Lilia Moritz Schwarcz e Flávio dos Santos Gomes (Orgs.), op. cit. (e-book).

12. Ricardo Salles, "Café e escravidão". In: Ibid. (e-book).

13. Camillia Cowling, *Concebendo a liberdade: mulheres de cor, gênero e a abolição da escravidão nas cidades de Havana e Rio de Janeiro*. Campinas: Editora da Unicamp, 2018.

14. Ana Flávia Magalhães Pinto, *Escritos de liberdade: literatos negros, racismo e cidadania no Brasil oitocentista*, op. cit., p. 228.

15. Itan Cruz, *Saraiva, Dantas e Cotegipe: baianismo, escravidão e os planos para o pós-Abolição no Brasil (1880-1889)*, op. cit., pp. 38-9.

16. Maria Eduarda Braga da Fonseca, Daniel Domingues da Silva, Izabel Gonçalves e Lívia Tiede, "The Intra-American Traffic of Enslaved People to Rio de Janeiro, 1831-1860: Data from Newspaper Sources". *Journal of Slavery and Data Preservation*, v. 4, n. 2, pp. 35-42, 2023.

17. "O mar como palco de luta", episódio do podcast *Vidas Negras*, publicado em maio de 2021. Disponível em: <open.spotify.com/episode/14gpIrtHnYW51YhjSlk BOA?si=6bf120e4de1647f8>. Acesso em: 22 jan. 2024.

18. Itan Cruz, *Saraiva, Dantas e Cotegipe: baianismo, escravidão e os planos para o pós-Abolição no Brasil (1880-1889)*, op. cit., p. 91.

19. Ibid., p. 94.

20. Ibid., p. 110.

21. Ynaê Lopes dos Santos, *Racismo brasileiro: uma história da formação do país*, op. cit., p. 166.

22. "Lei nº 3.270 de 28 de setembro de 1885". Disponível em: <www.planalto.gov.br/ccivil_03/leis/lim/LIM3270.htm>. Acesso em: 22 jan. 2024.

23. Itan Cruz, *Saraiva, Dantas e Cotegipe: baianismo, escravidão e os planos para o pós-Abolição no Brasil (1880-1889)*, op. cit., p. 156.

PARTE 3 [PP. 337-47]

1. Itan Cruz, *Saraiva, Dantas e Cotegipe: baianismo, escravidão e os planos para o pós-Abolição no Brasil (1880-1889)*, op. cit., p. 144-5.

2. Wlamyra R. de Albuquerque, op. cit., p. 90.

3. Angela Alonso, *Flores, votos e balas: o movimento abolicionista brasileiro (1868-88)*. São Paulo: Companhia das Letras, 2015 (e-book).

4. Leslie Bethell e José Murilo de Carvalho, "Joaquim Nabuco e os abolicionistas britânicos: correspondência, 1880-1905". *Estudos Avançados*, v. 23, n. 65, pp. 207-29, 2009. Disponível em: <www.scielo.br/j/ea/a/KbgXK6SYW hXTNT4Hv5hCsWG/?format=pdf&lang=pt>. Acesso em: 22 jan. 2024.

5. Itan Cruz, *Saraiva, Dantas e Cotegipe: baianismo, escravidão e os planos para o pós-Abolição no Brasil (1880-1889)*, op. cit., p. 171.

6. Ibid., pp. 174-5.

7. Maria Alice Rezende de Carvalho, *O quinto século: André Rebouças e a construção do Brasil*. Rio de Janeiro: Revan, 1998.

8. "Lei nº 3.353 de 13 de maio de 1888". Disponível em: <www.planalto.gov.br/ccivil_03/leis/lim/lim3353.htm>. Acesso em: 22 jan. 2024.

9. Itan Cruz, *Saraiva, Dantas e Cotegipe: baianismo, escravidão e os planos para o pós-Abolição no Brasil (1880-1889)*, op. cit., p. 188.

10. Wlamyra R. de Albuquerque, *O jogo da dissimulação: abolição e cidadania negra no Brasil*, op. cit., p. 96.

11. Itan Cruz, *Saraiva, Dantas e Cotegipe: baianismo, escravidão e os planos para o pós-Abolição no Brasil (1880-1889)*, op. cit., p. 176.

12. Camilla Germano, "Sargento da Marinha mata vizinho negro após 'confundi-lo' com assaltante". *Correio Braziliense*, 3 fev. 2022. Disponível em: <www.correiobraziliense.com.br/brasil/2022/02/4982454-sargento-da-marinha-mata-vizinho-negro-apos-confundi-lo-com-assaltante.html>. Acesso em: 22 jan. 2024.

13. Flávio Trindade, "Caso Moïse: Testemunhas afirmam que chamaram guardas municipais, que ignoraram o caso". *Extra,* 2 fev. 2022. Disponível em: <extra.globo.com/casos-de-policia/caso-moise-testemunhas-afirmam-que-chamaram-guardas-municipais-que-ignoraram-caso-25377975.html>. Acesso em: 22 jan. 2024.

14. Vilma Neres, "Januário Garcia: um olhar com 50 anos de fotoescrevivências". In: *ZUM*, op. cit.

Créditos das imagens

p. 18 Tiago Rogero entrevista Vânia Guerra na praia do Sino, na ilha da Marambaia. Crédito: Angélica Paulo.

p. 136 Francisca Edwiges Neves Gonzaga (1847-1935), a Chiquinha Gonzaga. Fonte: <chiquinhagonzaga.com/wp/nao-e-bem-assim-sobre-chiquinha-gonzaga/>.

p. 141 Joanna Baptista Santos. Fonte: Reprodução/Documentário *Joanna: se essa marcha fosse minha*.

p. 142 Ernesto Joaquim Maria dos Santos, o Donga. Fonte: Arquivo Nacional, domínio público: <commons.wikimedia.org/w/index.php?curid=73415598>.

p. 182 Manuel Raimundo Querino. Fonte: <projetoquerino.com.br/wp-content/uploads/2022/07/Manuel-Querino-1-scaled-e1656920455250.jpg>. Foto tirada na Sociedade Protetora dos Desvalidos, Salvador (BA). Crédito: Tiago Rogero.

p. 184 Juliano Moreira. Autor desconhecido. Fonte: <commons.wikimedia.org/wiki/File:J._Moreira.jpeg>.

p. 222 Laudelina de Campos Melo, na sede do Sindicato das Trabalhadoras Domésticas de Campinas (SP). Crédito: Tiago Rogero.

p. 288 Mestre Tito, em pintura dentro da igreja de São Benedito, em Campinas (SP). Crédito: Tiago Rogero.

p. 291 Maria Odília Teixeira, em foto de sua formatura, em 1909. Crédito: dissertação de Mayara Priscilla de Jesus dos Santos.

p. 325 André Rebouças. Fonte: <commons.wikimedia.org/wiki/File:Andr%C3%A9_Pinto_Rebou%C3%A7as,_da_cole%C3%A7%C3%A3o_Museu_Hist%C3%B3rico_Nacional.jpg>.

p. 327 Luiz Gama. Fonte: <commons.wikimedia.org/wiki/File:11691_-_Luis_Gama_-_01,_Acervo_do_Museu_Paulista_da_USP.jpg>.

Índice remissivo

Números em *itálico* referem-se a imagens.

1619 Project (podcast), 14, 16, 20
Abolição: apoio de bispos à, 340; articulação nacional pela, 332; contexto em que tomou força no Brasil, 324; decretada pela França em suas possessões, 45-6; ex--escravizados, 65-6, 199, 258, 299, 315, 343; fundo de emancipação, 330; gradativa, 42-3; inconclusa, 343; lei da, 14, 39, 43, 89, 113, 117, 143-4, 167, 172, 179, 187, 197, 199, 213, 220, 254, 290, 299, 335, 340-1, 343-6; na Argentina, 50; projeto de concessão de direitos, 342
abolicionista(s), 15, 61, 172-3, 177, 182, 213, 322, 324-7, 331-2, 335, 337-8, 340, 342-3; associações, 331; campanha, 331; caráter popular do, 339; causa, 328; jornal, 327; movimento, 329, 336, 341, 344; inclinações de Isabel, 341; jornais, 332
Adandozan, rei, 29, 30, 32
Adler, Dilercy, 173
África Brasil (álbum de Jorge Ben Jor), 156
africanidade, 146, 249, 260-1, 264-5
"afro-catolicismo", 252, 288

afrodescendentes, 15, 21, 140, 177, 248, 288
Aiyê, 247, 263
Ajohan, rei de Ardra, 32; carta a d. João VI, 30
Alberton, Mirela Dutra, 283
Albuquerque, Wlamyra R. de, 318, 326, 338, 344
Alcântara, Centro de Lançamento de, 177-8
Alencar, José [Martiniano Pereira] de: "carta ao Imperador", 173, 323; defesa da abolição, 60; escravista branco, 173
Alencastro, Luiz Felipe de, 86, 115, 328
Alf, Johnny, 124-5
Almeida Frazão, família, 80
Almeida, Emily, 26
Almeida, Hilária Batista de *ver* Ciata, Tia
Almirante Negro [João Cândido]: Revolta da Chibata, 253
Alonso, Angela, 324-7, 329-35, 337-44
Alpendre, Guilherme, 16, 25
Alves, Marta, 234
ama de leite, 198; como fonte de lucro, 214; sinal de status, 214
ancestrais, 12, 129, 247, 262; culto aos, 245
Andrada e Silva, Antônio Carlos, 43, 60

Andrada e Silva, José Bonifácio de, 43, 48-9, 53, 60, 62, 92; acusado de atos subversivos, 51; conselheiro de d. Pedro I, 47; demitido, 63; disputa de egos com d. Pedro I, 63; no Projeto da Constituição, 61; pedidos ao Reino Unido, 59; prisão e exílio, 64; proposta pelo fim da escravidão, 42-3, 48; queda de, 64; racismo de, 61; tutoria de d. Pedro II, 92

Andrada e Silva, Martim Francisco, 60

Andrade, Manuel de Carvalho Pais de, manifesto proclamando a Confederação do Equador, 67

Andrade, Marcos Ferreira de, 313

Angola, 122, 150; jesuítas em, 248

Anistia Internacional Brasil, 12, 275

Antenore, Armando, 26

Anti-Slavery Society [Sociedade Antiescravagista], 340

Arantes, Taís Oliveira, 203, 204, 205

Araújo, Márcia, 168

Argentina, 50, 181

Arquivo Nacional, 11-2, 212

Arte na Bahia (Querino), 182

Artistas baianos (Querino), 182

assédio/violência sexual, 218, 221

Assembleia Geral, 342

Assembleia Nacional Constituinte, 60, 63-4, 67, 231

Associação de Empregadas Domésticas de Santos, 220

"associativismo negro", como estratégia de resistência, 252

babás, 210, 214-5, 226, 230

Bahia, 15, 55-7, 81, 91, 111, 132, 165-6, 180-2, 239, 291, 294, 313-4, 319, 326, 343; guerra na, 58

Bahia de outrora, A (Querino), 181

Balaiada, 169-71

Balaio, Manuel, 170

Banco do Brasil, 42; formação do, 112; ligação com a escravidão e o tráfico de escravizados, 112; ressurgimento do, 112

Barão de Mauá, 79

Barbosa, Joaquim, 190-1

Barbosa, Rui, 325

Barcellos, João Antonio de, 68

Bastide, Roger, 249-50

batidas do samba, As (documentário), 148

Beiler, Aloysio [Clemente Maria Infante de Jesus Breves], 77-80, 103, 108-10

Bela Cruz, fazenda, 311

Belém (PA), 215-6, 226

Belo Horizonte (MG), 167, 202, 205, 207

Ben Jor, Jorge, 121; canto islamizado, 155

Benedicto, Taba, 26

Benim, 29, 30

Bento, Cida, 22-3, 192

Bento, Daniel, 22

Beresford, William Carr, 42

bill Aberdeen (lei), 317

"boiada", primeiro episódio no Brasil, 97-8

Bolívar, Simón, 58

Bolsonaro, Jair Messias, 19-20, 94-5, 165, 177, 235, 276-7; autodenominado pacificador, 171; cria regra para a participação no Enem de 2021, 192; na pandemia de covid-19, 276; voto contrário à PEC das Domésticas como trunfo na campanha eleitoral, 231

Bonaparte, Napoleão, 38, 42, 127

Borba Gato, Manuel de, 85

Bôscoli, Ronaldo, 125

bossa nova, 123-5, 145, 152, 154-5; racismo na, 125

Bouckman, sacerdote vodu, 45

Braga, Tatiana, 140

Brandão, Maíra, 140

branqueamento, 145, 262, 299

Brant, Caldeira, marquês de Barbacena, 91, 97; lei brasileira para acabar com o tráfico de escravizados, 93-4

Brás, Venceslau, 286-7

Breves, Joaquim José de Souza, comendador, Rei do Café, 79-85, 88, 91, 98-100, 102-4, 106, 108-12, 114

Breves, José, comendador, 79-85, 88, 98-100, 102, 106, 109-12, 114-6

Brisolla, Fabio, 26

Brito, Marcílio, 71-2

Brito, Rosaly de Seixas, 232-4
Buarque de Holanda, Chico, 122, 147, 155
Burns, E. Bradford, 186

Cabanagem, 169
Cabinda, 150
"cadinho", revolução tecnológica trazida pelos africanos, 210
café, 34, 44-5, 47, 55, 79-80, 84-5, 87, 95, 99, 107, 112, 133, 217; boom do, 90; e tráfico de escravizados, 84
Caim e Abel, 262
Cais do Valongo, 87, 100
Cal, Danila, 215-6, 231-2
Camerino Neto, 140
Camila, princesa, 107
Campinas, 221-4, 284, 286-7; epidemias no século 19, 286; igreja de São Benedito, 288
Campos Melo, Laudelina de, 219-20, 222, 235; cria associação para trabalhadoras em Campinas, 221; criação da Associação de Empregadas Domésticas de Santos, 220; depoimentos sobre, 223, 225; entrevista ao Museu da Imagem e do Som de Campinas, 224-5; no Exército Brasileiro durante a Segunda Guerra Mundial, 221; organização de bailes, concursos de beleza negra e festas de debutantes, 222
Campos, Adriana Pereira, 68
cancioneiro negro, 159
Cândido, João, o Almirante Negro, 253
candomblé, 154, 181, 240-2, 249-50, 257
Cardoso, Elizeth, 121, 124
Cardoso, Fernando Henrique, 188-9
Cardoso, Paula, 26
Carigé, Eduardo, 338
Carneiro, Sueli, 17, 193, 216; discurso no STF, 190
Carneiro da Cunha, Marianno, 158
Carrança, Flavio, 192
Carrancas, 312, 319
Carvalho, Marcus J. M. de, 266-9
casa das sete mulheres, A (série de televisão), 15

Casagrande, Maria Rita, 25
"caso do brigue Palhaço", 67
Caso Miguel, 234
Caso Moïse, 347
Castro, Joaquim José Gomes de, 68
Castro, Yeda Pessoa de, 158
catolicismo, 131, 243, 253, 256-7, 260, 266-7
Cavalcanti, Holanda, 317
Caxias, duque de [Luís Alves de Lima e Silva], 171
Ceará, 60, 67, 331-3, 338
"Censo de 1980 no Estado de São Paulo e suas curiosidades e preocupações, O" (documento produzido pelo governo de São Paulo), 300
Chateaubriand, Assis, 109
Ciata, Tia [Hilária Batista de Almeida], 17, 134, 144-5, 286-7
cidadania, 60, 66, 302; como "ascensão social", 65; definição na Constituição de 1824, 65
Clementina de Jesus [da Silva], 145
Coalizão Negra por Direitos, 347
Cobra Junior, José Ignacio de Barros, 329
Cobra, Hilton, 11
Cochrane, Thomas, 58
Código Criminal, 116, 213, 254, 316
Coelho, Tiago, 26
Colégio Cristão (BH), racismo entre alunos do, 167
colono preto como fator da civilização brasileira, O (Querino), 15, 184
comunidades quilombolas, 177
Confederação do Equador, 67, 269
Congo, 150
Congo, rei, 252
Congo, Manuel, 319
Congo-Angola, região, 251, 284
Conselho Nacional de Saúde (CNS), 303
Consolidação das Leis do Trabalho (CLT), 89, 218, 229
"Conspiração de 1848", 319
Constituição de 1988, 201, 305; associação de trabalhadoras domésticas transformada em sindicato, 222

Constituição do Império do Brasil (1824), 43, 165, 321; dita que a religião católica continuará a do Império, 249; dissolução da, 65; manutenção da escravidão, 65
"Contra o Racismo, Pela Cidadania e a Vida", marcha, 188
Corrêa, Felipe Botelho, 26
Correa, Fernanda Marinho, 202-5
Corrêa Rocha, Glauber Henrique, 262
Corte Interamericana de Direitos Humanos da Organização dos Estados Americanos, 201
Corte Real, Sari, 234
Cortes Gerais, 42-3, 47-9, 56; derrubam as nomeações feitas por d. Pedro I, 51
Cosme [Bento das Chagas]; criação de escola de primeiras letras, 170-2; líder da Balaiada, 170
Costa, Alaíde, sobre racismo na bossa nova, 125
Costa, Gal, 122, 147
Costa, João Severiano Maciel da, 60, 64
Costa da Mina, região, 29-30, 314
cotas, 163, 190-3, 296; leis de, 13, 21; primeira lei estadual de, 189; raciais, 164; sociais, 191; *ver também* educação
Cotegipe, barão de *ver* Wanderley, João Maurício
Coutinho, Mateus, 25
covid-19, pandemia de, 20, 98, 193, 204, 234-5, 275, 304, 306; Bolsonaro e, 171; CPI da, 275; primeira morte no Brasil, 233
Cruz, Eliana Alves, 17, 78
Cruz, Itan, 333, 335, 341
Cruz e Sousa, 185
Cuba, 114, 132, 322-3; SUS e, 305
cultos de matriz africana, ataques da polícia aos, 254-5
cura/curandeiros, 245, 254, 282, 285-8, 292; saberes ancestrais de, 281, 306

Daomé, atual Benim, 29-30, 32-3
Daunt, Ricardo, 286
"defeito de cor", 128

Degenszajn, Andre, 17
Delegacia de Costumes e Diversões, "limpeza" da, 254
Delfino, 68-9, 73; carta de alforria, 68
"democracia rural", 342
Dessalines, Jean-Jacques: proclama a independência do Haiti, 46
Dia da Consciência Negra, 266
Dias, Victor Rodrigues, 25
Diniz, Edinha, 135, 138-9, 141
Diniz, Simone André, 201, 206; queixa à Polícia Civil por racismo, 200-1
ditadura militar, 106, 117, 177, 188, 301-2, 345
Divino Mestre, 266-71; "ABC", 270
Djavan [Caetano Viana], 156
Domingues, Petrônio, 252
Dona Laudelina *ver* Campos Melo, Laudelina de
Donga [Ernesto Joaquim Maria dos Santos], 142-3, 142, 145
Dongo, reino, 251
Douglass, Frederick, 7
Draco Imagem, 25
Du Bois, W. E. B., 159
Duarte, Eduardo de Assis, 173-4, 176
Duarte, Gabriela, 137
Duarte, Regina, 137

economia cafeeira, 85
educação, 163, 166-9, 174-7, 179-86, 188-93; ações afirmativas, 50; alfabetização, 268; Cosme cria escola de primeiras letras em Chapadinha (MA), 170-3; ensino de história e cultura africana, afro-brasileiras e indígena, 189; ensino superior, proporção entre católicos e evangélicos, 260; e o papel de Maria Firmina, 174; escola como movimento de mobilização da sociedade, 178; livros didáticos, 58, 187-8; negada, 164-5; *ver também* cotas
Elaine Cristina [Júlia Sanchez], 197-8
eliminação, política do Estado brasileiro para o povo negro, 146, 296, 299
Emicida [Leandro Roque de Oliveira], 266

emprego, 231, 236; anúncios publicados nos jornais, 200; disputa pela vaga entre brancos e negros, 199; racismo em anúncios de, 203-4, 206
Enem [Exame Nacional do Ensino Médio], 192
Engenho Santana (BA), 239-40
Engrácia, avó de Maria Firmina, 173
Eschwege, Wilhelm Ludwig von, barão de, 210
Escola de Belas Artes, 181
Escola Normal, 180
escravidão, 12, 20, 22-3, 31, 35, 38-9, 42, 45-6, 48, 53-4, 61-5, 73, 78, 81, 86-7, 90, 94-6, 98, 101, 107, 109-13, 116, 144, 155, 167, 173-4, 199-200, 212-3, 215, 217, 225, 232, 243, 248, 258, 262-3, 266, 270, 284, 287, 296-7, 299-300, 316-7, 322-4, 327, 331, 333, 335-7, 339-44; africano como mão de obra qualificada, 85; apoio no Vale do Paraíba e Minas Gerais para a continuidade da, 51; autorizada pela Igreja Católica, 244; disputa entre Portugal e Espanha pelo tráfico de africanos, 36; documentação da, 84; escravizado visto como desprovido de conhecimento, 209; indígena, 85, 87; pessoas negras e a criação de escolas de primeiras letras, 172; racializada, 66; responsável pela união das províncias do Brasil, 50; *ver também* Abolição, abolicionista(s), tráfico
Espanha, 36, 38, 45, 322; lei de abolição gradual, 323; SUS e a, 305
espíritas, 256
Estado de S. Paulo, O, anúncios de emprego no, 200
Estados Unidos, 16, 54, 67, 87, 114, 132, 147, 222, 258, 260, 296, 322-3, 326; proclamação da independência, 46
evangelicalismo/evangélicos(as), 241-2, 256-7, 260, 264-6,
Evaristo, Conceição, 15, 279
extrema direita, 20
Exu, 242, 263-4, 271

Faculdade de Medicina da Bahia, 292-4
Fanon, Frantz, 153
Faour, Rodrigo, 132
Faria, Mariana, 26
Faustino, Deivison, 148
Ferreira de Menezes, 327
Firmo, Walter, 26
Folha de S.Paulo, anúncios de emprego na, 200
Fonseca, Deodoro da, marechal, 339
Fonseca, Hermes da, 298
"Forrobodó" (Chiquinha Gonzaga), 139
Fortón, Rolando Barreto, 25
França, 38, 45, 48; não reconhece a independência do Haiti, 46
França, Rodrigo, 17
Frente Negra Brasileira, 188
"fugas coletivas orientadas", 338

Gabo, prêmio, 14
Galante, Rafael, 121, 130-1, 133-4, 147-8
Galindo, Caetano G., 159
Gama, Luiz, 327-30, *327*; e o uso da lei de 1831, 328
Garcia, Januário, 7, 12, 347
Garcia, João Maurício Nunes, padre, 127-8
Garcia, Manuel Correia, 180
Gazeta da Tarde, 327, 330; jornal abolicionista, 213
Gil, Gilberto, 122
Gilberto, João, 124-5, 151-2, 156
Ginga, rainha, 251-2
Gledhill, Sabrina, 180-3, 187
Globo, O (jornal), 15-6
Gois, Ancelmo, 15
golpe de 1964, 95, 221
Gomes, Agenor, 173; bibliografia de Maria Firmina, 174
Gomes, Janaina, 26
Gonçalves, Anderson, 69-73, 174
Gonçalves, Cleonice, 233
Gonçalves, Cristiana, 71-2
Gonçalves, Maurício, 137
Gonçalves, Stefhany Karoline Martins, 203
Gonzaga, Chiquinha [Francisca Edwiges Neves], 121, 135-41, *136*; criação da

primeira associação arrecadadora de direitos, 139; "Forrobodó", 139; retratada branca, 137
Gonzalez, Lélia, 22, 158, 216
Gordon, Nathaniel, 114
Grande Otelo [Sebastião Bernardes de Souza Prata], 17
Grande, Júlio, 106
Grão-Pará, 67; Cabanagem, 169
Guarani, O (Alencar), 173, 323
Guedes, Paulo: sobre domésticas na Disneylândia, 232
Guerra Civil dos Estados Unidos, 322, 340
Guerra da Independência, 240
Guerra do Paraguai, 109, 180
Guerra, Bárbara (líder comunitária da Marambaia), 105
Guerra, Vânia, *18*, 105-7, 114, 117
Guerras Napoleônicas, 58
Guerreiro Ramos, Alberto, 188
Guimarães (MA), 174-7; escola mista em, 176

Hacker, Sérgio, 234
Haiti, 44, 46, 270; haitianismo, 329; empréstimo para pagamento da dívida com a França, 47; impactos da revolução no Brasil, 47; proclamação da independência e abolição da escravidão no, 46
Hannah-Jones, Nikole, 14, 19-20
Henriques, regimento dos, 41
Hitler, Adolf, 221
Home Angels, 202-3, 206
Honorato, Claudio, 211

Igreja Católica, 86, 138, 240, 242, 252, 266-7, 271, 280, 287, 340; deturpações para justificar a escravidão, 263; parte do Estado durante a colônia e o Império, 242; participação no tráfico negreiro, 248; "sócia de Portugal", 243; subsídios para a escravização, 244
Igreja(s) Evangélica(s), 260, 263; a mais negra do Brasil, 257; começo no Brasil, 258; históricas, 258; redes de apoio, 259

Igreja Neopentecostal: Teologia da Prosperidade, 260
Igreja Pentecostal, 258
Imbialê Neuzira, ialorixá, 241
Imperatriz Leopoldinense, 137
Império (novela da Globo), 79
Inácio, Gabriela, 25
Independência da Colômbia, 58
Independência do Brasil, 14, 52-3, 64, 66, 77, 89, 92, 109, 165, 249, 313; aumento de escravizados após a, 54; elite brasileira na contramão da Abolição, 35; guerra na Bahia, 55-8; luta em Itaparica, 56; Maria Felipa e a luta na Bahia, 56-7
Independência ou Morte (Pedro Américo), 53
indígenas, 35, 85-7, 113, 126, 145, 158, 165, 189, 276; catequese forçada dos, 243; escravização de, 85; influência, 129
Inglaterra, 37, 45, 90; SUS e a, 305; tratados com a, 313
Instituto dos Advogados Brasileiros (IAB), 322
Instituto Ibirapitanga, 14, 16-7, 24
Instituto Sincronicidade para a Interação Social (ISPIS), 25
Institutos de Aposentadoria e Pensões, 300
International Center for Journalists, 16
intolerância religiosa, 240-2, 256-61, 265; *ver também* igrejas específicas, irmandades
iorubá, cultura, 247, 314
Iracema (Alencar), 173, 323
irmandades negras, 252
Isabel, princesa, 339-41
Itamatatiua, quilombo, 177-8
Itaparica (BA), 56-7
Iyá Meninazinha de Oxum, 255

Jabace, João, 25
Jaspe, Mariana, *18*, 25
jesuítas, 34; em Angola, 248
Jesus, Carolina Maria de, 17
Jesus, Maria das Graças, 283
Joanna: se essa marcha fosse minha (Camerino Neto, Tatiana Braga e Maíra Brandão), 140

João VI, d., 41-2, 49, 90-1, 96, 112, 128; príncipe regente, 29-30, 32-4, 39-40, 127; chegada ao Brasil, 38; coroado rei, 41; ignora tratado com o Reino Unido para abolição do comércio de escravizados, 33; presentes do rei Adandozan, 29; pressionado pelo Reino Unido para acabar com o tráfico, 39; procurado por Ajohan, rei de Ardra, 30; tratado com o Reino Unido para abolição do comércio de escravizados, 29-30
Jobim, Tom, 122, 124-5; show em homenagem a, 146
jongo, 129, 138, 145
Jorge Ben Jor [Jorge Duílio Lima Meneses], 149-56
José Bonifácio ver Andrada e Silva, José Bonifácio de
Jucá, Romero, 230-1
Junqueira, Gabriel Francisco, 312
Junqueira, José Francisco, 311

Kabagambe, Moïse Mugenyi, 347
kikongo, poética, 155
Klein, Herbert S., 82

Labatut, Pierre, 58
Lacerda, João Baptista de, 298-9
Lavigne, Eusínio, 294
Leão XIII, papa, 340
lei(s): antinegros, 345; Áurea, 197, 209, 342-5; "Caó", 201, 203; da Vadiagem, 143; de 1831, 95-6, 102, 116, 316, 328, 334, 338; de 1850, 114-6, 319; "de Cotas", 190-2; do Ventre Livre, 166, 329-31, 334-5, 337; dos sexagenários, 324, 333, 335, 338; Eusébio de Queiroz, 111, 116, 328; nº 7716/89, 201; Saraiva-Cotegipe, 335; segregacionistas, 222
Leite Júnior, Fuão, 213
Leite Neto, Alcino, 26
Leonor (mãe de Maria Firmina), 173
Leuchtenberg, Amélia de, 90
liberdade negra, histórias sobre, 212-3; libertos, 47, 60, 62, 166, 212, 243, 314-5, 318, 322, 334-5

Liberte Nosso Sagrado, campanha, 255
Liceu de Artes e Ofícios, 181, 326
Lima, Lurian, 143, 146
Lincoln, Abraham, 322
Língua Brasileira de Sinais (Libras), 19
Lobato, Rita, 290
lojas maçônicas, influência na política, 49
Lopes, Eliangela Carlos, 202, 204-8
Lopes, Elias Antônio; doa a Quinta da Boa Vista para d. João VI, 33; recebe honrarias de d. João VI, 34; tráfico de escravizados, 34
Lopes, Fernanda, 301-4
Lopes, Nei, dicionário bantu de, 158
Lopes, Valdíria, 56-7
Luís XVI, rei, 45
Lula da Silva, Luiz Inácio, 189, 232; lei nº 10639 sancionada no governo de, 189
Luna, Francisco Vidal, 82

Machado de Assis, 185, 193
Machado, Tais de Sant'Anna, 200, 217
Maciel, Marco, 189
Mãe Aninha [Eugênia Anna dos Santos], 253
Mafra, Luceleide, 210-1, 213, 215-6, 226-31; "sambando na cara do patrão", 227
Mahin, Luiza, 328
Maia, Tim, 156
Maldição: de Caim, 262-4; de Cam, 261-2
Malheiro, Agostinho Marques Perdigão, 322
Maluf, Paulo, 299
maracatu, 129, 145, 155
Marambaia, ilha da (RJ), 18, 103, 105-6, 108, 110
Maranhão, 67, 170, 173, 210, 249; Balaiada, 169
Marcia Zaíra, 143
Marco Davi, 257, 260
Marcos, Antônio, 175
Maré, complexo de favelas da, 306
Maria Felipa [de Oliveira], 56-7
Maria Firmina [dos Reis], 172-4, 176-7, 193, 211; e a criação de escola de

primeiras letras mista, 172; escola e residência de, 175; feminista, 173; pioneira no transporte escolar, 175; *Úrsula*, 172
Maria I, d., 38, 41
Maria José ("rainha Ginga"), 250-1
Maria Leopoldina, imperatriz, 52-4, 90
Maria Teresa, d., 42
Marinho, Joaquim Pereira, 111
marquês de Barbacena *ver* Brant, Caldeira
marquesa de Santos *ver* Melo, Domitila de Castro do Canto e, marquesa de Santos
Marra, Maria Cecilia, 26
Matamba, reino de, 251
Matamba Tombenci Neto, terreiro, 240
Matilde, Chico da, o Dragão do Mar, 332
Matos, Júlia, 25
Mello, Madeira de, coronel, 56, 58
Melo, Domitila de Castro do Canto e, marquesa de Santos, 90-1
Mendes, Lucca, 25
Menescal, Roberto, 125
Menezes, Hélio, 157, 186
Mercado do Valongo, 100
meritocracia, 179
mestiçagem, 50; vista como degeneração, 292
Mestre Tito, 284-8, *288*
México, 317
migração europeia, incentivo à, 199
Mina, Ventura, 312
Minas Gerais, 36, 51, 86, 90, 96, 155, 163, 166, 204, 210, 311-2
Ministério da Saúde, 277, 301, 303
Ministério Público, 70, 72, 112, 200, 204, 283; racismo estrutural do, 71
Moçambique, 34, 84, 114, 245
Moraes, Vinicius de, 124-5
Morais Filho, Nascimento, 173
Moreira, Jorge, pescador, 105
Moreira, Juliano, 184, *184*, 293
Moreira, Paulo, 250-1
Morel, Marco, 44
Mota da Silva, Aparecida Gisele: sobre racismo em anúncio de emprego, 200
Motta, Kátia Sausen da, 68

Moura, Clóvis, 144, 157, 171
Movimento Negro, 188, 296, 347; propostas entregues a FHC em 1995, 188
Mukuna, Kazadi, 131
Muniz, João, 25
Museu da Imagem e do Som de Campinas, 224
Museu da República, 254-5
"Museu de Magia Negra", 255
Museu Nacional de História e Cultura Afro-Americana, 16
Museu Nacional do Rio de Janeiro, 299
Museu Real, 33
música, 121-43, 145-59, 197-8, 259, 266; americana, 159; coisa de negro, 133; como instrumento de defesa, 144; criação negra, 145; divisão entre harmonia, melodia e ritmo, 130; linha evolutiva da, 147; negra periférica, 148; popular brasileira, 123, 144-5, 147, 149, 151-3, 155; "Preta Brasileira", 146, 151

Nabuco, Joaquim, 340
Nascimento, Abdias, 302
Nascimento, Milton, 121-2
Negra Voz (podcast), 16, 19
negritude, apagamento da, 146
negros "roubados", 108
neopentecostalismo, 242, 255, 257, 259-60, 264, 268
Neukomm, Sigismund von, 127
Neves, Wilson das, 148
New York Times, The, 14
Nicolau V, papa, 244
Nigéria, 29, 314
Nina Rodrigues, Raimundo, 292-3
"nós por nós", 346
Novaes, Marcello, 137
Nzinga Mbandi [rainha Ginga], 251

"Ô, abre alas" (Chiquinha Gonzaga), 139, 141
Oliveira dos Santos, Carlos Alberto, Caó, 302
Oliveira, Acauam, 143-7, 149, 151-7
Oliveira, Antônio Rodrigues Veloso de, 39

Oliveira, Bennê, 26
Oliveira, Flávia, 15, 17
Oliveira, Marco Davi de, 257-64
Oliveira, Rafael Domingos de, 17, 25
Oliveira, Zaíra, 143
Olusoga, David, 21
Orum, 247, 263
ouro, 34, 36, 80, 87, 90, 210
ovimbundo, matrizes, 155, 244

"País tropical" (Jorge Ben Jor), 151
Palácio dos Leões, 174
Palma, Josefina Luiza, 291
Pândegos da África, 181
pandemia *ver* covid-19, pandemia de
Pantera Negra, 149
Pará, 67, 210, 249
Paraíba, 51, 67, 166
Parron, Tâmis, 88, 90, 93-8, 316-8, 321-2
"Partido do Regresso": reabertura do tráfico, 97
Patrocínio, José do, 137, 185, 326-8, 330, 332
Paulinho da Viola [Paulo César Batista de Faria], 122, 147
Paulo, Angélica, 18, 25, 105, 150
PEC das Domésticas, 218, 230-2
"pedagogia da escravidão", 248
Pedro Américo, 53, 55
Pedro I, d., 42, 49-50, 58-9, 61, 63-7, 69, 77, 88, 90-2, 94, 102, 165, 169, 313, 316
Pedro II, d., 92-3, 169, 322-3, 334, 339, 342, 344
"Pelo telefone" (Donga), 141-4
Penteado, Floriano de Camargo, 284
Pereira Júnior, Davi, 177-8, 192
Pereira, Agostinho José *ver* Divino Mestre
Pereira, Maria Teresa de Jesus, 178
Pernambuco, 41-2, 67, 81, 129, 132, 140, 181, 249
Pessoa, Thiago Campos, 37, 50, 80, 82-4, 88, 98-102, 110, 115-6; sobre o tráfico de escravizados, 36-7
Petrópolis, 69
Petry, André, 18-9, 26
piauí, revista, 14, 19, 24, 26

Pinto, Ana Flávia Magalhães: escritos sobre a liberdade negra, 213; posse como diretora-geral do Arquivo Nacional, 11-2; primeira mulher negra a ocupar o cargo de diretora do Arquivo Nacional, 212
Pinto, Elisabete, 218-22, 235
Pinto, Natália Garcia, 211
Pipoca Sound, 25
Pixinguinha [Alfredo da Rocha Vianna Filho], 145
Polícia Civil, 200, 203, 205, 242, 254, 347; "Museu de Magia Negra" dentro da, 255; racismo estrutural da, 71
Política Nacional de Saúde da População Negra, 303
"política da escravidão", 96
Porcidonio, Gilberto, 17, 25
Portal da Literatura Afro-Brasileira, 173
Portugal, 29-32, 35-6, 38-43, 47, 50-1, 53, 55, 58, 77-8, 81, 86, 89-90, 128, 139, 158, 169, 243, 280, 289
português (idioma), influência africana no, 158
Póvoas, Guilherme, 25
povos indígenas, história dos, 21
"pra inglês ver", 328, 330
Prandi, Reginaldo, 243, 247, 249, 256, 263, 265
pretoguês, 158-9
pré-vestibulares comunitários, 266
Primeira Guerra Mundial, 298
primeira siderúrgica do Brasil, 210
Primeiro Congresso Universal de Raças, 298
Priore, Mary del, 44, 47-8, 50, 59, 61, 64; biografia de José Bonifácio, 43
Programa Nacional de Direitos Humanos, 189
projeto Querino (podcast), 12-4, 17, 19-22, 24, 26, 105, 121, 150, 179, 186; relação entre a eleição de 2022 e audiência, 20

Que horas ela volta? (filme de Anna Muylaert), 228
Queiroz, Eusébio de, 115-6, 318-9
Quelimane, porto de, 84, 114

Querino, Manuel Raimundo, 15, 22, 181-8, 182, 193, 326-7; *colono preto como fator da civilização brasileira, O*, 184; conferências abolicionistas, 326; e o racismo dito "científico, 183; primeiro historiador da arte baiana, 182
quilombos/quilombolas, 82, 106, 170, 192, 240; da fazenda Lagoa-Amarela, 171; da ilha da Marambaia, 106; dos Palmares, 153, 185; indígenas em, 87

Racionais, 121, 156
racismo, 22, 54, 71, 113, 153-4, 184, 189, 200-1, 203, 207, 216, 222, 243, 264-5, 269, 293, 296, 298, 301-3, 307, 347; crime, 201; denúncia pelos meios de comunicação, 346; desinformação de como fazer boletim de ocorrência, 202; "dito" científico, 183, 292-3; estrutural, 71; impactos sobre a saúde mental, 296; nas escolas, 167; política pública, 347; religioso, 242
Rádio Novelo, 14, 16-8, 24
Ramos, Lázaro, 17
"Rapaz de bem" (Johnny Alf), 124
Real Grandeza (bloco de Belo Horizonte), 207
Realidade (revista), 165
Rebouças, família, 185
Rebouças, André, 324-7, 325, 332, 341-3; escravizados na casa de, 325
Rebouças, Antônio Pereira, 321, 324
Recife, 41, 67, 234, 266, 268-9
recolonização, 46-7, 90, 169
redenção de Cam, A, 262
"regulamento negro", 335, 338
Reino Unido, 29-30, 33, 38-40, 89, 91, 96, 317; a Portugal e Algarves, 127; de Portugal, Brasil e Algarves, 41
Reis, João José, 312-5, 319, 346-7
religião(ões): afro-brasileiras, 243, 249, 253, 256, 271; de matriz africana, 241-2, 249, 254, 256-7, 260, 265-6, 300, 345; muçulmanas, 256, 314; *ver também* intolerância religiosa, religiões específicas

República do Benin, 314
resistência, 21, 42, 57, 126, 143-4, 157, 170, 191, 250, 252, 268, 271, 329; através das irmandades negras, 252; como herança, 117; Cosme, líder de, 172; cultura de, 144, 157, 159; cultural, 168; líderes da, 170; samba como, 151
restinga da Marambaia, 103
Revolta da Chibata, 253
Revolta de 1835, 319
Revolta de Carrancas, 311-3, 315
Revolta dos Malês, 15, 314-5
Revolução do Haiti, 44, 46, 212, 270
revolução escrava, 240, 329
Revolução Farroupilha, 15, 169
Revolução Francesa, 38, 45-6
Revolução Industrial, 38
Revolução Liberal do Porto, 42, 66
Revolução Pernambucana, 41
Revolução Praieira, 267
Ribeiro, Bia, 18, 25
Ribeiro, Djamila, 17
Rio de Janeiro (RJ), 11, 15, 29, 33, 36, 38, 40-2, 52, 60, 67-8, 70, 77, 86-7, 95-6, 100, 103, 122, 127, 132, 143-4, 147, 164, 166, 181, 211, 231, 254, 266, 280, 286, 289, 299, 306, 312, 317, 319, 327, 332; criação do primeiro sindicato dos estivadores do porto, 213; presença musical africana, 133; primeira lei estadual de cotas, 189; primeira morte por covid-19 no Brasil, 233
Rio Grande do Sul, 15, 169, 211, 249, 252, 338
Rocha, Mathias da, 140
roda dos expostos, 214
Rodrigues, Luís, 25
Rodrigues, Maria Natividade Silva, 170-2
Rogero, Tiago, 18, 24, 56, 106, 172, 175-8, 205, 208, 223-4, 242, 271, 294
Rolnik, Iara, 17
"Romanus Pontifex", bula papal, 244
Rosa (mãe de Chiquinha Gonzaga), 138
Rosa de Ouro (cordão), 139
Rosa, Allan da, 148, 155
Rosa, Katemari, 193

Rousseff, Dilma: Lei de Cotas sancionada por, 163, 191; PEC das Domésticas aprovada e sancionada no governo de, 232

Sá, José Bernardino de, 112
Salles, Ricardo, 97, 98
Salomão, Salloma, 62, 129, 131
Salvador (BA), 34, 38, 56, 58, 111, 143, 165, 180, 182, 218, 289-90, 292, 314, 328
"Salve-se quem puder" (episódio do projeto Querino), 12
samba, 21, 123-4, 134, 137, 141-7, 151-2, 286, 351; afirmação da etnia negra, 144; preconceito contra o, 123
Santa Catarina, 166, 283
Santa Cruz, fazenda, 77
Santa Rita do Bracuhy, fazenda, 114
Santas Casas de Misericórdia, 280
Santos, Carlos Alberto Oliveira dos, o Caó, 201, 302
Santos, Eugênia Anna dos, Mãe Aninha, 253
Santos, Gilmário Rodrigues dos, 240
Santos, Ivanir dos, 242, 254-5, 261, 266, 271
Santos, Joanna Baptista, 140-1, 141
Santos, Lucélia, 198
Santos, Mayara Priscilla de Jesus dos, 290-5
Santos, Milton, 17
Santos, Yasmin, 17, 25
Santos, Ynaê Lopes dos, 13-4, 17, 24, 32, 38, 40, 52-6, 65-6, 95, 222, 334; consultora do projeto Querino, 39
São Benedito, protetor dos africanos, 288
São Domingos, 44
São Joaquim da Grama, fazenda, 80
São Luís (MA), 173, 175, 177, 210
São Paulo, 42-3, 77-8, 80, 82, 85, 96, 143, 166, 188, 231, 249, 299, 330, 339, 351
Saraiva, José Antônio, 334
Scarpin, Paula, 14, 16-8, 25
Segunda Guerra Mundial, 221
senhores de escravizados, 48, 54, 81; como agentes de ruptura política, 53; elite política brasileira, 54, 95
Serra, Joaquim, 325

Severino, menino escravizado, 330
sexismo, 22, 302
Seymour, William, 258-9
Silva, Adriana Maria Paulo da, 164
Silva, Aldivan da, 311
Silva, Benedita da, 231, 302
Silva, Carlos Eduardo Franzini da, 25
Silva, Claudia Cristina Rodrigues da, 176-7
Silva, Geraldo da, 168
Silva, João Carneiro da, 68
Silva, José Gonçalves da, 110
Silva, Lucas Grigio da, 25
Silva, Natália, 25
Silva, Paulo da Costa e, 146
Silva, Pretextato dos Passos e, 164
Silverman, Lauren, 16
Silvestre, liberto, 338
Sindicato das Trabalhadoras Domésticas, 225
Sinhá Moça (novela), 197-8
Sino, praia do, 18, 107
Siraque, Vanderlei, 231
Sistema Único de Saúde (SUS), 275, 278, 303-6; criação do, 279; redistribuição de renda e riqueza, 302
Sodré, Muniz, 144
Solano López, Francisco, 180
Sousa, Jeferson de, 26
Sousa Dantas, 333-4
Souza, Cacilda Francioni de, 326
Souza, Mirtes Renata Santana de, 234
Souza, Vicente de, 326
Souza Freitas, Elaine Cristina de, 283
Spotify, 16, 134
Starling, Virginia Siqueira, 52

tábua de esmeralda, A (disco de Jorge Ben Jor), 153, 156
Tamoios, Os (jornal), 64
Tata Luanda Nkosi, Tata Kambondo, 240
Teixeira, Caetano José, 173
Teixeira, José Pereira, 291
Teixeira, Maria Odília, 291; primeira mulher negra formada médica na Bahia, 290-292; primeira professora

negra da Faculdade de Medicina da Bahia, 294; tese sobre cirrose alcoólica, 292
Teixeira, Tércio, 26
"terapeutas populares", tensão entre doutores e, 288
Thomaz, Fernanda, 244-6
Thomson-DeVeaux, Flora, 14, 16-8, 25
Toca de Santa Cruz, comunidade, 283
Togo, 29, 314
Toledo, Orestes Augusto, 224
trabalho doméstico, 216, 218, 232-5; degradação racializada, 218; dependência da classe média e elites, 216; fora da CLT até 2013, 218; origem na escravização, 215; piores patrões, 217; violência sexual e, 216
tráfico, 30, 31, 33-40, 44, 50, 54, 59, 61-3, 67, 83-4, 87-90, 93, 95-7, 99-103, 108-9, 111-2, 114, 127, 133, 173, 244, 248, 284, 287, 313, 316-9, 323, 328, 330-1, 334; fim do, 269; interprovincial, 332; participação da Igreja Católica, 248; reabertura do, 95, 97-8, 316; rede de comércio transatlântico, 86, 159
Tratado Anglo-Brasileiro, 89
Tratado de Aliança e Amizade, 39
Tratado do Engenho Santana, 239, 250
"tropas de cor", 57
tropicália, 155
Trump, Donald, 177
TV Globo, 15, 79, 137, 197

umbanda, 249, 257, 271
União Feliz (barco), 91, 102
Universidade de Brasília (UnB), 189
Universidade de Coimbra, 50
Universidade Estadual do Rio de Janeiro (Uerj), 189

Úrsula (Maria Firmina), 172
Uruguai, 181, 317

Vale do Paraíba, 84, 95
varíola, 286
Vasconcelos, Bernardo Pereira de, 97
"Vassourinhas", marcha (Joanna e Mathias da Rocha), 140-1
Velloso, Marcos Leão, 343
Veloso, Caetano, 122, 147
ventre livre, lei do, 39, 322-4
Vianna, Branca, 16
Vianna, Rodolfo, 25
Vicente, Raphael, 307
Vidas Negras (podcast), 16-7, 19, 266
Vieira, Antônio, padre, 248
Vieira, Henrique, 266
Vieira, Thales, 16-7
Vila de Campos de Piratininga, atual cidade de São Paulo, 85
violência sexual, 216
visconde de Mauá, 112
Visual Libras, 25
Vladimir Herzog, prêmio, 14, 16

Wanderley, João Maurício, barão de Cotegipe, 334, 337, 339, 341-2, 345
Werneck, Jurema, 12, 275, 281, 295-7, 299-304, 307; sobre o SUS, 277
Wolff, Eduardo, 25

Xavier, Chica, 197-8
Xavier, Lúcia, 17
Xavier, Regina Célia Lima, 281-8

Zaim, Rodrigo, 26
Zangrandi, Raquel Freire, 26
Zimbábue, 210
Zumbi, 150-1, 156-7
"Zumbi" (Jorge Ben Jor), 150, 156
Zumbi dos Palmares, 188

Parceria:

RÁDIO
NOVELO

Ouça o podcast

piauí

Apoio:

IBIRAPITANGA

A marca FSC® é a garantia de que a madeira utilizada na fabricação do papel deste livro provém de florestas gerenciadas de maneira ambientalmente correta, socialmente justa e economicamente viável e de outras fontes de origem controlada.

Copyright © 2024 Tiago Rogero

Todos os direitos reservados. Nenhuma parte desta obra pode ser reproduzida, arquivada ou transmitida de nenhuma forma ou por nenhum meio sem a permissão expressa e por escrito da Editora Fósforo.

DIRETORAS EDITORIAIS Fernanda Diamant e Rita Mattar
EDITORA Juliana de A. Rodrigues
ASSISTENTE EDITORIAL Rodrigo Sampaio
REVISÃO TÉCNICA Luciana Brito
REVISÃO Gabriela Marques Rocha e Fernanda Campos
ÍNDICE REMISSIVO Maria Claudia Carvalho Mattos
DIRETORA DE ARTE Julia Monteiro
CAPA Giulia Fagundes
TRATAMENTO DE IMAGENS Adiel Nunes
PROJETO GRÁFICO Alles Blau
EDITORAÇÃO ELETRÔNICA Página Viva

Dados Internacionais de Catalogação na Publicação (CIP)
(Câmara Brasileira do Livro, SP, Brasil)

Rogero, Tiago
 projeto Querino : um olhar afrocentrado sobre a história do Brasil / Tiago Rogero. — 1. ed. — São Paulo : Fósforo, 2024.

ISBN: 978-65-6000-058-2

1. Brasil — História 2. Escravidão — Brasil — História 3. Livro-reportagem 4. Negros — Brasil — História 5. Podcast (Redes sociais on-line) 6. projeto Querino I. Título.

24-223120   CDD — 070.4330981

Índice para catálogo sistemático:
1. projeto Querino : Podcast : Livro reportagem : Jornalismo
   070.4330981

Cibele Maria Dias — Bibliotecária — CRB-8/9427

1ª edição
1ª reimpressão, 2025

Editora Fósforo
Rua 24 de Maio, 270/276, 10º andar, salas 1 e 2 — República
01041-001 — São Paulo, SP, Brasil — Tel: (11) 3224.2055
contato@fosforoeditora.com.br / www.fosforoeditora.com.br

Este livro foi composto em GT Alpina e
GT Flexa e impresso pela Ipsis em papel
Golden Paper 80 g/m² para a Editora
Fósforo em abril de 2025.